KB203791

한국밀교
문화총서 23

진각밀교 교리와 신행 연구

진각밀교의 수행체계와 실행원리 그리고 신행에 대해

下

일러두기

- 『진각밀교의 교리와 신행 연구』는 상·하권으로 나누어 발행되었으며, 상권은 혜담 정사가 '진각밀교의 성립과 전개', 효명 정사가 '진각밀교의 법신관과 신행의 본존'을 집필하였다.
- 하권은 지정 정사가 '진각밀교 교학체계의 실제', 보성 정사가 '진각밀교의 수행과 실천', 명운(김치온) 교수가 '진각밀교의 실행원리', 선운 정사가 '진각밀교의 신행과 활동', 강대현 연구교수가 '자기관음밀주관념도의 현대적 전개'를 집필하였다.
- 각 연구자의 집필 제목은 진각밀교의 교리와 신행에 대한 전체적인 내용이 최대한 드러날 수 있도록 구성하였다.
- 각 주제에 대한 연구자의 연구결과 나타낸 집필내용들은 전적으로 각 집필자들의 견해임을 밝힌다.
- 참고문헌은 집필자의 의도를 알 수 있도록 각 장의 말미에 수록하였다.

한국밀교
문화총서23

진각밀교의 수행체계와 실행원리 그리고 신행에 대해

진각밀교 교리와 신행 연구

下

고봉성(지정)
구동현(보성)
정동현(선운)
김치온
강대현

대한불교진각종
한국밀교문화총람사업단

간행사

대한불교진각종은 진각성존 회당대종사님이 육자진언 옴마니반메훔 염송을 통하여 깨달음을 얻고 밀교의 종문을 연지 어언 70여년이 흘렀다. 종단은 교리체계와 신행 그리고 종단의 행정이 원숙한 단계에 접어들었다. 그 즈음에 이르러 종단은 한국밀교에 대한 사명감으로 '한국밀교문화총람'이라는 사업을 시행하기 위해 문광부에 예산지원을 신청한 것이 국가적으로 인정되어 사업의 진행을 승인받았다.

종단은 2016년 3월부터 3년간 사업의 진행을 위해 '한국밀교문화총람사업단'을 발족하고, 진언문화팀, 한국밀교사팀, 진각밀교팀 등 세 개의 팀을 구성하였다. 진언문화팀은 한국밀교의 진언과 관련된 문헌 및 문화를 총결집하는 작업을 진행하였고, 한국밀교사팀은 인도로부터 중국을 거쳐 한국으로 들어온 밀교의 전래과정과 한국에서 피어난 밀교의 내용들을 총결집하는 작업이었다.

진각밀교팀은 한국으로 들어와 한국적인 밀교로 피어나게 한 한국의 밀교문헌들을 총결집하고 데이터베이스화 하는 작업을 진행하였다. 한국밀교 문헌의 모든 자료들을 한국전통밀교와 한국현대밀교 그리고 한국진각밀교로 크게 나누고, 다시 단행본, 학위논문, 학술지논문 등으로 세분하면서 데이터베이스화 함으로써 언제 어디서든 자료들을 열람할 수 있게 하였다.

또한 한국밀교의 정통 법맥을 이어 현세정화 및 밀엄국토의 구현을 위해 오늘날 현대에 맞도록 방편을 구사하고 있는 진각밀교의 교리와 신행에 대한 연구를 진행하였다.

지난 3년간 진각밀교팀의 고행에 찬 연구의 결과물을 이제 세상에 내놓게 되었다. 그 연구결과물의 목록을 보면, 진각밀교의 교리와 신행 연구, 한국전통밀교자료총록, 한국현대밀교 진각밀교 자료총록, 한국밀교문헌 데이터베이스 그리고 진각밀교의 교리와 신행 연구, 한국전통밀교자료총록과 한국현대밀교 진각밀교 자료총록 등 세 책자에 대한 E북 등이다.

이번에 책자로 혹은 전산화로 나오게 되는 진각밀교팀의 연구결과는 한국밀교에 대한 심화된 연구를 진행할 수 있도록 하는 기초자료로서 역할을 할 것이다. 또한 진각밀교의 교리와 신행에 대한 연구는 물질문명이 고도로 발달해가는 오늘날의 현대사회에 밀교가 어떻게 나아가야 할 것인가를 보여주는 매우 중요한 연구라고 생각된다.

이러한 연구 성과물들이 정치적 사회적으로 갈등구조가 깊어지고 있는 오늘날의 국내외적인 문제들을 해결해나가는 실마리를 제공해줄 수 있기를 기대한다.

이번에 종단에서 행해진 한국밀교문화총람사업이 그동안의 연구성과를 바탕으로 한국전통밀교 자료의 해석, 한국전통밀교 의례의 복원, 진각밀교의 삼밀수행의 현대적 적용 등등 지난 것을 되새기고 앞으로 나아갈 길에 대한 연구로 나아가길 기대해 마지않는다.

2019년 3월
한국밀교문화총람사업단 단장 회성

머리말

한국밀교문화총람사업단의 진각밀교팀에서 그동안 진각밀교의 교리와 신행에 대한 연구의 결과물들을 '진각밀교의 교리와 신행 연구'라는 이름으로 내놓게 되었다. 이것은 인도로부터 전해진 밀교가 한국으로 들어와 한국의 밀교가 되고, 다시 한국밀교의 정통성을 이어서 오늘날 현대사회에 알맞은 것으로 전환된 진각밀교에 대한 연구 성과이다.

진각밀교팀은 그동안 진각밀교에 대한 보편성과 특수성 그리고 정체성을 밝히기 위해서 여섯 분의 연구원들을 선정하였다. 선정된 여섯 분의 연구원들은 각자의 연구주제를 가지고 연구를 진행한 결과들을 수차에 걸친 세미나를 통하여 서로간에 의견을 나누었다. 이번에 발행되는 본 연구서는 연구원들의 밤낮없이 이루어진 염송과 성찰 그리고 발표와 토론, 질책과 반성의 결과물이라 할 수 있을 것이다.

본 연구서는 총 7장으로 이루어져 있는데, 상권과 하권 두 권으로 나누어 발행하였다. 상권 제1장에서는 진각밀교의 성립을 단계별로 나누어 살펴보고 그 전개과정과 교리적인 특징들을 서술하고 있다. 제2장에서는 먼저 밀교 법신불 사상의 형성과 발전 그리고 법신불의 활동과 삼륜신에 대하여 살펴보고, 이어서 진각밀교의 본존과 법신관에 대하여 서술하고 있다.

하권의 제3장은 진각밀교 교학체계의 실제에 대하여 논구하고 있는데, 법신불의 체상용, 금강계만다라와 37존, 육자진언과 육자관념도, 즉신성불 등으로 구성되어 있다. 제4장은 진각밀교의 수행과 실천에 대하여 논하고 있는데, 진각밀교의 수행에 대해서는 불공의범과 불사의식을 통하여 살펴보았고 진각밀교의 실천에 대해서는 진각밀교가 인간중심 실천 불교운동임을 나타내고 있다. 제5장은 진각밀교의 실행원리를 논구하고 있는데, 진각밀교의 실행은 곧 심인 곧 자성청정심의 발현임을 보이고, 중생들의 마음 상태인 의타기성에서 변계소집성의 마음을 전환하여 심인의 발현인 의타기성에서 원성실성으로 나아가야 함을 보이고 있다. 이렇게 하기 위해서 중생들의 마음의 세 가지 양상을 보여 어떻게 수행해가야 할 것인지를 드러내었다. 제6장에서는 진각밀교 신행의 근본에 대하여 논하고, 이어서 신행이 생활화되어야 함을 말하고 있다. 그리고 진각밀교의 신행활동으로서 대내외적인 활동을 서술하고 그 방향성에 대하여 논하고 있다. 마지막으로 제7장에서는 진각밀교와 매우 밀접한 것으로 '자기관음 밀주관념도의 현대적인 전개'라는 논문을 함께 실었다.

이상에서 보는 것과 같이 본 연구서는 진각밀교의 성립에서부터 교리와 수행, 실행원리, 신행과 활동 등 진각밀교를 총망라하고 있다고 해도 과언이 아닐 것이다. 그럼에도 불구하고 진각밀교를 모두 드러내고 있다고 할 수는 없을 것이다.

본 연구서는 진각밀교를 드러내는 또 하나의 시작점에 불과하다고 생각되며, 또한 연구서에서 드러낸 진각밀교에 대한 견해들은 진각밀교의 한 부분에 해당할 뿐일 것이다. 이들의 견해를 시작으로 진각밀교에 대한 성찰과 증지(證智)가 한국밀교내에 가득하길 서원해본다.

2019년 3월
한국밀교문화총람사업단 진각밀교연구팀

목차

제 4 장
진각밀교의 수행과 실천 · **구동현(보성)** 시경심인당 주교·위덕대 교수

제 5 장
진각밀교의 실행원리 • **김치온(명운)** 진각대 교수

제 6 장
진각밀교의 신행과 활동 · 정동현(선운) 실상심인당 주교

제 7 장
자기관음밀주관념도의 현대적 전개 • **강대현** 위덕대 연구교수

제 3 장

진각밀교 교학체계의 실제

고봉성(지정)·불승심인당 주교

Ⅰ. 법신 비로자나불

1. 법신불의 본체

1) 진각밀교의 교주

밀교(密敎)는 비밀불교(vajrayāna)의 약칭이며 일반적 불교인 현로불교(顯露佛敎)에 대하여 이르는 말이다. 여기에서의 비밀이란 여래비밀(如來秘密)과 중생비밀(衆生秘密), 언설비밀(言說秘密), 법체비밀(法體秘密)[1]의 뜻이 있다고 하였다. 여래비밀이란 법신불의 법문은 법신자내증(法身自內證)의 경계로서 오직 상근상지의 사람만이 알 수 있는 것이므로 여타의 사람에게는 비밀한 것이라는 것을 말한다. 그리고 중생비밀이란 일체중생들의 실상은 법신불과 동일한 성품을 가지고 있으나 무명망상에 가려 본체를 알 수 없으므로 헤맨다는 뜻의 비밀인 것이다. 다음으로는 언설비밀은 법신불의 비밀한 말씀은 깊고 미묘한 것이지만 자상(字相)에 얽매이어 자의(字義)를 알지 못하므로 비밀인 것이다. 그리고 법체비밀은 법신자내증의 경계는 등각십지(等覺十地)도 견문(見聞)한 바를 각지(覺知)할 수 없는 것이므로 비밀인 것이라고 하였다.

이러한 비밀은 불지견(佛知見)을 열게 되면 더 이상 비밀이 아니며 본래부터 비밀이란 없는 것이다. 밀교의 법은 오직 법신불 자내증의 뜻인

---

[1] 안연(安然)의 「교시문답(教時問答)」에서 여래비밀과 중생비밀, 언설비밀, 법체비밀의 네 가지 비밀을 설한다.

삼밀의 비법으로 전해지는 것이므로 진각성존 종조 회당대종사(이하는 회당대종사)[2]께서 부촉(咐囑)하신 유법(遺法)에 "옛날에는 의발이요, 이제는 심인법(心印法)이라."[3]라고 전하신 것이다. 이 부법은 자심내증(自心內證)의 경계를 후대에 전하여 스승으로부터 제자에게 사자상승(師資相承)이 되는 것이다. 대한불교진각종의 종지 및 교의(敎義)·교법(敎法)은 신행의 본존이 되는 육자진언을 근본으로 하여 삼밀수행과 참회 그리고 단시, 지계, 인욕, 정진, 선정, 지혜의 여섯 가지 바라밀행의 실천으로 생활 속에서 깨닫고 실천해 가는 가르침이다. 또한 진리불(眞理佛)인 법신 비로자나불을 교주로 하여 현세에 이 몸 그대로 즉신성불(卽身成佛)하는 밀교종(密敎宗)으로서 확립된 진각밀교(眞覺密敎)의 종지(宗旨)라고 할 수 있다.

그것은 본종(本宗)이 회당대종사의 법이(法爾)의 당체설법에서 분류된 경론으로 밀교의 양부대경(兩部大經)이라고 하는 『대일경』과 『금강정경』, 그리고 『대승장엄보왕경』과 『보리심론』 및 종조법전을 소의(所依)로 하며, 경에서 설하는 이지불이(理智不二)의 법신비로자나불을 교주로 하고 신행에 있어서도 근본본존(根本本尊)으로 삼고 있기 때문이다. 진각밀교는 진각종 밀교의 의미로 회당대종사께서 불법(佛法)의 심수(心髓)인 밀교의 법맥을 육자심인으로 전수(傳受)받고 법신불진리를 깨달아서 창교(創敎)한 밀교종(密敎宗)이므로 그렇게 말한다. 이것은 곧 법신불 자내증의 경지(境地)와 가지상응(加持相應)하는 행자의 삼밀수행으로 실천해서 들어가는 밀교의 행법(行法)이며 밀교 오지(奧旨)의 가르

---

2)   대한불교진각종을 창종하신 종조 회당대종사(속명: 손규상)의 법호이다.
3)   『진각종사』에 기록된 진기17년(1963년) 10월 15일 3차에 걸친 부법교계 중 遺敎이다.

침이기 때문이다.

회당대종사의 자증교설인『실행론』[4]에 육자진언 실천증득의 뜻이 "육자진언 염송하면 비로자나부처님이 항상 비밀한 가운데 모든 법을 설하여서 무량하고 미묘한 뜻 자증하게 함이니라."[5] 하였다. 진각밀교의 교리는 육자진언을 신행의 본존으로 세우고 수행하는 삼밀관행법(三密觀行法)으로 법신불의 당체설법(當體說法)을 듣고 자신의 허물을 깨달아서 참회하고 육행을 실천해 가는 것을 기본으로 하고 있다. 또한 이 설법은 "시방삼세 나타나는 일체 모든 사실들과 내가 체험하고 있는 좋고 나쁜 모든 일은 법신불의 당체로서 활동하는 설법이라."[6] 하였다. 법신불의 당체는 나와 더불어 함께 하고 있는 삼라만상온 우주현상과 일상 가운데 내가 보고 듣고 느끼며 체험하고 겪고 있는 모든 일들로 나타나며, 이것이 그대로 부처님의 활동이 되는 것이다. 그리고 이와 같은 당체의 법은 "밀교의 삼륜신(三輪身)은 관행자(觀行者)가 공덕을 성취하려고 정진할 그 때에 법을 주어서 행자(行者)로 하여금 자기의 허물과 결점을 체험으로 알게 하고 없애게 합니다. 이러한 법을 아직 증득하지 못한 사람들은 마장이라 아름합니다. 삼륜신이 병에 응해 약을 주는 법문을 베풀어서 육행을 실천하게 하는 것이 법신부처님의 근본서원."[7]이라 하여 진각밀교의 교리는 색심불이(色心不二)로서 색법(色法)과 심법(心法)을 따로 보지 않고 세간에 나타나는 현실의 모든 일들은 바로 법신불의 진리 법으로 나타나는 당체이기 때문에 진리이치와 현실세간이 체(體)와 그림자처럼

---

4) 대한불교진각종 교법결집회의『실행론(實行論)』 2011.
5) 『실행론』, p.44, 1-2-3「육자진언의 공덕」.
6) 『실행론』, p.99, 2-9-1「당체법문」.
7) 『실행론』, p.255, 4-5-2「불공과 당체법문」.

불(佛)의 법과 같이 동일한 뜻으로 체득해 가며 모든 현상사실(現象事實)을 있는 그대로 부처님의 가르침으로 받아들이는 것이다.

2) 법신불의 체상용(體相用)

부처님은 우주의 진리를 깨닫고 진리의 몸으로 시방삼세에 나투어서 일체중생으로 하여금 깨달음에 이르게 하고자 원력(願力)으로 인연을 따라 교화(敎化)하시는 분으로 불교의 교주를 말한다. 교주는 진리를 설하는 경(經)의 주체자이며 진실한 법의 당체인 것이다. 일반적인 불교의 교주는 석가모니부처님이다. 이 부처님은 역사적으로 깨달음을 이루고 우주적 실상(實相)인 진리법을 설하신 부처님으로 화신불(化身佛)을 말한다. 화신불은 생멸을 보여서 일시적으로 나타나는 현로(顯露)의 모습일 뿐이요 진신(眞身)만은 비밀한 부동의 모습으로 상존(常存)해 계시는 것이다.

　　법신불 본체에 대해 『실행론』에서 "법신은 우주의 본체이며 만물의 본체이며 중생심의 본체이다."[8]라고 하므로, 이 법신불은 우주만유의 본체(本體)로서 존재하며 개개물(箇箇物)의 분화체(分化體)로서 존재하는 중생심의 본체가 되는 것이다. 또한 진리의 하나성품인 법신성(法身性)은

> "법계의 성은 하나이므로 이를 도솔천부처님이라고도 하고 하나부처님이라고도 하고 하나법신부처님이라고도 하고 법신비로자나부처님이라고도 하고 법신부처님이라고도 한다."[9]

---

8)　『실행론』, p.54, 2-1-2 「법계의 성」.

9)　『실행론』, p.54, 2-1-2 「법계의 성」.

하였다. 이러한 법신불은 전 우주적 하나성품으로 비오(秘奧)한 말의 경계를 따라 여러 가지의 명칭으로 불리는 것이지만, 그 뜻은 하나이다. 부처님의 실체(實體)가 색신의 몸이 아닌 법신의 존재를 설명한 뜻이 되는 것이다. 이와 같이 부동 불변의 부처님의 진신을 나타내기 위해서는 한가지로 다 설명을 할 수 없으므로 삼신이불(三身理佛)로 설명되어질 수 있는 것이다. 삼신이란 불의 세 가지 몸으로 법신(法身), 보신(報身), 화신(化身)이며, 보신과 화신의 설한 바를 현교(顯敎)라 하고 법신의 설한 바를 밀교(密敎)라 하는 것이다. 법신은 대일여래, 마하비로자나불, 이불(理佛)이라고도 하며, 진여 또는 법(Dharma)의 인격화된 호칭을 말한다.

불의 삼신은 세 가지 몸으로 나타나시는 모습이며, 첫째는 영원불변한 만유의 본체로서 법신불이요, 둘째는 인연 따라 몸을 받아나는 보신불이며, 셋째는 중생을 교화하기 위하여 색신의 몸을 갖추어 나타나는 불신으로 화현 응화불이다. 이러한 삼신의 근본은 모두 진리의 법을 몸으로 하고 있으므로 이불 또는 법신불이라고 하는 것이다. 또한 부처님의 가르침에 석가모니부처님이나 보신의 아미타불 등을 교주로 하여 수행 실천하는 가르침을 대소승의 현교라 하며, 이에 대하여 법신불을 교주로 하는 가르침을 밀교라 한다. 법신불은 밀교의 교주로서 진리의 몸으로 존재하는 이불이므로 시간과 공간을 초월하여 존재한다.

법신불에 대한 인식은 삼장(三藏)의 경전적 근거를 가지고 보편적 방법으로 접근해야 한다. 이와 같은 접근법은 『석마하연론』이나 『대승기신론』에서 진여나 만유의 존재개념을 정의하는데 세 가지 관점인 체(體)와 상(相)과 용(用)의 삼대(三大)로서 설명하는 방법이 있다. 여기에서의 대는 크다는 의미보다 무한의 뜻이며 우주에 두루 가득 차있다는 편만(遍滿)의 뜻이다. 또한 삼대란 광대 무한한 우주의 구성요소로서 만유의 본체를 세 가지 관점에서 각각 살피는 인식방법이다.

　　먼저 체대(體大)는 일체의 모든 법이 진여 평등한 본성의 실체로서 부증불감하는 연고로 전일한 성품의 측면을 말하며, 둘째는 상대(相大)로 여래장(如來藏)의 본성에 본래 갖추어진 무한한 공덕력으로 종종의 차별적인 현상으로서 나타나는 형상의 측면이며, 셋째는 용대(用大)로 이와 같은 체대와 상대로 갖추어진 요소에 따라 일체의 모든 부처님이 이를 바탕으로 청정한 과보로 나타나며 작용되어지는 활동의 의미적 측면이다. 특히 밀교 진각종의 교주로서 법신불의 실체는 본종의 창종조(創宗祖)이신 회당대종사의 깨달음의 교법과 자증의 교설을 중심으로 접근해 볼 수가 있다. 나에게 있는 청정본심인 자성불의 자각(自覺)을 강조하여 "비로자나부처님은 시방삼세 하나이라 온 우주에 충만하여 없는 곳이 없으므로 가까이 곧 내 마음에 있는 것을 먼저 알라"[10] 하였는데, 법신불은 변제(邊際)가 없는 빛으로 삼라만상을 두루 비추어 주는 성능(性能)을 가지듯이 이사무애(理事無碍)의 법계를 두루 비추어 밝히므로 체와 상과 용의 삼대로 시방의 모든 시간과 삼세의 공간에도 걸림이 없으므로 비로자나불(Vairocana)이라 하는 것이다.

3) 법신불의 본체

법신불은 변일체처(遍一切處) 또는 변조(遍照)의 뜻이 있다. 두루 광명을 비추어서 미치지 않는 곳이 없다는 뜻이다. 『진각교전』[11] 서문에

---

10)　『실행론』, p.53, 2-1-1 「자성법신」.
11)　대한불교진각종 『진각교전』 대종조 회당편저 대한불교진각종해인행 서울:1960.

"이 우주가 생겨나기 전부터 법신부처님이 무형하게 상주불변으로 계시
며 중생을 제도하기 위하여 시방세계에 근기를 따라 방편으로 화현하시니
이천 오백년 전 석가모니불이…."[12]

라 하였으므로, 법신불은 무시무종(無始無終)으로 항상(恒常)하여 계시
는 부처님이다. 체성(體性)이란 만유(萬有)의 본질로서 변하지 않는 성질
을 말한다. 무량무수(無量無數)의 이 우주를 구성하고 있는 본질적 요소
는 사변(思辨)으로 정립하기는 쉬운 일이 아니지만, 법신불의 체성은 곧
우주 삼라만상에 하나로 통하는 진리의 성품이다. 마치 바다가 넓고 크기
는 하지만 그 맛의 성품이 짠맛 하나로 통하여 있는 것과 같은 것이다. 그
속에 일체의 유정과 비정들의 존재로서 개성을 지니고 생멸의 속성을 나
타내며 존재하고 있는 것이다. 일체 만법의 근원이 되는 법신불은 진리각
성(眞理覺性)으로 부처님 진신을 인격적 존재의 입장으로 볼 때 시방삼
세에 충만하고 생멸이 없는 하나의 성품으로 두루하여 있지만, 전인격적
체성을 갖추고 일체 만법을 생성하는 우주적 구성요소로서 만유의 본체
로 삼는 것을 말한다. 이것은 밀교의 정신을 바탕으로 하는 오대설(五大:
지, 수, 화, 풍, 공)이나 육대설(六大: 지, 수, 화, 풍, 공, 식) 또는 칠대설(七
大: 지, 수, 화, 풍, 공, 견(근), 식)[13]의 철학적 인식(認識)이며, 밀교부의
『대일경』과 『금강정경』에 그 근거를 두고 있다. 체대의 개별요소들은 종
합적인 것을 의미하는 것이 아니라 전체생명의 가치내용을 상징하는 전
방위적(全方位的) 의미인 것이다.

---

12) 『진각교전』 서문 p.7 「불교는 우리의 풍토성과 혈지성에 맞는 것」.
13) 『수능엄경(首楞嚴經)』 권3.

『대일경』「구연품」에

"我覺本不生 出過語言道 諸過得解脫 遠離於因緣 知空等虛空 如實相知生[14](아각은 본불생이니 언어의 도를 벗어나서 모든 허물에서 해탈을 얻어 인연의 굴레를 멀리 떠났다. 허공과 같은 공을 알아 실상과 같은 지혜가 생겨나니)"

하는 내용과 『금강정유가수습비로자나삼마지법』에

"諸法本不生 自性離言說 淸淨無垢染 因業等虛空 旋復諦思惟 字字悟眞實[15](모든 법은 본불생이니 자성은 언설을 떠나고 청정하여 때 묻음이 없으니 인업등 허공이라. 다시 돌이켜 판단하여 살피니 글자마다 진실을 깨우침이라)"

의 내용, 그리고 『대일경』「아사리진실지품」에

"我卽同心位 一切處自在 普遍於種種 有情及非情 阿字第一命 嚩字名爲水 囉字名爲火 吽字名忿怒 佉字同虛空 所謂極空點 知此最眞實 說名阿闍梨[16](나는 곧 심위와 같아져서 온갖 장소에 자재하고 널리 갖가지 유정과 비유정들에게 두루한다. 아자(阿字)는 제1명이고 바자(嚩字)를 이름하여 수라 한다. 라자(囉字)는 화라 이름하고 훔자(吽字)를 분노라 이름한다. 구자(佉字)는 허공과 같은데 이른바 극공점이다. 이 최상의 진실을

---

14) 『대정신수대장경』 Vol. 18, NO.848(『대일경』 권2 「입만다라구연진언품」).
15) 『대정신수대장경』 Vol. 18, NO.876(『금강정유가수습비로자나삼마지법』).
16) 『대일경』 권5 「아사리진실지품」.

알면 아사리라 말하리라.)"

등에서 A(阿지대) VA(嚩수대) RA(囉화대) HA(吽풍대) KHA(佉공대)인 오
대(五大)를 보리심의 참된 의미를 나타내어 마음의 실상을 설하고 있다.
여기에서 일본의 홍법대사(弘法大師)[17]는 아각(我覺) 이자(二字)를 식대
(識大)로 해석하고 본불생(本不生) 삼자(三字)는 중생의 지견(知見)으로
는 생멸변천(生滅變遷)하는 모습을 보이지만, 불지견(佛知見)의 실견(實
見)은 은밀(隱密)하여 드러남이 없이 상주하므로 불생(不生)의 뜻이 있다
고 하였다. 그리고 앞의 오대와 뒤의 식대를 포함하는 해석으로 육대설로
정리하였다.

이와 같은 견해는 비오(秘奧)한 경계의 해석으로 특별하다고 할 수
있으나 법신불의 체대를 인식하는 여러 다양한 방법 가운데에 속하는 것
이라 하겠다. 특히 아각(我覺)의 해석에 대하여 아와 각을 세밀하게 해석
하여 아자는 그 속성이 되는 만유의 체성으로 육근을 표치(標幟)하는 견
대(見大[18])로서 개별적 분화체가 되는 아로 설명하고 각자는 우주만유 본
연(本然)의 총체적 각성(覺性)으로 식대로 하는 해석의 뜻도 있는 것이
다. 이 표치란 여래의 삼매야신(三昧耶身)으로 굳세고 지극한 약속이 들
어있는 서원을 상징하는 것이다. 관점에 따라 다양한 방법으로 그 의미를
인식하여 오고는 있으나 일반적 밀교 체대의 해석으로 육대설을 이용하
여 설명되어오고 있는 것이 사실이다. 육대설에 기인한 체대(體大)에는
법신불의 우주만유의 실체는 불생불멸하고 견고부동(堅固不動)한 성질

---

17) 구카이(空海): 일본 진언종의 종조이다.
18) 우주만유의 본체를 설명하는 7대의 하나로 근대(根大)라고도 한다.

로서 나타나므로 지대(地大)라 하고, 또한 만유의 실체는 일체의 분별을 초월하여 침윤(浸潤)하며 습윤(濕潤)을 성(性)으로 하므로 수대(水大)라 하는 것이다. 다음으로 만유의 실체는 본래 청정하여 일체의 먼지와 때가 불속에서 소멸하여 없어지듯이 번뇌 마장을 파괴하고 청정케 하는 의미로서 화대(火大)가 되는 것이다. 그리고 우주만유의 실체는 동전무궁(動轉無窮)한 덕을 바탕으로 움직이는 성질과 만물을 성장작용(成長作用)케 하는 성(性)을 갖추고 있는 풍대(風大)이며, 만유의 실체는 그 성품이 두루하고 일체를 포용 섭수하여 무애자재(無碍自在)하므로 삼라만상이 의지하여 존재할 수 있는 성품이므로 공대(空大)인 것이다. 그리고 식대(識大)는 일체 유정이 생존하는 데 의지하는 바가 되며 이 육대를 법체로 하여 연기적 현상을 나타내는 것을 말하며 이 육대는 전 우주법계에 가득한 법신불의 본체를 인식하는 방법으로 법신체대설(法身體大說)이 되는 것이다. 여기에 만유 실체의 본성은 제법이 본불생으로 일체는 법성의 이치를 바탕으로 종종의 덕성이 나타나는 것으로 보는 것이다.

2. 법신불의 형상

1) 법신불의 현현

법신비로자나불은 삼세를 초월한 진리불(眞理佛)이므로

> "법신부처님은 사람도 아니고 신도 아니고 이치로 형상 없이 비밀한 가운데 항상 계시는 근본 부처님입니다. 법신은 원래 시종 없이 과거에도 계시

고 현재에도 계시고 미래에도 일관하여 계시는 이불입니다."[19)]

하였다. 법신불의 본체는 앞서 살펴본 바와 같이 만유(萬有)의 본체인 체대로서 법의 실체(實體)를 말하는 것이다. 그리고 체대를 바탕으로 형성되는 일체 현상적 개별체(個別體)는 법신불의 모습인 형상(形相)으로 나타나는 것이다. 비로자나부처님의 본체가 물질(色)과 정신(心)영역에서 깨달음을 상징하는 초월적 창조의 힘으로써 나타나며 영원성을 지니는 진리적 속성으로 생멸이 없고 시공을 초월하는 존재로서 나타나는 것이므로, 이러한 불덕(佛德)이 태양의 속성(屬性)에 견주어 제암변명(除暗遍明), 능성중무(能成衆務), 광무생멸(光無生滅)[20)]의 특성으로 설명이 되는 것이다. 제암변명의 덕(德)은 모든 어둠을 거두고 밝음을 두루 비추는 뜻이며 능성중무의 덕은 모든 일을 온전히 이루게 하는 덕이며 광무생멸은 제법의 본체로서 일체생명이며 불생불멸(不生不滅)의 덕이다.

그러면 이와 같은 비로자나부처님의 현신인 형상에 대해서는 어떻게 설명되어질 수 있는가? 이미 법신불은 밀교의 교주로서 특정한 양식의 모습을 지니지 아니하는 부처님이므로, 만약 형상이 있다면 어떠한 모습이든지 생멸에 영향을 받지 아니할 수 없는 것이므로 보신이나 화신의 모습으로 나타날 수 밖에 없으며 나타난 형상의 역할은 일시적 또는 한계적 역할의 소임을 할 수 밖에는 없는 것이다. 그런 면에서 법신불이 갖추고 있는 법의 성품은 무량한 성덕(性德)으로 전 우주에 편만(遍滿)하여 구족하다고 하는 것이다. 그러므로 법신불의 활동은

---

19) 『실행론』, p.76, 2-5-6 「법보화 삼신」.

20) 선무외(善無畏三藏)의 『대일경소(大日經疏)』에 법신불의 성덕을 태양의 속성에 비추어 세 가지 덕성으로 나타낸 뜻이다.

"비로자나부처님은 당체로써 나타나니 모든 사실 설법이요 활동하는 경
전이라. 생멸 없는 그 진리는 인과로써 나타나니 사지사력 활동으로 생활
중에 각 할지라"[21]

한 것이다. 이와 같은 법신비로자나의 진리당체는 현실세계의 모든 존재
또는 현상으로서 형성되어지고 있는 것이다. 그러한 모든 존재와 현상의
사실들이 법신불의 진실설법(眞實說法)이며 살아서 활동하는 경전인 것
이다. 우주적 질서와 이치는 현실세계에 반드시 인연과 과보로서 나타나
게 되는 것이므로 밀교적 수행과 실천은 그 속성을 이해하고 자심실상(自
心實相)을 깨달아가는 공부가 되는 것이다. 그런 면에서 온 우주는 법신
부처님의 세계로 이해되어질 수 있으며, 모든 존재와 현상은 동체대비(同
體大悲)의 자비와 지혜로 충만한 세계에 살며 그 권속으로서의 모든 생
명적 가치를 부여받고 있는 것이다. 이와 같이 나와 법신비로자나는 진리
체성으로 하나이므로 "온 우주에 충만하여 없는 곳이 없으므로 가까이 곧
내 마음에 있는 것을 먼저 알라"[22] 한 것이다.

불교는 마음의 법이므로 부처님의 출현도 다만 중생이 본유로 갖추
고 있는 법성을 깨닫게 하고자 하는 중생제도의 원력으로 나타나는 것이
므로 가까이 이 마음의 법을 세우는데 법신불의 본체나 형상의 의미도 해
석이 가능한 것이다. 이러한 법신불의 모습을 나타내는 것이 상대(相大)
이며 상대는 법신불의 깨달음의 경지인 보리정각(菩提正覺)이며 진여(眞
如)의 형상으로 나타나므로, 이것이 곧 밀교의 만다라(曼茶羅)세계로 설

---

21) 『실행론』, p.113, 3-1-1 「실천강목」.
22) 『실행론』, p.53, 2-1-1 「자성법신」.

명되어지는 것이다.

2) 만다라의 세계

법신불의 세계는 깨달음의 세계이며 일체생명의 세계이므로 불가사의하
고 무한한 힘을 지니고 있어서 일체중생들에게 태양광명과 같은 생명작
용을 하므로 신통자재(神通自在)한 능력이 있는 것이다. 법신불의 체대
로 형성되는 오대(五大), 육대(六大), 칠대(七大)로 설명되어지는 우주만
유의 실체는 각각 무량무수의 현상을 가지므로 진리실상(眞理實相)은 그
대로 법신불의 본체로서 나타나는 형상을 갖추게 되므로 여기에 만다라
의 현상세계가 갖추어 나타나게 되는 것이다.

　　만다라는 윤원(輪圓), 발생(發生), 취집(聚集)의 뜻을 지니고 있는
것으로 제불보살의 출현으로 온갖 공덕과 지혜를 취집하여 장엄한 도량
을 형성하여 나타나는 세계인 것이다. 윤원이라고 하는 것은 윤원구족(輪
圓具足)의 뜻으로 법신불의 만덕(萬德)을 모두 구비하여 빠짐이 없다는
뜻이다. 발생은 불종(佛種)을 길러 불과(佛果)를 일으켜서 법신불이 출현
하고 설법을 하여 무량의 뜻을 일으키므로 그렇게 말하는 것이다. 다음으
로 취집은 여래진실의 만덕인 제불 보살의 성중(聖衆)이 공덕을 일으키
며 한곳에 모인다는 뜻이다. 바로 이렇게 구성되어진 만다라는 하나의 질
서와 통합된 모습을 도상화(圖像化)하여 불보살의 활동을 나타내는 세계
인 것이다. 이는 부처님의 깨달음의 세계를 형상화한 금강계(金剛界)만다
라와 태장계(胎藏界)만다라의 이원적 세계를 구성하여 나타나는 것이다.
이 우주에 상존(常存)하는 모든 존재가치들은 하나의 생명성 또는 전일
생명(全一生命)으로 그 근원을 삼고 있는데, 그 근원이 바로 법신불이며

이 법신불의 형상(形相)에는 네 가지 만다라의 방면으로 인식할 수 있다. 이러한 전일생명(全一生命)은 법신불의 본체로 우주적 대생명의 활동상을 상징하는 것이다. 그것은 대만다라(大曼茶羅), 삼매야만다라(三昧耶曼茶羅), 법만다라(法曼茶羅), 갈마만다라(羯磨曼茶羅)의 네 가지 만다라이다.[23]

대만다라는 법신불의 체대로부터 성립된 우주의 보편적 전체상으로 상호구족신(相互具足身)을 갖추어 나타나는 일체만상(一切萬象)의 당체(當體)를 말한다. 이는 불보살의 구족한 상호(相好)의 모습을 나타내는 것으로 불상이나 형상화로 나타나는 세계이다. 그리고 삼매야만다라는 우주만유의 부분적 개별상으로 특수성을 지니고 있는 것으로 산천, 초목, 국토 등을 일컫는 뜻이다. 삼매야만다라는 제불보살의 본서(本誓)를 나타내며 지니고 있는 보장(寶藏)의 특수사물(特殊事物)을 나타내는 만다라이다. 뿐만 아니라 법만다라는 모든 말과 소리, 명칭, 성명, 그림문자로 형상화된 본질을 포섭하여 나타내는 뜻이다. 그리고 갈마만다라는 우주만유의 개별적 활동작용으로 일체사물의 변천동작(變遷動作)과 행위를 말하는 것이다. 이것은 우주적 존재인 실존의 사물들은 고유의 움직임과 활동을 일으키므로 이것이 그대로 갈마만다라인 것이다.

이와 같은 것이 바로 법신불의 대생명(大生命)의 세계이며 형상을 구체적으로 인식할 수 있는 방법이 되는 것이다. 만유의 구성요소가 법신불의 체대이며, 이러한 체대를 바탕으로 법신불의 지혜와 깨달음의 세계를 형상화(形象化)하여 나타나게 되는 데 색심불이의 평등한 법계가 구현되는 것이다. 부처님 깨달음의 세계를 형상화한 만다라의 세계는 제불

---

23) 唐三藏沙門大廣智不空奉詔譯, 『大樂金剛不空眞實三昧耶經般若波羅蜜多理趣釋』卷上

보살의 다양한 존격(尊格)으로 구성된 세계이며, 이러한 존격을 표현하는 방법이 『대일경』에서는 자(字), 인(印), 형(形)의 존삼종신(尊三種身)으로 설명이 되고 있다. 자는 법신불의 언어, 문자로서의 인식이며, 인은 인계(印契)나 특수사물로서의 표현이며, 형상은 법신불의 전체적 상징모습으로 설명되어진다. 법신부처님의 신력가지(神力加持)의 묘용(妙用)은 시방세계 온 우주에 두루하여 있으므로 어느 곳, 어느 때라도 미치지 아니하는 곳이 없으므로 변일체처신(遍一切處身)인 것이다. 이것이 또한 법신불의 가지광명을 받은 몸인 것이며 응화신(應化身)으로 설명할 수가 있는 것이다. 『대일경소』에서도

"如是加持受用身 卽是毘盧遮那遍一切身 遍一切身者"[24](이와 같이 가지수용신은 즉 이것이 비로자나의 변일체신이며 변일체신자니라.)

하였다. 법신불이 가지수용신으로 나타나는 데는 가지상응한 모습으로 응신이나 화신의 모습이지만 체성(體性)으로서의 모습은 일체 만법에 두루 미쳐서 가지가지의 변화신(變化身)으로서 티끌 먼지에 이르기 까지 구비하여 구성되어지는 것이다.

_____

24) 『대정신수대장경』 Vol. 39, No. 1796 (『大毘盧遮那成佛經疏卷』 第一, 沙門一行阿闍梨記, 「入真言門住心品」第一).

3. 법신불의 작용

1) 법신불의 활동

법신불의 본체인 체대와 자내증 깨달음의 경계로서 나타는 제 현상(現象)의 뜻인 상대와 무한한 업용(業用)의 활동으로서 법신불의 삼대(三大) 중에 용대에 대한 설명이다. 용이란 작용 또는 활동을 말하며 법신불의 삼업(三業)으로서 불가사의한 작용이 있으므로 삼밀이라고 하는 것이다. 법신불의 삼밀은 시공을 초월한 우주의 보편적 활동이다. 법신불의 활동 작용이란 우주적 활동으로 법신불의 체대와 상대로 구성하고 있는 삼라만상의 제 요소들이 세 가지의 비밀한 활동의 방면으로 존재하므로 이를 삼밀작용이라고 한다. 삼밀작용은 온 우주법계를 그 활동범위로 삼고 여래의 신체적 활동인 신밀(身密), 여래의 언어적 활동인 어밀(語密), 여래의 정신적 활동인 의밀(意密)의 세 방면으로 나타나는 법신불의 행위인 것이다. 이러한 삼밀은 세 가지의 영역으로 설명이 되지만 서로 다른 것이 아니며, 하나의 의미로 동시성(同時性)을 지니지만 법신불 본연(本然)의 활동이 되는 것이다.

　　이러한 법신불의 삼밀은 여래삼밀(如來三密)과 행자삼밀(行者三密)의 두 가지가 있다. 여래삼밀이란 우주적 평등한 삼밀로 중생의 무한한 업용(業用)에 견주어서 보는 불의 업용으로 진실 평등의 깨달음의 경계에서 활동하므로 여래삼밀이라 한다. 또한 행자삼밀은 분화적(分化的) 평등한 삼밀로 법신불 본유로 깨달음의 체와 능력과 활동력을 구비하고 있으나 신구의 중생업력(衆生業力)의 과보로 활동되어지므로 여래삼밀에 가지하여 범성불이(凡聖不二)의 합일에 이르게 되므로 행자삼밀인 것이다. 이러한 합일과정(合一過程)에 이르는 진언수행이 삼마지법(三摩地法)에 주(住)하여 이루어지는 것이다. 법신불은 우주적 존재로 인식의 범위를 넘어서지만 활동 자체를 하나의 큰 생명으로 작용한다고 하는 인식방법(認識方法)으로 활용하는 것이 삼대인 것이다. 삼대는 체상용의 범주(範疇)로 나누어서 정의되는 것으로 삼밀작용은 법신불의 용대에 해당이 된다.

이러한 삼밀작용은 본래 이 세상의 삼라만상이 모두가 본유로 갖추어 작용을 하고 있는 것이다.[25] 이것은 몸과 입과 뜻의 작용으로 진리에 어긋남이 없는 진실 평등한 작용을 말하는 것이다. 삼밀 가운데 신밀은 법신불의 비밀한 몸을 말하며 전체성으로는 우주법계에 하나로 충만하여 일체 형색(形色)을 갖춘 것이 모두 법신불의 몸으로 구성되어지고 있는 것을 말하는 것이며, 분화체성(分化體性)으로는 가까이 나의 인계표치(印契標幟)로 나타나는 것이다. 또한 구밀이란 법신불의 말씀으로 우주법계의 모든 음성이 구밀이 되며, 가까이 나에게 가지되는 진언염송(眞言念誦)이 구밀이 되는 것이다. 그리고 의밀(意密)이란 법신불의 비밀한 뜻으로 신밀과 구밀로서 활동하는 이 진리적 작용은 모두 법계법신의 의밀이 되는 것이다.[26] 이와 같은 법신불의 장엄한 위신력(威神力)의 크기는 『대일경』소에 나타난 내용을 살펴보면 다음과 같다.

"毘盧遮那如來加持故 奮身示現身無盡莊嚴藏 如是奮身示現語意平等無盡莊嚴藏[27](비로자나여래께서 가지하시기 때문에 펼쳐 나타나 보이

---

25) 『실행론』, p.116, 3-2-1 「제2절 삼밀작용」.

26) 『진각교전』, p.78 「제구절 삼밀은 전인적인 수행」.

27) 『대일경소』 제1 (『대정신수대장경』 39. 583. A).

는 몸은 다함이 없는 장엄장이었으며, 이와 같이 펼쳐 보이는 말과 뜻도 평등하여 다함이 없는 장엄장이었다.)"

법신불의 몸과 입과 뜻인 삼밀은 진실 평등하여 모든 때와 곳에 자유자재하며 그 크기는 불가사의 묘력(妙力)으로서 무진장엄장이며 광대무변하여 측량할 수 없고 항하사수 같은 세계를 모두 지닌다고 해도 조금도 변함이 없어서 시작과 끝을 알 수 없는 광대무량(廣大無量)한 것이라 한 것이다. 그러므로 법신불의 활동 영역인 온 우주는 그대로 대생명의 진리적 큰 흐름을 따라서 진행되어지므로 존재하는 만유일체의 활동상이 바로 법신불의 작용이 되는 것이다. 이와 같은 법신불의 몸인 우주 삼라만상의 개개물(箇箇物)은 다만 연기작용(緣起作用)에 의해서 본연(本然)의 신구의 활동을 하게 되는데, 이것이 삼밀작용인 것이다.

삼밀은 말하자면 법신불의 진실한 몸인 신밀이요 법신불의 진실한 말씀인 구밀이며 법신불의 진실한 뜻인 의밀이다. 법신불의 우주법계에 나투는 활동상이 바로 삼밀작용에 의하여 나타나게 되는 것이다. 이러한 삼밀은 중생의 활동상인 탐진치에 의한 삼업작용(三業作用)과 다르게 시공을 초월하여 나타나므로 진실 평등(平等)의 진리는 가까이 내 마음으로부터 찾아지게 되는 것이다.

2) 삼밀가지(三密加持)의 현증(顯證)

『대일경소』에 "當知如來應正等覺 無一定相可說 亦不離如是諸相也(여래응정등각은 일정한 상으로서 설명할 수 없는 것이다. 또 이와 같이 모든 상을 떠나지 않으니라.)"[28] 한 것은, 법신불의 덕성(德性)을 헤아리기 어렵고 한계를 두어 설명이 불가능한 것이지만 그렇다고 유정무정의 존재를 벗어나서 존재하지 않는다는 불이(不二)로써의 설명이 되는 것이다. 이것은 행자가 삼밀가지에 상응하여 "부처님과 같이 삶은 비밀유가삼밀이라."[29] 하듯이, 시시처처에 염념불망하여 체를 세우는 생활인 것이다. 법신불이 일체처(一切處) 일체시(一切時)에 상주(常住)하며 갖추고 있는 세 가지의 몸은 광대무량으로 변제(邊際)가 없는 몸이며 체대와 상대와 용대로써 인식되어진다고 하였다.

그러나 이러한 부처님이 우리의 삶속에도 언제나 함께 하고 있으니 법신불과 하나가 되는 행자삼밀의 수행을 통해서 이다. 수행자가 평등한 몸과 입과 뜻의 비밀가지로써 들어가는 문(門)을 삼고 신평등(身平等)의 밀인(密印)과 어평등(語平等)의 진언(眞言)과 심평등(心平等)의 묘관(妙觀)으로써 방편을 삼아 가지수용신을 보기에 이르는 것이다. 이와 같은 가지수용신은 바로 법신불의 일체에 두루한 몸인 것이다. 일체에 두루한 몸이란 『대일경』에 변일체신(遍一切身)으로 곧 수행자의 평등한 지신(智身)을 말하는 것이다.

> "所謂越三時如來之日加持故 身語意平等句法門[30](이른바 삼시를 초월하여 여래의 광명으로 가지한 신, 어, 의 평등구의 법문이다.)"

이러한 유가상응(瑜伽相應)으로 비밀한 가르침의 경계에 이르게 되

---

28) 『대일경소』 제1 (『대정신수대장경』 39. 588. B).
29) 『실행론』, p.56, 2-2-1 「심인당은 금강법계」.
30) 『대정신수대장경』 Vol. 18, No. 848 『大毘盧遮那成佛神變加持經』 「入眞言門住心品」 第一.

면 행하지 않음으로써 행하고 도달하지 않음으로써 도달하니 평등구(平等句)라 하는 것이다. 모든 중생이 모두 그 가운데에 들어가나 실로 들어간 자가 없으며 들어간 곳도 없다. 그리하여 평등이라 하는 것이다. 법신불은 과거, 현재, 미래를 초월(超越)한 본체로서 시방삼세에 하나로 계시며 평등한 본성 그 자체를 체대로 삼고 있는 것이다.

또한 법신불의 광명은 우주에 충만한 진리의 차별현상(差別現象)으로 비추어지며 물물마다 법신불의 본성(本性)이 잘 갖추어져 있는 무한한 능력을 발휘하게 하는 것을 상대로 하는 것이다. 그리고 법신불의 진리적 활동으로 일체의 삼밀작용을 통하여 법신불과 하나가 되며, 가까이 내 마음에 이르러 현증(顯證)되어지는 용대의 의미이다. 뿐만 아니라 법신불은 체와 상과 용의 세 가지가 모두 다 평등하여서 그 체성이 진실하고 청정하므로 평등구의 법문이라고 하는 것이다.

법신불은 마하비로자나(Mahāvairocana)라 하는 뜻으로 마하의 의미가 크기와 공능이 불가사의 하고 중생의 알음알이로는 측량할 수 없으므로 무한하다는 의미이다. 이러한 법신불의 불덕(佛德)은 일체유정과 비정들에 삼밀가지하여 마치 빛에 의하여 생명의 씨앗이 움터서 허공세계를 장식하여 제 현상의 진리작용으로 나타나는 것과 같은 것이다. 그러므로 진리의 체성(體性)인 심인에 대해『실행론』은

"심인은 나에게 있는 부처님의 이름이다. 진리는 변함없는 것이다. 심인은 하늘에 있으면 가득 차서 온 우주를 덮고 땅에 있으면 부드럽고 강한 것이며, 사람에게 있으면 어질고 옳은 것이다. 심인은 참되고 바른 진리이며 진

정한 이치이다."[31]

하였다. 나에게 상존(常存)하는 법신불의 진리성(眞理性)이 심인이다. 이 심인은 법신불의 분화체(分化體)로 과거 현재 미래의 삼세에 통하여 하나로 있으며 크기로는 시방세계에 두루하여 있으며 시종(始終)이 없고 없는 곳이 없다. 그러면서 일체의 가지수용신(加持受用身)으로 현현(顯顯)하여 드러나서 하늘과 땅과 사람과 온 우주에 가득하게 되는 것이다. 또한 하나 성품의 의미로 "나와 심인과 비로자나부처님은 한 덩어리가 되어 대(對)가 없는 것을 알아야 한다. 내가 서 있는 곳이 바로 중심이다."[32] 하였다. 그러므로 수행자의 삼밀평등한 경계에서는 법신불과 대(對)가 되어서 나타나는 것이 아니다. 이때에는 수행자의 지신(智身)이 성립되어 일체에 두루하고 당체로서 활동하는 법신불의 가지수용신과 하나가 되어 유가삼밀의 경계로서 비밀한 활동을 이루게 되는 것이다. 이와 같으므로 법신당체(法身當體)의 법문을 증득하고 묘관(妙觀)의 방편(方便)을 통해 불보살세계(佛菩薩世界)가 눈앞에 시현(示現)되는 것이다.

---

31) 『실행론』, p.57, 2-2-1 「불심인의 진리」.
32) 『실행론』, p.54, 2-1-2 「자성법신」.

II. 금강계 만다라와 37존

1. 금강계만다라(金剛界曼茶羅)

제불보살의 다양한 존격으로 구성된 금강계만다라는 밀교경의 하나로 일컬어지는 『금강정경』[33]을 기초로 하여 생성되어지는 세계이며 법신비로자나불의 형상을 표현하는 세계로 『대일경』[34]에서는 존삼종신(尊三種身)인 진언[字], 삼매야형[印], 형상[形像]의 세 방면[35]으로 설명이 되어지고 있다. 또한 법신비로자나불의 지성적 활동의 측면을 도회단만다라(都會壇曼茶羅)[36]로 표현한 세계이다.

   밀교의 교주인 법신비로자나불은 상주진실(常住眞實)한 이지(理智)의 체(體)로서 본체인 체대(體大)와 무량한 성덕(性德)을 지니고 제불보살의 성중이 모여서 상호공양을 이루는 만다라의 뜻을 지닌 상대(相大)로서 갖추고 있다. 그리고 일체에 출생하는 법신불의 무량한 공능(功能)으로 선인선과(善因善果)를 받게 하는 작용의 용대(用大)로 삼대를 구성하고 있으며 시방삼세 온 우주에 미치지 않는 곳이 없다. 그러면서 우리들 자심(自心) 중에도 존재하며 불생불멸(不生不滅)로 활동하므로 [37] 영원한 대생명의 뜻이 있는 것이다. 이 우주 삼라만상을 구성하며 활동

---

33) 당 불공의 번역으로 본 이름은 『금강정일체여래진실섭대승현증대교왕경』이다.

34) 당 선무외가 번역한 것으로, 본 이름은 『대비로자나성불신변가지경』이다.

35) 『大毘盧遮那成佛神變加持經』卷第六, 大唐天竺三藏善無畏共沙門一行譯「說本尊三昧品」第二十八, '諸尊有三種身 所謂字印形像'.

36) 법신비로자나불을 중심으로 제불보살들이 한 곳에 모이는 만다라.

37) 진각성존 회당대종사 자증교설인 『실행론』 2-1-1 「자성법신」.

하고 있는 우주 대생명인 법신비로자나불의 체성(體性)은 깨달음이며 곧 법신자내증(法身自內證)의 경계로서 나타나는 세계이며, 이러한 진리의 세계는 두 가지 측면의 입장에서 설명되어지고 있다.

첫째는 일체중생을 보호하고 기르는 공능(功能)이 마치 어머니가 태중에 아이를 보호하고 잘 기르듯이 이성(理性)을 함장(含藏)하고 섭지 (攝持)하는 덕을 나타내므로 태장계(胎藏界)라 하고, 둘째는 삼라만상 온 우주가 물물(物物)마다 본래 금강과 같은 지혜로 무장(武裝)을 하고 자증 (自證)의 묘과를 나타내고 있으므로 금강계(金剛界)라고 하나 진리법계 는 둘이 아닌 하나로써 총합(總合)되어 있는 것이다.

이 가운데 지덕(智德)의 활동으로 생성되어지는 금강계는 진각밀교 의 실천적 활동과 자증(自證)의 소의(所依)로서 이해할 수 있는 것이다. 특히 진각밀교에 있어서 금강계는 본심진언(本心眞言) 옴마니반메훔을 신행의 본존으로 하고 삼밀가지(三密加持)에 의해 나타나는 금강지성(金 剛智性)으로 내증되는 세계인 것이다. 금강지성은 법신불의 이지적 활동 방면으로 나타나는 지혜덕상으로 『실행론』[38]에

"이지(理智)로써 모든 이치를 알면 불〔火〕에 들어갈 리가 없다. '옴마니반 메훔'을 염송하면 금강지성(金剛智性)이 일어나서 내 마음에 끊을 것은 끊고 세울 것은 세운다."[39]

하였다. 법신불 진리와 계합(契合)하여 자성법신이 확립되면 금강지가 밝

---

38) 2011.11. 초판인쇄, 도서출판해인행, 대한불교진각종 교법결집회의, 진각성존종조회당대종사자 증교설 『실행론』.
39) 『실행론』, p.45 1-3-5 「육자진언의 공덕」.

아져서 끊고 세우는 데 걸림이 없게 되는 것이다. 『금강정일체여래진실섭대승현증대교왕경(金剛頂一切如來眞實攝大乘顯證大敎王經)』(이하는 『금강정경』)에

"此是一切大覺尊 最勝無上金剛智 所有諸佛成就事 最上悉地皆能 召[40](이것이 바로 일체 비로자나불의 최상무상의 금강지이다. 모든 부처님의 사업(事業)을 성취하고 최상의 깨달음을 모두 능히 불러들인다.)"

하였다. 금강지(金剛智)는 진리실상의 세계인 금강계를 두루 비추는 법신불 최상무상(最上無上)의 지혜를 말한다. 또한 일체유정은 법신불과 같은 실유불성(悉有佛性)의 지성(智性)을 구비하여 있어서 여래(如來)와 다름이 없는 체성(體性)을 갖추어 경계를 이루므로 계(界, dhātu)[41]라 하는 것이다. 또 『금강정경』에

"是時遍一切虛空界 互相涉入一切如來身語心大金剛界 以一切如來 加持力 混入薩埵金剛中 時諸如來乃為具德一切義成大菩薩 立祕密 名號金剛界 即以金剛大灌頂法而為灌頂"(일체 허공계에 편만하게 존재하는 일체여래의 몸과 말과 뜻의 금강계는 일체여래의 가지로써 모두 살타금강에게 들어간다. 곧 일체여래는 일체의성취보살마하살(一切義成就菩薩摩訶薩)에게 금강의 이름으로써 금강계라 부르고 금강계의 관정을 수여한다.)[42]

---

40) 『대정신수대장경』 Vol. 18, No. 882 『佛說一切如來真實攝大乘現證三昧大敎王經』 卷第一 「金剛界大曼拏羅廣大儀軌分」第一之一.

41) 계(界)는 범어에 dhātu라 하며 범주 또는 경계를 나타낸다.

42) 『대정신수대장경』 Vol. 18, No. 882.

하였다. 금강계(金剛界)는 일체의 허공에 진리실상으로 가득 차게 존재하는 일체여래의 몸과 입과 뜻인 삼밀로 가지하는 세계이며, 그 가지(加持: Adhisthāna)[43]로써 법신비로자나불의 설법을 듣고 금강관정(金剛灌頂)을 받으며 금강의 성품을 완성하여 하나의 체성을 이루는 세계인 것이다. 이와 같은 법신비로자나불의 세계는 생멸을 초월하여 약동하는 우주 대생명의 흐름을 이루는 세계이므로 신구의(身口意)의 삼밀로 평등한 밀교세계인 것이다. 이 세계에는 법신불의 지성(智性)을 개시(開始)하는 부문으로 자기 심중의 증오(證悟)한 덕으로 나타난다. 그 첫째는 체가 견고하여서 생사계중에 침윤(浸潤)하여도 결코 괴멸(壞滅)하는 법이 없으니 반드시 불괴의 성(性)을 가지고 있으며, 둘째는 일체의 미혹과 번뇌 마장을 부수고 무찌르므로 최파(摧破)의 성(性)을 지니고 있으며, 이러한 지(智)를 금강(金剛)또는 금강지(金剛智)라고 하는 것이다.

이러한 세계를 도형화하여 나타낸 것이 바로 금강계만다라(金剛界曼荼羅)이다. 금강계만다라(vajradhātu-maṇḍala)는 법신불의 깨달음인 자내증(自內證)의 경지와 금강지(金剛智)의 이상을 실현한 세계를 상징적인 도상(圖像)으로 표현한 것이다. 이러한 만다라는 비로자나의 진신(眞身)인 이지(理智)의 세계를 도상으로 나타내어 태장계와 금강계로 상징되어지는 우주법계의 모든 덕을 두루 갖추어 모자람이 없다는 뜻으로 윤원구족(輪圓具足) 발생(發生) 또는 취집(聚集)의 뜻으로 설명되어져 왔다. 그리고 이것은 일체 제불보살 등의 성중들이 함께 모여 상호 공양을 하며 예배하는 성스러운 장소를 말하기도 한다. 금강계는 현상(現象)과 경험계(經驗界)를 초월한 금강계만다라로 표현이 되며, 『금강정경』의 제

---

43) 범어의 Adhisthāna의 번역으로, 불가사의한 힘으로 돌보아주는 神變加持의 뜻이다.

1부 제1장의 금강계품에 입각하여 설명이 되어진다. 그리고 내용에 있어서는 불신원만(佛身圓滿)에 이르는 오상성신(五相成身)과 금강계에서 법신불의 가지신으로서 각각 37존을 기본 구성 요소로 하는 보문만다라(普門曼茶羅)를 의미하는 것이다. 그리고 『대일경』의 설에 입각하여 태장계를 도시(圖示)한 것을 태장계만다라(胎藏界曼茶羅)라고 하는데, 양부(兩部)는 이지(理智)의 세계로 진리세계의 이성과 지성의 측면을 각각 나타내는 세계이지만 양부불이(兩部不二)[44]로 상존하여 존재하는 세계이다.

그러므로 실존하는 우주 삼라만상의 모든 현상과 이치는 비로자나불의 가지로 현현(顯現)하는 세계로 볼 수 있다. 이러한 법신비로자나불의 세계는 발보리심으로부터 행자(行者)에게 자증되어 나타나는 진리실상의 세계로 설명되어진다. 진언행자가 제일 먼저 보리심을 일으키고 지신(智身)이 성립되면 법신불의 가지수용신(加持收用身)과 하나가 되는 유가삼밀의 경계에서 일체에 두루한 법신불의 당체를 증득하게 되는 것이다. 또한 이 세계는 우주의 본체불(本體佛)인 법신비로자나불의 이지덕상(理智德相)의 무한활동으로 충만하여 있다. 진각밀교에서 교리적으로 설명되어지는 법신불의 세계인 금강계만다라는 이지(理智)의 온전한 법신불 진리의 세계를 구성하고 다만 지성적 측면의 금강계만다라의 활용으로 설명되어지는 것이다. 『실행론』에

"비로자나부처님은 당체로써 나타나니 모든 사실 설법이요, 활동하는 경전이라. 생멸 없는 그 진리는 인과로써 나타나니 사지(四智) 사력(四力)

---

44) 金剛界의 智用과 胎藏界의 理性이 둘이 아니다.

활동으로 생활 중에 각(覺)할지라."[45]

한 것과 같이, 삼라만상(森羅萬象)의 다양한 상들과 사실들이 그대로 법신비로자나불의 설법이요 살아있는 경전인 것이다. 금강계의 출생은 처음에 일체의성취보살(一切意成就菩薩)이 보현대보리심(普賢大菩提心)을 일으키고 일체여래의 가르침대로 수행하여 오불의 다섯 지혜를 원만히 성취하고 금강계여래(金剛界如來)가 된 뒤에 제 존의 권속인 4불을 비롯한 금강계37존이 차례로 출생하여 금강계만다라의 주요 존격으로 구성되어져 전개되는 만다라의 세계인 것이다.[46]

진각밀교(眞覺密敎)에서는 이렇게 나타난 법신비로자나불의 세계를 체득하기 위해 구체적이고 실천적인 신행의 대상으로 제불보살과 일체중생들의 본심진언인 육자대명왕진언 옴마니반메훔을 염송(念誦)하고 인계로써 관(觀)하는 육자선정의 삼밀행을 한다. 이러한 방편의 삼밀행으로 법신불의 가지력(加持力)을 입게 되어 깨달음의 경계에 이르는 것이다. 그렇기 때문에 진각밀교의 교학과 사상, 그리고 실천수행의 중심은 육자진언과 법신비로자나불의 활용에 있다고 볼 수 있다. 말하자면 육자진언은 진각밀교의 수행에서 그대로 불보살의 본심으로 수행을 완성해 가는 행자의 본심인 것이다. 이러한 본심의 자리에서 불과 하나가 되는 종교적 실천과 자기 확립(確立)의 바탕이 되어 오불가지(五佛加持)를 입고 자심실상인 자성법신(自性法身)을 증득해 가는 열쇠가 되는 것이다. 자성법신이란 우주대생명으로 존재하는 법신비로자나불의 분화체(分化體)

---

45) 『실행론』, p.113, 3-1-1 제1절 「실천강목」.
46) 『대정신수대장경』 Vol. 18, No. 882.

로서 가지신(加持身)으로 출생하여 나타나는 자성(自性) 가운데 존재하는 법신불 진리성을 말한다. 이러한 법신비로자나불은 우주법계에 편만하여 무형하게 상주불변으로 계시는 진리 당체의 부처님으로 영원한 대생명이며 법이의 실체라고 볼 수 있다. 이것이 회당대종사의 밀교정신과 사상으로 설명되어지는 진각밀교학의 중심이 되며 실천수행의 바른 길이 된다.

그렇기 때문에 회당대종사의 종교적 수행인 행적과 실천사상을 통한 자증의 세계를 바탕으로 진각밀교 교학체계에 대한 이해를 통하여 금강계만다라와 삼십칠존을 살펴보는 것이 한국 밀교의 현재를 이해하는 데 도움이 될 것이다. 회당대종사의 실천사상은 "밀(密)은 색(色)을 이(理)로 하여 일체 세간 현상대로 불(佛)의 법(法)과 일치하게 체득함이 교리이니 체험이 곧 법문이요, 사실이 곧 경전이라."[47]에서와 같이, 색심불이의 사상으로 밀교 오지(奧旨)의 법을 전하는 교리사상과 일상생활을 기반으로 하는 종교적 수행 및 실천적 행동으로 진언행자의 신행생활 전반에 미쳐진다. 이와 같은 실천사상은 시방삼세에 충만하고 보편타당(普遍妥當)한 진리로서 생활 중에 깨달아가는 원리가 되며 법계 법신비로자나불의 대생명성이 자신의 내면에 존재하는 자성불(自性佛)과 동일한 것으로 체득해 가는 수행으로 나타난다. 해탈과 깨달음에 이르는 수행과 성취는 법신비로자나불 자내증의 세계이다. 이는 또한 법신비로자나불의 보리심으로부터 유출(流出)되어 다양한 중생교화의 자비문(慈悲門)과 불의 진리로 나아가는 지혜성취(智慧成就)의 문으로 만다라 세계를 구축하여 활동하고 있는 것이다.

---

47) 『실행론』, p.99, 2-9-1 제1절 「당체법문」.

앞서의 설명과 같이 금강계만다라는 비로자나불의 지법신(智法身)을 이루며 37존 금강계 불보살의 덕성으로 구성되어지는 세계이다. 진각밀교에 있어서 금강계만다라는 다만 오불 중심의 신행체계(信行體系)로서 오불의 지혜를 완성하고 37존 제존의 구체적 특성을 진언행자 인격완성의 척도(尺度)로서 실천해 가는 모습을 보여주는 세계인 것이다. 이는 곧 금강법계인[48] 비로자나부처님이 상주하시는 법계궁(法界宮)으로 이지(理智)를 총합(總合)한 진리세계를 말하는 것이다. 금강계와 태장계는 법신불의 이지 활동이며 체와 용으로 나누어 설명되어질 뿐 불이(不二)의 세계로서 나타난다. 37존 금강계는 다만 진리세계의 활동적 측면을 구체적으로 나타내는 것으로 진언행자의 실천적 경지(境地)이며 증득해 가는 제존(諸尊)의 덕상(德相)으로 나타나며 인격을 완성하는 자증의 경계라고 볼 수 있다. 또한 실생활에 있어서 실천 방편의 완성된 경지가 되는 것이다.

2. 오불(五佛)

오불은 오지(五智)여래를 의미하며 법신비로자나불의 가지를 입어 다섯 지혜를 성취하고 중생교화의 방편을 펴는 부처님들이다. 이들 부처님의 전거는 밀교경전인 『금강정경』과 『대일경』에 각각 다소 상이(相異)한 내용으로 기록되고 있다. 『금강정경』에는

---

48) 『실행론』, p.55, 2-1-3 「심인당은 금강법계」.

"是時金剛界如來 得一切如來所加持已 於一切如來師子座中 隨諸方
面如理安 住爾時阿閦如來 寶生如來 觀自在王如來 不空成就如來 是
諸如來 以世尊釋迦牟尼如來 成一切如來所加持身 一切平等善通達
故 向一切方普遍觀察 於其四 方隨方而坐 爾時世尊大毘盧遮那如來
以一切如來普賢心證覺未久已[49](이때 금강계여래는 일체여래의 가지
를 얻어 일체여래의 사자좌에서 모든 방면에 안립한다. 부동여래와 보생
여래와 관자재왕여래와 불공성취여래의 모든 여래는 이로써 일체여래 자
신을 가지(加持)한다. 석가모니여래는 모든 것에 평등하게 잘 통달하신 까
닭에 모든 방향을 평등하게 관찰하고 사방으로 앉는다. 이때 세존 비로자
나여래는 곧 평등한 깨달음인 일체여래의 보현심을 현증한다.)"

라 하였다. 법성취(法成就)를 이룬 비로자나불인 금강계여래가 사자좌에
앉아 사방불(四方佛)을 안립(安立)하고 가지하여 현증하는 것이다. 진각
밀교는 생활실천 중심의 불교이다. 여기에서 설하는 오불도 이를 근거로
하여 활동하는 자심실상의 세계로서 진언행자가 삼밀관행을 통한 불의
가지력을 입고 생활 중에 육바라밀 실천을 통하여 현증하는 세계인 것이
다. 삼밀수행으로 가지되는 비로자나불, 아축불, 보생불, 아미타불, 불공
성취불의 지혜공능(智慧功能)을 완성하여 내증의 자성법신이 확립된다.
불보살의 세계는 곧 정토세계이며 자증과 실천의 세계로서 금강계만다라
로 표현되어 나타나는 것이다. 『실행론』에

"심인당은 금강법계 비로자나궁전이라. 정보리심(淨菩提心) 아축불은 그
동방에 항상 있고, 만법능생(萬法能生) 보생불은 그 남방에 항상 있고 설

49) 『佛說一切如來眞實攝大乘現證三昧大敎王經』『대정신수대장경』 Vol. 18, No. 882.

법단의(說法斷疑) 아미타불 그 서방에 항상 있고, 이리원만(二利圓滿) 성취불은 그 북방에 항상 있다."[50]

하였다. 부처님과 더불어 살며 비밀유가의 삼밀을 실천하는 진언행자의 삶은 오지불(五智佛)의 가지와 실천적 활동으로 종지를 세우는 삶이다. 먼저 아축불의 정보리심은 모든 번뇌를 정화하는 굳센 보리심을 일으키고 태양의 빛을 제일 먼저 옮기므로 생명을 일깨우고 나아가게 하는 공능(功能)을 지니고 있다. 또한 보생불의 만법능생은 일체중생이 본유(本有)로 갖추고 있는 공덕장(功德藏)을 스스로 알게 하고 모든 법을 능히 깨닫게 하는 마음을 일으키는 성덕(聖德)이 있다. 그리고 아미타불의 설법단의는 중생구제의 무량한 법을 설하여 이해시키며 뜻에 따라 원을 세우고 자비의 행을 실천케 하는 성덕이 있다. 다음으로 불공성취불의 이리원만은 불신을 이루는 복덕과 지혜의 두 가지 덕이 모두 원만하여 일체의 사업을 이루는데 장애가 없으므로 그대로 구족상(具足相)을 이루는 것이다. 이와 같은 오불의 성능(性能)은 삼밀가지의 자심 중에 현현하는 세계이다.

특히 심인당은 진각밀교의 법도량(法道場)으로 참마음인 본심을 일으키는 곳이며 심인을 밝히고 깨치는 상징적인 곳으로 이해할 수 있다. 그러므로 심인을 밝히는 법도량은 일정한 장소만을 가리키는 것이 아니라 시시처처 사사물물 마다 마음을 쓰고 움직이는 자리가 심인당인 것이다. 여기에 법신비로자나불이 진리의 법을 설하여 삼라만상을 두루 비추고 불생불멸로 상주하시는 곳이 금강법계 비로자나궁전이다. 법신비로자

---

50) 『실행론』, p.55, 2-1-3 「심인당은 금강법계」.

나불과 사지여래(四智如來)의 출현으로 구성되는 금강법계(金剛法界)는 심인을 밝혀 본심으로 비춰지는 세계일 뿐 아니라 금강과 같은 진리이치의 법으로 드러나는 세계이다. 이 세계에는 동방, 서방, 남방, 북방의 사방으로 중생근기에 맞추어 먼저 사불이 나타나고 법신비로자나불의 가지신으로 일체중생을 교화하고 있는 것이다. 『보리심론』에도

> "於三十七尊中 五方佛位 各表一智 東方阿閦佛 因成大圓鏡智 亦名金剛智也 南方寶生佛 由成平等性智 亦名灌頂智也 西方阿彌陀佛 由成妙觀察智 亦名蓮華智 亦名轉法輪智也 北方不空成就佛 由成所作智 亦名羯磨智也 中方毘盧遮那佛 由成法界智爲本[51](37존 중에서 5방의 불위(佛位)가 각각 하나의 지혜를 나타내니, 동방 아축불은 대원경지를 이룸으로 말미암아 금강지라 하고, 남방 보생생은 평등성지를 이룸으로 말미암아 관정지라 하고, 서방 아미타불은 묘관찰지를 이룸으로 말미암아 연화지 또는 전법륜지라 하고, 북방 불공성취불은 성소작지를 이룸으로 말미암아 갈마지라 하고, 중앙 비로자나불은 법계체성지를 이룸으로 말미암아 본체가 된다.)"

하였다. 경전적 전거에 의하여 금강계만다라를 구성하는 주존(主尊)인 비로자나불의 삼매법문에 의하여 오불을 비롯한 자권속(自眷屬)이 출생하여 『금강정경』에 설하는 금강계만다라를 형성하는 것이다. 금강계만다라에 있어서 또한 불부, 금강부, 연화부, 보부, 갈마부의 오부를 건립하니, 이것이 금강계 오불이며 비로자나불의 다섯 지혜를 나타낸다. 또 『실행론』에 오불정토(五佛淨土)를 구현하는 삶에 대하여

---

51) 당나라 불공번역의 『금강정유가중발아뇩다라삼먁삼보리심론』의 약칭이다.

"아축불과 같이 살면 보리구할 마음 나고 보생불과 같이 살면 공덕모여 장
엄하고 미타불과 같이 살면 지혜 열려 안락하고 성취불과 같이 살면 대정
진에 고 여읜다."[52]

한 것에서, 비밀한 유가삼밀(瑜伽三密)로부터 불보살의 정토를 구현해
가는 실천적 삶이 자증된다고 하는 것이다. 이러한 의미에서 진각밀교에
있어서 오불의 존재는 신행의 귀명처(歸命處)이며 삶의 근원이다. 진언
행자가 항상 육자진언을 염송하고 시계인진선혜(施戒忍進旋慧)의 육바
라밀행을 실천하는 가운데 지혜를 얻어 법을 자증해서 불보살의 삶을 이
루며 생활해 가게 되는 것이다. 불의 오지(五智)란 법계체성지, 대원경지,
평등성지, 묘관찰지, 성소작지를 말한다. 대원경지(大圓鏡智)는 아축불이
불과로서 얻어지는 지혜이며, 이 지혜는 맑은 거울에 실상을 여실히 드러
내는 지혜이다. 평등성지(平等性智)는 보생불이 불과로서 얻어지는 지혜
로 물이 흘러서 구경에 평등의 경지를 이루듯이 자타평등을 체현(體現)
하는 지혜이다. 그리고 묘관찰지(妙觀察智)는 아미타불의 지혜로 제법을
자유롭게 살피며 불가사의 신력을 나타내어 모든 의심을 끊게 하는 지혜
이다. 다음으로 성소작지(成所作智)는 불공성취불의 지혜로 근기에 따른
갖가지 변화를 성취하는 지혜이다. 『금강정경』[53]에

"爾時具德金剛界大菩薩 於刹那中以一切如來平等智 現成正覺已 即
入一切如 來金剛平等最上智印祕密三昧 現證一切如來法平等智自性
清淨 成就一切如來一切 平等自性光明智 是故成滿如來應供正等正

---

52) 『실행론』, p.55, 2-1-3 「심인당은 금강법계」.
53) 당 불공의 번역으로 본래의 이름은 『금강정일체여래진실섭대승현증대교왕경』이다.

覺[54](그때 세존금강계여래는 그 찰나 사이에 등각일체여래평등지를 현증하고, 일체여래의 평등지삼매야에 들어가 일체여래의 법평등지의 자성청정을 증득하며, 곧 일체여래의 평등자성광명지장, 여래응공정변지를 성취한다.)"

하였다. 법신비로자나불의 출생은 처음에 일체의성취보살마하살(一切義成就菩薩摩詞薩)이 관정을 받고 금강의 명호로써 금강계보살(金剛界菩薩)이 되어 평등지삼매야(平等智三昧耶)에 들어가 자성청정(自性淸淨)을 증득하고 불지를 완성하여 사자좌(獅子座)에 앉게 되는 것이다. 이를 기점으로 하여 사방으로 사불인 아축불, 보생불, 아미타불, 불공성취불이 각각의 자리를 취함으로써 5불의 만다라를 건립하는 것이다.

다음으로 오불은 금강계만다라에서 보여지는 대생명의 활동에 있어서 중심이 되는 존격으로 법신자내증의 법문으로 출생하는 사방사불이 법보화 삼신(三身)의 다양한 모습을 시현한다. 그리고 사불 또한 자권속 보살로 하여금 성불을 향한 지혜각성(智慧覺性)의 무한한 공경과 대자비로 펼치는 중생교화의 활동을 일으키며 나타나는 것이다. 이것은 성불인 깨달음과 교화의 방편행(方便行)으로 구조를 이루며 불보살과 상호교감(相互交感)을 하며 법신비로자나불의 가지상응으로 금강계의 보살신(菩薩身)을 이룬 후에 법신비로자나불에게 귀명하고 있는 것이다.

교주 비로자나불은 자내증의 법문을 설하여 사방사불이 나타나고 지혜를 완성하고 사불은 또한 각각의 정토세계를 시현하는 제 권속을 출생하여 금강계만다라를 구축한다. 이와 같은 비로자나불의 금강계만다

---

54) 『대정신수대장경』 Vol. 18, No. 882 『佛說一切如來真實攝大乘現證三昧大教王經』 卷第一 「金剛界大曼拏羅廣大儀軌分」第一之三.

라 세계는 5불을 위시하여 평등한 가지신으로서 제존의 덕상(德相)을 갖추고 위로는 성불과 아래로는 중생교화의 상호공양이 대생명의 활동으로 전개되는 세계인 것이다. 말하자면 삼십칠존으로 구성되어지는 만다라의 세계에서 오불을 중심으로 지혜를 밝혀 성불에 이르는 구체적 실천덕상(實踐德相)을 이루는 것이다. 회당대종사의 『실행론』에

> "진실한 삼밀은 누구를 위해서든지 몸을 보시하여 복된 행을 행하고(身密) 입으로 바른 말 착한 말 복된 말을 하고(口密), 뜻으로 언제나 자비를 베푸는 것이다(意密). 이와 같은 진실한 삼밀행을 할 때 성불할 수 있다."[55]

하였는데, 이는 행자(行者)가 삼밀과 육행실천을 통하여 스스로 변화되어져 가는 삶이 되는 것을 말하는 것이다. 변화란 행자심중에 본래 갖추어 있는 불보살들의 특성이 드러나는 자증의 삶이 되는 것을 말한다. 또『실행론』에 오불의 존재에 대해

> "오불(五佛)의 뿌리는 내 몸에 있고 가지는 우주 삼라만상에 뻗어서 꿰어 있다. 오불은 나에게 계시고 나는 오불 속에 살고 있다. 성품 안에 허공이 있고 허공 안에 만물이 있다."[56]

고 하였다. 말하자면 오불의 활동은 그대로 우리생활의 뿌리로 존재하며 함께하는 것이며 마음의 자증경계로 나타나는 불작불행(佛作佛行)의 마

---

55) 『실행론』, p.55, 2-1-3 「심인당은 금강법계」.
56) 『실행론』, p.55, 2-1-3 「오불」.

음 밝히는 생활인 것이다. 이와 같은 불보살의 공능은 진언행자가 삼밀행을 통하여 오불의 가지를 입고 불과 더불어 살아가는 진실한 비밀유가의 삶을 실천하는 데 있는 것이다.

3. 37존(尊)

1) 진각밀교(眞覺密敎)의 교리와 수행체계

진각밀교는 한국불교의 한 종파로서 현밀의 수행과 교리적 측면에서 법신비로자나불과 진언수행에 의한 밀교사상과 체험을 중심으로 생활 속에서 깨달아가는 교학체계를 갖추고 있다. 그런 의미에서 현교와 상이(相異)한 차이가 있으므로 밀교의 종파성을 세우고 있는 것이다.

　　이와 같은 진각밀교의 교학체계는 교리체계와 수행체계로 나누어볼 수 있다. 교리체계는 불보살세계를 시현해 나가는 교리적 구조와 이해로 부처와 제보살과 중생들의 본심진언(本心眞言)인 육자진언과 진리불(眞理佛)로 존재하는 법신불을 중심으로 하여 세워지는 체계이며, 수행체계는 육자관의 삼밀수행과 육바라밀실천으로 자성법신을 확립해가는 수행증득의 실천행이라 볼 수 있다.

　　다음으로 육자진언과 오불의 관계에 있어서 "옴은 비로자나불, 마는 아축불, 니는 보생불, 반은 아미타불, 메는 불공성취불, 훔은 금강보살"[57]

---

57)　『실행론』, p.43, 1-2-1「육자진언」.

이라고 하였는데, 이것은 육자진언의 인계표치(印契標幟)[58]를 통하여 법신불의 대생명성을 자신의 내면에서 오불의 공능으로 진리각오의 체험을 통하여 깨닫는 것이다. 우주법계에 편만한 생명활동으로서의 법신성은 나에게 있는 법신성과 동일하므로 법계의 법신성은 곧 법신비로자나불이며 나에게 있는 법신성은 곧 자성법신으로 하나가 되는 것이다. 법계의 진리성이 자성과 평등하게 가지신으로 출생하여 자성법신의 확립으로 구축되는 세계는 법신불과 하나가 되는 체험을 통하여 자증하는 세계이다. 뿐만 아니라 색심불이(色心不二)의 실천적 삶으로 활동하는 존재가 된다. 말하자면 금강계만다라의 주존인 법신비로자나불의 보리심으로부터 오불이 출생하고 공양과 예참의 존격(尊格)으로 분현(分現)하여 진언행자가 본심으로 자증하는 삶이 되는 것이다. 그리고 삼매에 이르러 해탈하는 육자관행에 있어서

"구경(究竟) 해탈(解脫)하기 위해 육자관행(六字觀行) 하는 자는 몸과 입만 깨끗하게 가작(假作)으로 하지 말고 어느 때나 그 마음을 다라니에 전일(專一)하여 오불(五佛)에게 귀명하며 지심으로 참회하고 반가(半跏)로써 그 마음이 편안하게 정좌(定坐)하여 일체 망상(妄想) 모두 끊고 다만 오직 관(觀)하기를 육도중생(六途衆生) 무시이래(無始以來) 생사해중(生死海中) 윤회함을 원하건대 이제 모두 보리심을 일으키고 보살행을 행하여서 벗어남을 얻어지다."[59]

하였다. 이는 진언행자가 보리심을 일으키고 보살행을 실천하여 오불에

---

58) 법신비로자나불의 덕상(德相)을 육자선정의 삼밀로 가지하여 드러내는 것이다.

59) 『실행론』, p.122, 3-3-1 「육자관행법」.

게 예참공양(禮懺供養)하고 귀명(歸命)하는 삶을 이루는 것이다. 그로부터 내 생명의 실상(實相)인 자성을 밝혀 자기 마음 가운데 확실하게 존재하는 자성법신(自性法身)을 확립하고 끊임없는 정진수행으로 실천증득(實踐證得)하며 나아가는 것이다. 법계체성지(法界體性智)를 갖춘 비로자나불을 가지하여 사방에 위치하는 사방불은 동방의 아축불, 남방의 보생불, 서방의 아미타불, 북방의 불공성취불이다. 아축불(Akṣobhya-tathāgata)은 금강계만다라에 있어서 중앙에 위치한 법신비로자나불의 동방에 머물며 대원경지(大圓鏡智)를 성취하고 보리심의 사보살인 금강살타(金剛薩陀), 왕(王), 욕(欲), 선재(善裁)보살을 자권속으로 하는 선권방편으로 중생제도하고 교화하는 정토의 불신(佛身)이다. 그리고 보생불(Ratna-saṃbhava-tathāgata)은 비로자나불의 남방에 위치하여 평등성지(平等性智)를 성취하고 사방사보살인 금강보(金剛寶), 광(光), 당(幢), 소(笑)보살을 자권속으로 하여 머무는 정토불(淨土佛)이다. 다음으로 아미타불(Amitābha-Buddha)은 비로자나불의 서방에 위치하며 묘관찰지(妙觀察智)를 성취하여 본서(本誓)를 세우고 사보살인 금강법(金剛法), 리(利), 인(因), 어(語)보살을 자권속으로 하고 중생을 제도 교화하는 정토불이다. 그리고 불공성취불(amogha-siddhi)은 비로자나불의 북방에 위치하며 성소작지(成所作智)를 성취하고 사보살인 금강업(金剛業), 호(護), 아(牙), 권(拳)보살을 자권속으로 거느리고 중생을 제도 교화하는 정토불이다. 진각밀교는 모든 법의 원천이며 신행의 본존인 육자진언[60]과 우주의 전일생명(全一生命)으로서 교주인 이지불이(理智不二)의 법신비로자나불이 교리체계의 중심이 되어 있다.

---

60) 대한불교진각종 종헌·종법 제1장 총강 제5조 본존.

법신비로자나불은 일체 허공계에 항상 주하시고 신구심의 삼밀로서 금강같이 존재하는 것이다. 이는 무한 생명으로서 영원불멸한 금강의 뜻을 가지며 일체여래로 통칭되듯이 가지신으로 분화하여 상주활동을 하고 있는 것이다. 『실행론』에 "이 육자의 다라니는 부처와 및 제 보살과 중생들의 본심이라"[61] 하였다. 일체여래와 제 보살들의 본심을 상징하고 있는 진언이 육자진언이다. 육자진언은 각각의 진언자(眞言字) 마다 오불의 지혜를 가지고 있으며 법신비로자나불의 네 가지 지혜 덕상을 성취하고 원만한 지혜 활동상을 네 방면으로 시현하는 공능을 가지고 있다. 그러므로 진각밀교에 있어서 육자진언은 오불을 가지하여 본심으로 하나가 되는 진언인 것이다. 그것은 일체를 총지하는 뜻을 지니며

> "해룡왕경에 '팔만사천 일체법장—切法藏 총지문總持門을 머리[頭]하며 팔만사천 모든 행이 총지문에 귀의하며 팔만사천 모든 삼매三昧 총지문에 따라오며 팔만사천 무량번뇌無量煩惱 총지문에 소멸한다."[62]

하여 제법을 총지(摠持)하고 생성양육하며 법신비로자나불의 본심을 나타내는 진언인 것이다. 나아가서 일체법을 생성하는 제불보살의 본심진언으로서

> "육자진언을 염송하면 비로자나부처님이 항상 비밀한 가운데 모든 법을 설하여서 무량하고 미묘한 뜻 자증하게 함이니라"[63]

---

61) 『실행론』, p.43, 1-2-1 「육자진언」.
62) 『실행론』, p.129, 3-3-8 제8절 「염혜력은 신통함」.
63) 『실행론』, p.44, 1-2-3 「육자진언의 공덕」.

하고 영원의 대생명성으로서 법신비로자나불의 설법을 듣고 일체법의 실상을 자증하게 되는 것이다. 나에게 있는 자성법신(自性法身)은 오지성취(五智成就)의 본심으로 나투는 존격과 동일하여 먼저 보리심(菩提心) 발현으로 공덕취, 지혜문, 대정진으로 금강계의 16보살의 묘행을 비롯한 공양과 교화의 활동하는 제존격의 인격을 이루는 예참(禮懺)의 실천체계로서 나타난다.

다음으로 진각밀교의 수행체계는 육자진언을 신행의 본존으로 하여 삼밀관행과 육행실천으로 법신불진리(法身佛眞理)를 체득하여 인격완성의 이상체(理想體)인 자성법신을 확립하는데 있다. 특히 현밀의 개차가 있으므로

> "현교경은 문자文字로써 유식해야 알게 되고 밀교경은 삼밀로써 무식해도 알게 된다. 오직 삼밀행자만이 이 법문을 보는 고로 유식 무식 차별 없이 각각 자기 환경 따라 좋은 길과 나쁜 길을 능히 분별하게 되니 좋은 길을 버리고서 나쁜 길을 누가 가랴. 선악인과 밝게 아니 고苦 여의고 낙樂 얻으며 무진無盡 법문法門 넓게 아니 깨쳐 성불하게 된다."[64]

고 하여, 색상현실(色相現實)의 모든 일은 법신당체(法身當體)의 설법으로 나타남을 깨달아서 체득하고 복지전수(福智專修), 사리필구(事理必究), 생활취사, 결과내증의 사대 실천강령으로 자증의 생활[65]을 하는 것이 수행이며 곧 실천이 된다. 이러한 법신비로자나불의 세계를 자증하는 수행법으로 몸과 입과 뜻의 삼밀행으로 본심을 증득하고 일상 가운데 육바

---

64) 『실행론』, p.99, 2-9-1 「당체법문」.
65) 『실행론』, p.113, 3-1-1 「실천강목」.

라밀행을 실천하는데 있으며, 밀수행은 몸으로는 법신비로자나불의 지권인계(指拳印契)를 결(結)하고 입으로는 육자진언을 염송하며 뜻으로는 육자진언의 오불과 금강보살의 종자자(種子字)로 포자하여 자신의 심체(心體)를 관하는 것이다. 삼밀관행(三密觀行)으로 금강계의 오방오불(五方五佛)을 가지하여 행자의 심중에서 끊임없이 교감하며 보현대보리심의 발현(發現)으로 불의 법과 일치하게 체득해 가는 데 있다. 진각밀교의 실천이념은 즉신성불(卽身成佛)과 현세정화(現世淨化)에 있는 것이므로 즉신성불(卽身成佛)의 자아완성과 현세정화의 보살정토구현은 수행체계인 삼밀관행과 육바라밀의 실천으로 삼십칠존의 제 덕상을 보다 심화(深化)된 입장으로 구현해가는 것이다.

2) 금강계 삼십칠존의 실재(實在)

『금강정경』의 경제[66]에서 보이는 일체여래(一切如來)는 법신비로자나불의 삼매법문(三昧法問)으로부터 시작하여 오불이 출생하고 가지상응으로 삼십칠존의 체성을 이루지만 각 존(尊)은 법신의 분화체(分化體)로서 시현하여 나타나는 제존(諸尊)들이다. 그리고 법신비로자나불과 사방사불, 그리고 금강계의 보살들이 모두 개별적 특성을 지니고 두 가지 측면의 무한한 활동을 보이고 있는 것이다. 첫째는 무량한 보리심을 발현하여 자기실현을 이루어가며 불지성취(佛智成就)를 완성해 가는 보살의 대활동상이며, 둘째는 오불의 지혜를 완성한 불의 입장에서 중생들을 향한 끊임없는 대자비의 원력으로 교화해 가는 모습이다. 이와 같은 금강계만다

---

66) 경제(經題)는 불공역의 『금강정일체여래진실섭대승현증대교왕경』.

라에 등장하는 법신비로자나불의 제권속으로 출생하여 9회의 금강계만다라를 통하여 불지의 실상과 중생의 보리심(菩提心)으로 나타나는 것이다. 법신비로자나불의 삼매법문에 의해 제존이 차례로 출현하여 금강계만다라를 구성하면서 중생교화의 자비력으로 교화활동과 수행증득을 통한 성불에 이르는 삼십칠존은 그대로 서른일곱 가지의 총체적 지혜덕상을 상징하는 것이다. 37존 출생의 근본은 보리심이다. 심법(心法)의 세계에서는 자심실상(自心實相)의 체(體)인 자성법신이 확립되어 내증의 오불이 성립되고 각각 십육대보살과 팔공양 사섭보살의 덕상을 갖추는 금강계의 세계관이 전개되고 있는 것이다.[67]

이와 같은 세계는 본래 금강계여래를 이루기 전의 일체의성취보살마하살(一切義成就菩薩摩訶薩)이 구체적 실천덕목으로 삼고 삼십칠존의 덕상을 수행의 목표로 하여 활동해 가는 모습으로 나타난다. 이러한 금강계 삼십칠존의 출생은 진언행자의 삼밀수행으로 법신비로자나불의 삼밀가지로 하나가 되며 자비와 지혜를 성취하는 활동으로 볼 수 있는 것이다. 그렇기 때문에 지권인(智拳印)과 육자진언의 염송과 자기심체의 육자관이 합일되는 삼밀작용에 의해 불신을 이루며 일체여래와 제보살과 중생이 본심으로 만나는 귀결점(歸結點)이 되는 것이다. 이러한 구조는 중생구제의 대비행(大悲行)과 불과완성(佛果完成)의 대지행(大智行)으로 나아가는 문이며 가지상응의 상관관계로서 활동하는 모습으로 나타난다. 밀교의 실천수행은 진언으로 들어가서 본존과 하나가 되는 체험이며 깨달음을 얻어 상호존중의 대화합과 상호공양의 완성이라고 볼 수 있다. 금강계 삼십칠존 가운데 36존은 모두 법신비로자나불로부터 유출되

67) 『대정신수대장경』 Vol. 18, No. 882 『佛說一切如來眞實攝大乘現證三昧大教王經』 卷第一.

어 불지(佛智)를 성취하고 중생교화의 원력을 나투고 법신불의 가지상응에 의해 나타나는 진리실상의 세계이다. 사방사불의 출생 순서도 동방 대원경지의 아축불은 발심(發心), 남방 평등성지의 보생불은 수행(修行), 서방 묘관찰지의 아미타불은 보리(菩提), 북방 성소작지의 불공성취불은 열반(涅槃), 중앙 비로자나불의 법계체성지는 구경방편(究竟方便)이 되어 밀교의 오전(五轉)을 이루어 가는 모습으로도 표현이 된다.[68] 금강계 삼십칠존은 법신비로자나불의 지비이덕의 활동으로 나타나는 내증의 세계로서 진언행자가 자아확립의 완성으로 이루는 구경처(究竟處)가 된다.

　　법신비로자나불은 시공을 초월하여 존재하며 총체적 법으로서 진리를 몸으로 하고 있으므로 모든 부처님의 하나 진신(眞身)이다. 말하자면 진리의 큰 빛으로 시공을 포용하는 의미를 갖추므로 일체의 창조와 조화로운 화합의 대생명적(大生命的) 의미를 지니고 있는 것이다. 뿐만 아니라 가지상응으로 깨달음의 세계를 열고 유기적(有機的)인 상호관계를 이루고 있다. 이와 같은 법신비로자나불의 전 우주적 깨달음의 세계는 무량하고 미묘하여 헤아려 알기 어려우므로 도상과 입체적 구조를 가지고 그려진 만다라의 세계로 보여주고 있는 것이다. 이러한 금강계는 만다라를 구성하고 활동하는 제존(諸尊)의 모습이기도 하지만, 진언행자가 육자진언을 신행의 본존으로 세우고 실천해 갈 때에 내관하는 인격형성의 구체적인 덕상((德相)이 된다고 할 것이다. 진각밀교에서 구현해 가는 낙토건설의 구경목표는 즉신성불과 현세정화에 있다. 즉신성불(卽身成佛)과 현세정화(現世淨化)의 교화이념을 실현하는 방법은 생활 속에서 종교적 수

---

68)　오전은 선무외계통의 동인설과 금강지계통의 중인설이 있다.
　　동인설:발심(아축불)-수행(보생불)-보리(아미타불)-열반(불공성취불)-방편(비로자나불).
　　중인설:발심(비로자나불)-수행(아축불)-보리(보생불)-열반(아미타불)-방편(불공성취불).

행과 실천을 통하여 자성법신의 자기 확립과 중생 교화의 원력을 세우는 데 있다. 이는 현세중심의 사대은(四大恩)을 자각하여 실천행을 이루고 보은행으로 나아가는 삶이며 『실행론』에

> "자성 중생 제도하여 공덕 널리 회향하고 나라 위해 의무 다해 동업은혜 (同業恩惠) 서로 갚고 조상 위해 추선(追善)하여 부모 은혜 모두 갚고 믿음 항상 굳게 세워 삼세불은(三世佛恩) 갚으리다."[69]

한 것이다. 본래 우리들의 마음은 진리적으로는 청정하여 본법신(本法身) 과 다름이 없으나 색상현실의 인연으로 탐진사견(貪嗔邪見)과 오욕칠정 에 집착하여 물이 드는 까닭에 본심을 쉽게 망각하게 된다. 그러므로 항상 행주좌와어묵동정에 진각밀교의 행법(行法)인 육자선정(六字禪定) 에 들어 법신불의 삼밀가지를 입고 깨달음을 이룰 뿐 아니라 무량한 자성 중생을 제도하고 은혜로 충만한 본심세계(本心世界)를 만나게 되는 것이다.

---

69) 『실행론』, p.169, 3-9-3 「지비용탐진치」.

III. 육자진언과 육자관념도

1. 육자진언

1) 법신비로자나불과 성자실상(聲字實相)

우주만물과 허공세계의 모든 생명존재들의 본체(本體)로서 진실한 모습으로 나타나는 법신비로자나불과 법신불 자내증의 묘과(妙果)로서 출생하여 제존(諸尊)의 활동영역이 되는 금강계 삼십칠존의 세계는 그대로 이지법신(理智法身)이 나투는 진리실상의 세계로 설명이 되어져 왔다. 이러한 세계는 진각밀교에서 주존(主尊)인 법신비로자나불의 삼매법문에 의하여 오불과 자권속(自眷屬)의 출생이 이루어져서 불보살의 지혜와 자비의 활동상으로 나타나고, 이와 같은 법신불이 나타내는 공능(功能)의 경계는 진각밀교수행의 기본이 되는 삼밀관행으로 자증하는 세계인 것이다. 특히 삼밀관행의 묘법(妙法)은 몸으로는 법신불의 인계(印契)인 금강지권(金剛智拳)을 하고 입으로는 제불보살의 본심진언인 육자진언을 염송하며 뜻으로는 육자진언의 낱자를 명료하게 관(觀)하여 삼매에 들며, 법신불의 삼밀과 하나가 되어 안으로 나에게 있는 자성법신을 내증하고 밖으로 중생교화의 원력을 세워 실천하는 가운데 본심으로 만나는 세계인 것이다. 회당대종사의 『실행론』에

> "진언(眞言)은 불(佛)의 참된 말씀이니 그 속에는 실로 무량한 공덕이 포함되어 있다. 중생의 얕고 가벼운 지식으로는 쉽사리 상상조차도 할 수 없

는 영묘불일(靈妙佛日)의 진실한 말씀이다."[70]

하였다. 진언은 범어의 만트라(mantra)나 주(呪) 또는 명(明), 다라니(陀羅
尼), 밀언(密言) 등으로도 번역이 되어 진다. 그 가운데 낱자로 된 것을 종
자(種字)라고 하며 여러 구로 나누어 진 것을 진언이라고 하는 것이다. 뿐
만 아니라 법신불 자내증의 설법 또한 참 뜻을 나타내고 전하는 것이므로
진언이라고 한다. 그리고 이 진언은 우주자연법이(宇宙自然法爾)의 소리
와 문자인 성자(聲字)이며 불의 진실한 언어·음성의 활동인 구밀로서 무
량한 묘용과 일체 공덕을 가지고 있는 것이다. 그러므로 이 진언의 성자
(聲字)는 전 우주의 대생명성(大生命性)을 담고 두루 하고 있는 것이며
삼밀평등한 법신불의 설법을 나타내고자 무량한 가지신을 함장(含藏)하
여 시공을 초월한 몸으로 나타나는 것이다. 법신불의 신밀은 불가사의한
작용으로 나타나며 제법의 실상인 것이며 법신불의 어밀은 음성(音聲)으
로 설하고 문자文字로써 나타낼 뿐 아니라 진언의 성자(聲字) 또한 그대
로 진리의 실상인 것이다.『대일경소』에

> "復次如來一一三昧門聲字實相 有佛無佛法如是故 即是故不流即是
> 如來本地法身 爲欲以 此法身遍施衆生故 還以自在神力 加持如是法
> 爾聲字 故此聲字 是諸佛加持之身 [71](다음으로 여래 낱낱의 삼매문인
> 성자실상은 부처님께서 계시든 안계시든 법으로서 이와 같으므로 이러한
> 까닭에 불류인 것이 바로 여래의 본지법신이다. 이 법신이 두루 중생에게
> 베풀기 위해서 다시 자재신력으로 이와 같은 법이의 성자를 가진다. 그

---

70) 진각성존회당대종사의 자증교설인『실행론』1-2-1 제2절「진언은 진실한 법」p.42.
71) 『大毘盧遮那成佛經疏』卷第七, 沙門一行阿闍梨記,「入漫茶羅具緣品」第二之餘 p.120.

러므로 이 성자는 모든 부처님의 가지신이다)"

하였다. 진언이 가지고 있는 뜻이 이러하므로 불(佛)과 진언의 본체는 진리로서 둘이 아닌 불이(不二)이다. 그것을 곧 법신비로자나불의 가지신이라 한 것이다. 어떠한 경우든 수행자가 전일하게 관하여 선정에 들게 되면 낱낱의 성자(聲字)가 곧 불신임을 보게 되고 실상을 관찰하므로 일체의 원(願)을 이루게 되는 것이다. 진언의 성자는 법신불의 가지로서 일체존재의 생명성을 담고 있을 뿐 아니라 이를 통하여 불신(佛身)의 경지에 이르는 체득을 할 수 있는 것이다. 또한 진언의 성자는 자연법이(自然法爾)로서 조작에 의하여 만들어진 것이 아니라 스스로의 힘으로 본래부터 존재하는 것이며 만법의 본체로서 끊임없는 활동성을 지니고 있는 것이다. 그러므로 진언은 그 자체로서 생명성을 지니고 있는 것이며 무한한 신력(神力)과 실상을 보여주고 있다. 또한 육자진언의 진리성(眞理性)으로 『실행론』에 "육자진언은 본심을 밝혀 심인진리를 깨닫게 하는 진리이다."[72]라고 하였다. 육자진언은 불의 본심과 일치하여 나타나므로 그대로 마음의 실상을 밝혀주는 진리라고 한 것이다. 또한 『대일경』에

"復次祕密主 此真言相非一切諸佛所作 不令他作 亦不隨喜 何以故以 是諸法 法如是故 若諸如來出現 若諸如來不出 諸法法爾如是住 謂諸 真言 真言法爾故[73](비밀주여, 이 진언의 상은 모든 부처님들께서 만든 것이 아니며 남으로 하여금 만들게 한 것도 아니며 따라 기뻐한 것도 아니다. 왜냐하면 이러한 모든 법은 법으로서 이와 같기 때문이다. 만약 모든

---

72) 『실행론』, p.44, 1-2-3 제2절 「육자진언과 자성불」.
73) 『大毘盧遮那成佛經疏』 卷第七, 沙門一行阿闍梨記, 「入漫茶羅具緣品」第二之餘 p.120.

여래가 출현하든 출현하지 않든 모든 법은 법이로서 이와 같이 머문다. 말하자면 모든 진언은 진언으로서 법이이기 때문이다)"

라 하였다. 진각밀교에서 삼밀진언수행(三密眞言修行)의 근본은 육자진언이다. 이 육자진언은 일체의 본모(本母)로서 관자재보살 뿐 아니라 제존의 총체(總體)를 의미하고 있는 것이다. 왜냐하면 본심의 세계는 바다의 짠 성품과 같이 우주법계를 꿰어 하나성품으로 전일한 것을 가리키는 것이므로 법신비로자나불의 본심이라고 할 수 있으며, 함께 나투는 오불(五佛)의 본심이 되기도 하며 일체 보살과 중생들의 본심이라고도 볼 수 있는 것이다. 그러므로 육자진언은 불보살의 활동상과 일체 법문을 총지(摠持)하여 나타나는 총진언(總眞言)으로서 의미를 가진다고 보는 것이다. 앞서 우주 대생명성으로 존재하는 법신비로자나불의 활동방면을 보여주는 세계가 금강계와 삼십칠존의 만다라세계인 것을 살펴보았다. 이와 같은 세계는 오직 보리심의 발현(發現)으로 청정한 자심(自心)의 경계가 내증되는 세계이므로 이 문으로 들어가는 열쇠가 곧 본심진언 옴마니반메훔의 육자진언과 삼밀문(三密門)이다. 육자진언의 경전적(經典的) 이름은 관세음보살 본심미묘육자대명왕진언(觀世音菩薩本心微妙六字大明王眞言)이다. 경전에서는 이름과 같이 관세음보살의 본심진언(本心眞言)인 것을 강조하고 있으며 일체의 본모로서 대명다라니(大明陀羅尼)의 뜻을 가지고 있다. 이러한 육자진언의 근원을 설하고 있는 경전적 체계의 대표적 문헌에 대한 전거(典據) 자료로는 『대승장엄보왕경(大乘莊嚴寶王經)』과 『마니깐붐(mani bkha hbum)』이 있다. 『대승장엄보왕경』은 5세기경에 성립되었다고 하는 학설과 함께 6세기경에 성립되어 10세기경에 완성된 것으로 추정(推定)이 되며 10세기말에 이르러 한역되어 현존하는 것으로 정리되고 있다. 티베트역은 8세기 초 인도학자들에 의하여 번역된 것으로 보고 있다. 여기에는 관세음보살의 신앙과 육자진언을 통한 행법(行法)과 진언독송신앙(眞言讀誦信仰)의 근거(根據)를 제시하고 있다. 그리고『마니깐붐』은 티베트의 제5대 송첸감포(sron btsain sgam p.o)왕이 저자로 알려져 있으며, 전설적인 티베트불교의 역사서이자 보전(寶典)으로 대비 관세음보살의 신앙과 육자진언에 관한 내용을 포함하고 있다. 이 경은 7세기경에 성립하여 15세기경에 걸쳐 오래 동안 방대하게 완성되어 온 것으로 보고 있다. 그리고 10세기 말경에『대승장엄보왕경』이 번역되어지면서 그 모습이 드러났다고 추정하고 있다. 이러한『마니깐붐』은 육자진언의 신앙에 대한 문헌이며 교전이라고 할 수 있으며, 이 속에『대승장엄보왕경』의 내용이 일부 수록되어 있다. 그리고 이러한 경전들을 인연으로 하여 16세기 중반과 17세기 초반 나타나게 된『성관자재구수육자선정』이나『관세음육자대명왕신주경』,『육자대명왕다라니경』,『육자영감대명왕경』 등의 경전에는 육자진언 신행에 대한 구체적인 내용들이 담겨져 있다.

그러나 이와 같이 우리나라에 전승되고 있는 육자진언 관련 문헌들의 성립에 대해서는 여러 가지 이견들이 있다. 또한 이 이전의 역사적 관점에서는 육자진언 신앙의 흐름과 관련한 경전들 속에 체계화되지 않은 진화적 상태로 전승(傳承)되어 오고 있었음을 알 수 있다. 육자진언 신앙이 발생되고 전개됨에 따라 육자진언은 대승 및 밀교의 제반사상과 교리를 수용하며 새로운 형태의 밀교수행(密教修行)의 진언으로 정립되어 나타나게 된다. 그리고 이 육자진언은 법신비로자나불의 자내증의 삼매로써 나타나는 존격인 오불(五佛)과 오불이 성취한 다섯 지혜를 나타내는 오지(五智) 그리고 오불이 위치하는 각 방위로서의 오방(五方)과 신체의 오장(五臟) 및 오부(五部)[74]의 의미를 가지고 있으며, 육바라밀성취와 육도해탈을 상징하는 뜻을 지니고 있다.

　　진각밀교에 있어서 육자진언은 오불과 모든 보살 및 중생들의 본심을 상징하고 모든 진언을 총섭(總攝)하는 총진언의 뜻으로 실천되고 있다. 이것은 육자진언이 한 방면만을 나타내는 진언이 아니라 일체의 모든 법을 함장(含藏)하며 법계진리(法界眞理)와 만사만리(萬事萬里)를 구비하고 있으며 팔만사천 모든 경전이 모두 이 육자진언 총지문(總持門)에 의지하고 있는 것이다. 『실행론』에도 "일체법을 다 가져서 법계진리 만사만리 구비하여 있으므로 팔만사천 모든 경전 육자진언 총지문에 의지하고 있느니라."[75] 하였다. 이런 까닭에 진각밀교의 진언수행에 있어서도 삼밀관행은 불의 신변가지로써 본심을 크게 일으키는 공부이며 참회와 육행실천을 근본으로 하는 가르침인 것이다. 그러므로 육자진언은 제불 보살과 일체중생들의 일심본체로 청정본심을 상징하는 뜻을 가지고 있으며, 신행적(信行的) 측면에서 보리심을 꽃피워 성불을 이루는 우주대생명의 상징과 심인덕상(心印德相)으로 나타나게 되는 것이다. 육자진언은 법신비로자나불이 나투는 세계인 밀교의 금강법계를 여는 법장의 총지이며, 법신비로자나불의 무량한 가피(加被)와 정화(淨化)의 뜻을 가지고 있다. 이러한 육자진언의 등장과 신앙은 아직도 많은 연구와 검증을 필요로 하고 있지만, 역사적 자료와 기록에 의해 오랫동안 진언수행과 체험적 신앙으로 체계화되고 계승 발전되어 왔음을 알 수 있다.

---

74)　금강계만다라를 나타내며 佛部, 金剛部, 寶部, 蓮花部, 羯磨部의 5부로 나누어서 설명한다.

75)　『실행론』, p.43, 1-2-21 제1절 「육자진언」.

2) 본심진언과 삼밀가지

회당대종사의 자증교설인 『실행론』에 "육자진언은 모든 부처와 보살과 중생들의 본심이다"[76] 하였다. 육자진언은 진각밀교에 있어서 수행과 교법의 근간(根幹)이 되는 삼밀행의 주요 실천행법(實踐行法)을 이루는 요체(要諦)이다. 육자진언은 본심을 일으키는 진언이며 본심은 곧 법계의 하나 성품으로 우주 만물 중생들의 본체로서 통일체이므로 본래부터 무량한 공능을 가지고 있는 것이다. 또 『실행론』에

> "법신부처님의 광명은 장애 없이 사람과 법에 두루 비춘다. 법신부처님의 광명은 시방세계를 비추어서 변제邊際가 없으며 중생의 기연機緣을 가리지 않고 평등하게 다 비춘다."[77]

하였는데, 삼밀행으로 빛을 가지하여 법신비로자나의 본체와 나의 본체가 진리실상(眞理實相)인 본심으로 보아 하나성품이 되는 것이다. 이와 같은 실상을 깨닫는 작행(作行)이 삼밀행인 것이며, 그것은 몸으로는 법신비로자나불의 수인인 금강지권인을 결(結)하는 신밀(身密)을 행하고 동시에 입으로는 육자진언을 염송하는 구밀(口密)을 행하며 뜻으로는 육자진언 자(字)를 염하는 의밀(意密)을 행하며 진언행자에게 있어서 신행(信行)의 본존(本尊)으로 삼고 있는 것이다.

진언수행의 성취에 대해 『실행론』에는

---

76) 『실행론』, p.43, 1-2-1 「육자진언과 자성불」.
77) 『실행론』, p.54, 2-1-2 제2절 「법계의 성」.

"옴마니반메훔을 염송하면 본심이 크게 일어나고 이 본심이 일어난 연후
에 각각 취한 바를 쫓으면 성취가 빠르다."[78]

하였다. 육자진언은 여섯 글자마다 각각 오불과 금강보살을 상징하고 있
으며, 불보살의 본심을 관하게 되므로 나의 본심도 크게 일어나서 현세안
락(現世安樂)의 공덕을 취하게 되는 것이다. 뿐만 아니라 평등하고 미묘
한 공덕의 경계를 또한 나타내므로 본심진언(本心眞言)으로도 일컬어진
다. 육자진언이 본심진언임을 나타내는 회당대종사의 자증교설(自證教
說)인 『실행론』에 "이성(理性)과 지성(智性)을 여는 육자심인六字心印
'옴마니반메훔'이 본심진언이다."[79]라 하였다. 이성과 지성은 진리법성(眞
理法性)으로 나타나는 법신비로자나불의 이지적(理智的) 양면의 세계를
말하는 것이다. 이와 같은 세계를 여는 육자심인(六字心印)이 옴마니반
메훔이며 모든 불보살과 나와 일체가 스스로 갖추고 있는 심인의 덕으로
자성을 밝히는 본심진언이라고 하는 것이다. 또한 『대승장엄보왕경』에

"唯願世尊 與我六字大明陀羅尼 彼真言王 一切本母 憶念其名 罪垢消
除 疾證菩提(오직 원하건대 부처님이시여. 저 진언왕인 육자대명다라니
는 일체의 본모이니 그 이름을 생각하면 죄의 더러움이 소멸되어 속히 보
리를 증득할 수 있습니다.)"[80]

---

78) 『실행론』, p.46, 1-3-5 제5절 「육자진언과 본심」.
79) 『실행론』, p.48, 1-3-7 제7절 「육자진언의 묘력」.
80) 『佛說大乘莊嚴寶王經』 卷第四, 西天中印度惹爛馱囉國密林寺三藏賜紫沙門臣天息災奉 詔
   譯.

라 하였다.

일체(一切)란 나를 구성하는 육근(六根)과 삼라만상 온 우주를 형성하고 있는 기본 요소로서 오온(五蘊) 십이처(十二處) 십팔계(十八界)의 법으로 나타나는 모든 것을 가리키며, 이와 같은 체계를 생산하는 근본의 모체(母體)가 바로 육자대명다라니라고 하였다. 또한 본심은 법신비로자나불의 분화체(分化體)로서 나에게 있는 불성품(佛性品)인 자성법신(自性法身)의 다른 이름이기도 한 것이다. 육자진언의 삼밀묘행(三密妙行)으로 체득되어지는 법신비로자나불의 진리세계는 그대로 법신비로자나의 실상의 세계로서 구체적 세 가지 덕상인 신구의 삼밀과 계합(契合)하여 본존과 하나가 되는 유가관행(瑜伽觀行)의 삼매 중에 머물게 되는 것이다. 이 때에는 육행과 지비용(智悲勇)의 실천으로 색심불이(色心不二)의 성취행(成就行)을 이루게 되는 것이다. 색심불이는 현상의 당체(當體)와 진리이성(眞理理性)의 활동을 다르게 보지 않는 사상이며 수행관(修行觀)이다.

진언수행은 대승불교수행(大乘佛敎修行)의 한 방편으로 시작되어 7세기 중엽에 대승불교의 밀교화(密敎化)가 진행되면서 밀교수행의 중심이 되었다. 이러한 대승불교의 밀교화는 밀교경전인 『대일경』[81]과 『금강정경』[82]이 성립된 시기인 7세기 후반에 이전의 주술신앙(呪術信仰)과 불교의 발전적 단계를 거치면서 체계화되어 진언수행을 중심으로 한 밀교성립(密敎成立)의 계기가 되었다고 보는 관점이 많다. 불교수행으로서의 진언은 본래 다소 타력적(他力的) 요소가 강하지만 밀교수행으로 들어오

---

81) 갖춰진 이름은 『大毘盧遮那成佛神變加持經』.
82) 갖춰진 이름은 『金剛頂一切如來眞實攝大乘顯證大敎王經』'.

면서 자주·자력적(自力的)이고 현세적 성격을 강하게 띠게 된 것이다. 왜냐하면 진언수행을 통한 삼밀은 자신의 몸과 입과 뜻으로 본존의 가지를 받아서 불(佛)의 경지에 들어 불(佛)과 하나가 되는 삼마지(三摩地)[83]를 얻으므로 해서 현세에 즉신성불을 이루기 때문이다. 또한『대일경』에

> "祕密主以要言之 諸如來一切智智 一切如來自福智力 自願智力 一切法界加持力 隨順眾生如其種類 開示真言教法 [84](비밀주여, 요점을 말하자면 모든 여래의 일체지지와 일체여래의 자복지력과 자원지력과 온갖 법계의 가지력으로써 중생에 수순하여 그 종류와 같은 진언교법을 열어 보이신다)"

하였다. 진언수행으로 복덕과 지혜를 갖추고 법신비로자나불의 가지력(加持力)으로 모든 진언교법을 성취하게 되는 것이다. 진각밀교의 교주는 이불(理佛)인 법신비로자나불이다. 그리고 진각밀교 신행의 본존으로 삼는 것은 회당대종사의 자내증(自內證)의 심인인 육자대명왕진언 옴마니반메훔이다. 이 육자진언은 육자심인으로 종조 자내증의 경계인 것이며 제불 보살과 중생들의 본심을 말한다. 뿐만 아니라 육자진언의 삼밀관행으로 하는 육자실행(六字實行)으로 자성이 청정하여 본심이 드러나서 세상의 모든 일에 지혜와 복덕을 실현하여 즉신성불하게 되는 것이다.『마니깐붐』에도

---

83) 범어 'samādhidm'의 음역이다.
84) 『大毘盧遮那成佛神變加持經』卷第二, 大唐天竺三藏善無畏共沙門一行譯,「入漫茶羅具緣真言品」第二之餘 p.19.

"육자라는 것은 화신의 문자이므로 다양한 의미로 이루어져 있으며 말씀의 문자이므로 염송함으로써 이루어지는 것이다."[85]

고 하였으며, 『대승장엄보왕경』에도

"若有善男子善女人 而能依法念此六字大明陀羅尼 是人而得無盡辯才 得清淨智聚 得大慈悲 如是之人日日 得具六波羅蜜多圓滿功德 (선남자 선여인이 능히 법에 의하여 이 육자대명다라니를 염송하면, 그 사람들은 다함이 없는 변재를 얻고 청정한 지혜를 얻을 것이며, 그리고 대자비를 얻을 것이다. 이와 같은 사람은 나날이 육바라밀다를 갖추어 원만한 공덕을 얻을 것이다.)"[86]

라고 하였다. 이와 같은 육자진언은 성불에 이르는 육바라밀성취의 공덕을 가지고 있을 뿐 아니라 오불본심(五佛本心)을 상징하는 뜻으로도 그 의미를 가지며 삼밀수행을 통하여 삼매를 이루고 법신불과 하나가 되는 체험을 통하여 일체를 성취하는 뜻이 있는 것이다. 『실행론』에

"보이지 않는 법신은 진언을 듣고 있으니 잊지 말고 계속하여 염송하면 자연히 희사(喜捨) 정계(淨戒) 하심(下心) 용맹(勇猛) 지혜(智慧)를 행하게 된다."[87]

---

85) 2013년 대한불교진각종발행 편저 『마니깐붐』 4.육자교계품 6조6항 36절.

86) 『佛說大乘莊嚴寶王經卷』 第三, 西天中印度惹爛馱囉國密林寺三藏賜紫沙門臣天息災奉詔譯, p.42 / 25~30.

87) 『실행론』, p.47, 1-3-6 제6절 「육자진언과 육바라밀」.

하였다. 진언수행의 묘득은 오직 행자가 삼밀가지(三密加持)로 선정에 들어서 불(佛)과 하나가 되며 본심의 경계에서 불의 다섯 지혜를 성취하여 법신불의 설법을 듣게 될 뿐 아니라 미묘한 뜻을 깨쳐서 육행을 실천하며 자증하는 삶이 되는 것이다.

2. 육자관념도(六字觀念圖)

1) 육자관법(六字觀法)

법신불 진리인 밀교의 진언 수행에는 다양한 교법, 교의(敎義)에 의한 관법이나 실천 수행법이 있다. 여기에는 오상(五相)을 구비하고 본존의 불신을 관하는 오상성신관(五相成身觀)이나 우주의 근본으로 보는 아자(阿字) 본불생의 이치를 관하는 아자관(阿字觀), 자심(自心) 가운데 백정월의 원만한 상을 관하는 월륜관(月輪觀), 불·보살등의 제존을 표상하는 범자종자(梵字種字)를 관하는 종자관(種字觀) 등이 있다.

진각밀교에서의 수행법은 육자본심(六字本心)을 관하는 육자관법을 바탕으로 하는 삼밀행에 있다. 말하자면 육자관법을 이루는 신밀, 구밀, 의밀의 삼밀행 가운데 의밀행의 관법이며 뜻으로 육자진언을 관상하는 법인 것이다. 특히 육자관법은 육자진언(六字眞言)으로 삼밀을 이루어 선정에 드는 법으로 육자관행을 말하며,『실행론』에 "육자관행은 육자를 마음으로 관하고 몸으로 행하는 것이니 구경에 모든 고통을 벗어나 고

苦의 차안을 여의고 피안에 도달하게 된다."[88] 하였다.

　　육자진언은 오불의 종자자로 진언자(眞言字)가 상징하는 불보살의 본심을 관념(觀念)함으로써 그 경계에 드는 관법이다. 이와 같은 삼밀행을 통하여 법신불진리의 세계를 증득하여 자심의 실상을 깨치게 되는 것이다. 마음으로 관하는 육자관법은 육자진언의 여섯 글자를 자기 몸의 여섯 부위(部位)에 오불과 금강보살(金剛菩薩)을 배치하여 포자(布字)[89]하고 순서대로 진언자(眞言字)를 관(觀)하는 법이다. 그리고 몸으로 행하는 육자관행은 참회와 육행실천을 말하는 것이다. 특히 진언행자의 귀명처(歸命處)로서 진언수행은

> "어느 때나 그 마음을 다라니에 전일(專一)하여 오불(五佛)에게 귀명하며 지심으로 참회하고 … 중략 … 생사해중(生死海中) 윤회함을 원하건대 이 제 모두 보리심을 일으키고 보살행을 행하여서 벗어남을 얻어지다."[90]

고 한 것이다. 이와 같은 교설은 나와 오불이 본체불이인 가르침으로, 이것은 특히 진각밀교에서는 색심불이의 사상을 주장하므로 수행의 증과(證果)인 진리세계의 내증과 현실세계의 실천을 강조하고 있는 것이다. 육자관법의 신구의(身口意) 삼밀행을 갖추는 순서는 먼저 오른손으로 신체의 여섯 부위인 중앙 배꼽의 비장(脾臟), 좌편 동방의 간장(肝臟), 명문 남방의 심장(心臟), 우편 서방의 폐장(肺臟), 북방 단전의 신장(腎臟), 사우 간방의 인후(咽喉) 자리를 각각 짚고 포자를 하며 금강지권의 인계를

---

88)　『실행론』, p.123, 3-3-2 제2절 「육자선정법」.
89)　신체의 부위에 순서대로 육자진언을 배치하여 나열하는 것이다.
90)　『실행론』, p.122, 3-3-1 제1절 「육자관행법」.

한 다음, 포자한 순서대로 입으로 반복적으로 외우면서 뜻으로 각각의 진언자를 관하는 것이다.

진언염송에 대한『실행론』은

"염송하는 글자마다 분명하게 소리 내어 자기 귀에 들리도록 관념(觀念)하는 그 본존(本尊)과 자기 몸의 그 글자와 염송기수(念誦記數) 펼지니라"[91]

하였다. 여기에서 글자마다 분명하게 소리 내어 자기 귀에 들리도록 하라는 뜻은 일반적으로 경전에서 설하는 염송의 차제에 따른 것으로『대승장엄보왕경』에 설하여 있듯이 사종(四種)의 염송법을 살펴볼 수 있다.

"作四種念誦 作四種者 所謂 音聲念誦 二金剛念誦(合口動舌默誦是也) 三三摩地念誦 心念是也 四真實念誦如字義 修行是也由此四種念誦力故 能滅一切罪障苦厄 成就一切功德 [92](사종의 염송을 할 것이니 사종이라는 것은 이른바 음성염송이며, 둘째는 금강염송으로 입을 모으고 혀를 움직여 묵송하는 것이며, 셋째는 삼마지염송으로 심념하는 것이며, 넷째는 자의와 같은 진실염송이다. 이러한 사종 염송력으로 수행한 연고로 능히 일체 죄업장과 고액을 소멸하고 일체공덕을 성취하는 것이다)"

라고 하였다. 말하자면 음성염송은 소리를 내어서 하는 염송이며, 금강염송은 입술과 이를 가볍게 모으고 혀는 위턱에 붙이며 소리를 내지 않고

---

91) 『실행론』, p.122, 3-3-1 제1절「육자관행법」.
92) 『金剛頂瑜伽中略出念誦經』卷第四, 大唐南印度三藏金剛智譯 p.43.

하는 묵송이며, 삼마지염송은 마음으로 염념이 생각으로만 관하는 염송이며, 진실염송은 진언의 글자 모양과 그 뜻을 관하는 염송(念誦)이다.

육자관법의 삼밀행은 몸으로 법신비로자나불의 인계인 금강지권과 사종 염송법의 구밀과 육자진언의 낱자(字)를 자기의 심체(心體)에 관하는 의밀로 삼밀을 구성하는 법을 말하는 것이다. 또한 관념하는 그 본존과 자기 몸의 그 글자와 염송기수(念誦記數) 펼친다고 하는 뜻은 먼저 오불가지(五佛加持)의 의미로서 중앙 배꼽 비장(脾臟)자리를 집고 '옴'자를 입으로 외우면서 포자를 하고 다음으로 자기 신체의 좌편방향인 간장(肝腸)자리를 집고 '마'자를 외우면서 포자를 하고 이어서 남방 명문(命門)자리를 집고 '니'자를 외우면서 포자를 하고 다음으로 우편 폐장(肺臟)자리를 집고 '반'자를 외우면서 포자하고 다음은 북방 단전(丹田) 신장(腎臟)자리를 집고 '메'자를 외우면서 포자하고 다음은 간방(間方)을 의미하는 인후(咽喉)자리를 집고 '훔'자를 외우면서 포자하고 금강지권과 선정에 드는 것이다. 『실행론』에 "옴은 비로자나불, 마는 아축불, 니는 보생불, 반은 아미타불, 메는 불공성취불, 훔은 금강보살"[93]이라고 하였듯이, 비로자나불 자내증의 경계에서 출생하는 오불을 진언자의 본존으로 하여 본존과 행자 자신이 상응(相應)하여 하나가 되는 육자관법을 한다.

밀교수행에 있어서 관념하는 방법에는 실담자인 자(字)와 소리인 음(音)과 상징하는 뜻을 나타내는 의(義)를 관상체로 한다. 이러한 경우로 삼매에 드는 데에는 육자관의 포자한 순서대로 윤전(輪轉)하여 굴리되 음식을 먹는 것과 같이 하는 것이다. 음식은 비록 입으로 먹지만 향과 시각과 맛을 조화하여 온몸으로 먹게 되듯이 관념도 어느 한 가지에 치중

---

93) 『실행론』, p.43, 1-2-1 제1절 「육자진언」.

하여서 하는 것이 아니라 전심(專心)으로 차제에 따라 관념하게 되는 것이다. 삼매에 드는 육자진언 삼밀수행 가운데 의밀은 포자한 진언자(眞言字)와 오불을 관하여 청정한 자성의 경계에 이르며 육행을 생활 가운데 실천하고 자성참회(自性懺悔)하여 자성법신(自性法身)을 증득하는 체계이다. 육자관에 대한 회당대종사의 『실행론』에

> "삼밀(三密) 가운데 신밀(身密)은 손으로 금강지권(金剛智拳)을 결인(結印)하고 구밀(口密)은 입으로 육자진언을 염송하고 의밀(意密)은 뜻으로 육자진언을 관하는 것이다."[94]

하였다. 삼밀수행은 삼매를 얻기 위함이며 자성불(自性佛)의 법을 받아 법문을 깨치며 자수법락(自受法樂)을 얻으므로 행복한 자증의 생활이 되는 것이다. 육자관법(六字觀法)은 진각밀교에서 육자진언을 구밀과 의밀의 삼밀체계에 의한 실수로 자기 몸에 육자를 배열하여 포자하고 신밀의 인계와 입으로 진언을 염송하며[95] 신체의 오방오불을 관하여 삼밀선정에 드는 법이다. 또 금강지권으로 하는 결인 이외에도 행주좌와어묵동정(行住座臥語默動靜)에 가림이 없이 금강권(金剛拳)[96]이나 무시항송으로 때와 가림이 없이 하되 뜻으로는 육자관을 이루는 법이며 지속적인 관행으로 불지(佛智)를 이루어 자성법신을 구비하고 복지구족하게 되는 것이다.

---

94) 『실행론』, p.119, 3-2-4 제3절 「삼밀선정」.

95) 사종염송법 참고.

96) 인계의 한 형태로 엄지손가락을 손바닥에 넣고 나머지 네 손가락으로 감싸 쥐는 모양이다.

2) 육자관념도(六字觀念圖)

육자관념도는 1957년『법만다라와 예참문』과 1958년『총지법장』, 「대한 비밀불교진각종지」에서 자기관음관념도(自己觀音觀念圖)로 기록이 되 고 있으며, 이후 1960년『진각교전』이 출간되면서 '육자관념도(六字觀念 圖)'의 명칭으로 정립이 되어 표1-1에서 와 같이 현재에 이르고 있는 것이 다. 육자관념도는 진각밀교의 창종조(創宗祖)이신 회당대종사(悔堂大宗 師)께서 1946년 창종 초기에 육자진언으로 대각(大覺)을 이루는 과정에 서 체험하고 증득한 바를 법신비로자나불과 육자진언에 의한 삼밀수행법 으로 체계화하며 진각밀교의 교법체계(敎法體系)를 수립하는 중에『법 만다라와 예참문』,『총지법장』등을 반포(頒布)하면서 그 가운데 정립이 된 것이다. 이 육자관념도에는 실담자와 한글의 육자진언으로 표기하고 있으며 오불과 오장과 오방의 배치와 관념의 순방위(順方位)를 표시하는 화살표와 번호가 표기되어 있다.

[표 1. 육자관념도]

밀교에 있어서 진언수행은 그대로 삼밀이므로 글자의 모양이나 염송하는 소리 또는 상징의 뜻으로 관하는 다양한 방법이 있으나, 진각밀교에서는 이 세 가지를 각각의 방편으로 마음을 모아 삼매에 드는 총체적 방법을 사용하고 있다. 진각밀교의 육자진언 수행은 하나의 진언과 하나의 본존으로 육자진언 삼밀체계(三密體系)로 하여 자기의 심체(心體)를 관(觀)하되 우주법계(宇宙法界)와 하나가 되며, 법신불진리(法身佛眞理)를 체득(體得)하는 육자관행법(六字觀行法)이라고 볼 수 있다. 말하자면 입으로 염송하는 구밀, 뜻으로 진언자(眞言字)와 오불의 의미를 관하고, 몸으로 법신비로자나의 인계를 맺어서 불과 하나가 되는 경계에서 육바라밀 실천으로 나아가서 일체를 성취하여 자증하는 것이다.

육자관념의 원리는 먼저 신밀행을 갖추고 육자진언의 구밀행과 의밀행의 삼밀수행으로 전식득지(轉識得智)를 이루어 대각의 지혜로 자성법신을 증득하는데 있다. 자성법신은 우주법계법신불의 분화체(分化體)로서 자기에게 있는 불성품(佛性品)이자 본심을 일깨우고 불과 하나가 되는 밀교수행법이다. 육자관념도는 육자진언을 자기신체에 배대하여 글자마다 오불과 금강보살을 관념하는 수행도(修行圖)이다. 이러한 관념법(觀念法)은 삼밀선정에 드는 의밀에 이르는 구체적 관법이다. 여기에는 오불과 오방과 오지, 오장을 포함하는 내용을 담고 있으며 중앙에 옴자와 비로자나불로 위치하여 관하고 다음으로 동방의 마자와 아축불, 남방의 니자와 보생불, 서방의 반자와 아미타불, 북방의 메자와 불공성취불 그리고 인후의 훔자와 금강보살을 관하는 순으로 움직이고 다시 같은 방향의 순으로 반복하여 관념해 가는 것이다. 육자관은 진각밀교의 수행법인 삼밀행법으로 설명할 수 있다. 그것은 몸의 결인과 몸의 육처(六處)에 육자진언을 배치(配置)하고 포자하여 진언염송을 하며 오불과 금강보살로 관하는 것이다. 옴은 비로자나불로 관하고 마는 아축불로 관하고 니는 보생불로 관하고 반은 아미타불로 관하고 메는 불공성취불로 관하고 훔은 금강보살로 관한다. 『금강정경유가수습비로자나삼마지법(金剛頂經瑜伽修習毘盧遮那三摩地法)』에도

"若有眾生遇此教 晝夜四時精進修 現世證得歡喜地 後十六生成正覺
(만약 중생이 이 가르침을 받아서 밤낮의 사시로 정진수행하면 현세에 환희지를 증득하고 후세 십육생에 등각을 성취한다.)"[97]

하였는데, 이와 같은 성취는 하루 중에 사시염송을 훈습하고 무상삼밀(無相三密)에 이어서 관념하는 가운데 십지(十地)의 차제를 증득하고 깨치게 되는 것이다.

---

97) 『金剛頂經瑜伽修習毘盧遮那三摩地法』, 大唐贈開府儀同三司諡大弘教三藏沙門金剛智奉詔譯 p.10.

Ⅳ. 즉신성불

1. 즉신성불의 경전적 근거

진각밀교수행의 구경이 되는 즉신성불의 전거는 『보리심론』에

> "有眞言法中卽身成佛故是說三摩地法於諸教中闕而不書(오직 진언법
> 중에서만 즉신성불하는 연고로 이 삼마지법을 설하고 모든 교중에는 궐하
> 고 기록함이 없느니라.)"[98]

하였다. 즉신성불은 현신성불(現身成佛), 현생성불(現生成佛) 또는 당체
성불(當體成佛)이라고도 하며 그 뜻은 금생에 부모로부터 생한 이 몸 그
대로 부처를 이룬다는 뜻이다. 이와 같은 교법은 부처님께서 설한 현교의
모든 가르침에는 빠져있으나 오직 법신불진리를 설하는 밀교의 진언수행
을 통한 법 가운데서 만이 설해져 있다고 하는 것이다.

왜냐하면 법신비로자나불의 세계는 진리이법(眞理理法)의 세계로
서 삼밀진언수행에 의하여 법신불의 가지(加持)로 내증되는 세계이기 때
문이다. 또한 법신비로자나불의 진리는 밀교의 교상과 실천수행의 증과
로서 체득되어지는 자심실상(自心實相)인 것이다. 본래 부처님의 가르침
에는 교판상 현밀교리의 차별이 있고 이해의 심천(深淺)과 오지(五智)의

---

98) 경의 본래 명칭은 『금강정유가중발아뇨다라삼먁삼보리심론』이다. 『金剛頂瑜伽中發阿耨多羅
三藐三菩提心論』(亦名『瑜伽總持釋門說菩提心觀行修行義』) 開府儀同三司特進試鴻臚卿
肅國公食邑三千戶賜紫贈司空 諡大鑑正號大廣智大興善寺 三藏沙門不空奉 詔譯.

법설에 차이가 있으나[99] 이 모든 가르침은 법신불진리 하나로써 귀결이 되어지며,이는 곧 마음의 법이며 보리심을 일으켜서 지혜를 완성하는 법이다. 이와 같은 보리심의 발현으로 오전(五轉)[100]의 차제(次第)에 이르러서 법신불의 세계를 증득하고 깨달음의 실천적 수행법이 삼밀행(三密行)이며, 이러한 경계에서 능히 삼매에 들어 즉신성불을 이루게 되는 것이다.

보리심(菩提心)이라는 말은 범어의 bodhi-citta를 번역한 말이며 깨달음의 지혜를 얻고자 하는 마음이니, 이 마음은 일체중생이 본유(本有)로 갖추고 있는 것이며 자심의 실상을 말하는 것이다. 법신불의 실상(實相)이나 진언 비밀의 실상이나 중생의 실상도 본심으로 하나가 되며, 이러한 법은 수행하는 행자가 오직 실천을 통하여 자증의 경계에 이르러 깨닫고 스스로를 변화시켜가는 과정에서 증득되어지는 것이다. 보리의 실상으로 나타나는 세계는 곧 법신비로자나불의 본체로서 활동상을 가리키며, 이지불이(理智不二)로 구성되어지는 금강계의 세계를 말한다. 이 세계는 오직 진언삼밀을 통해서 법신불의 가지를 입게 되어 삼마지법[101]을 성취하고 내증된 금강법계를 증득하여 실천하는 신비밀의 경계를 이루는 것이다. 『대일경』에 이르기를

"不捨於此身 逮得神境通 遊步大空位 而成身祕密"(이 몸을 버리지 않고 속히 신경통을 얻어서 대공위를 거닐고 신비밀을 이룬다.)[102]

---

99) 『변현밀이교론』, 홍법대사著 十卷障 가운데 상하 2권이 포함되어 있다.

100) 진언수행에서 불과에 이르는 보리심의 심층적 단계를 오위(五位)로 전개한다.

101) 『보리심론』에서 설하는 승의, 행원, 삼마지보리심의 3종보리심을 말한다.

102) 『大毘盧遮那成佛神變加持經』卷第三, 大唐天竺三藏善無畏共沙門一行譯,「悉地出現品」第六 p.44.

하였으니, 이 몸의 인연 가운데 큰 은혜가 있으므로 시공을 따로 벗어나서 이루어지는 것이 아니라 자심 중의 법신을 깨닫게 되므로써 능히 일체를 성취하고 즉신성불의 신비밀(身秘密)을 이룬다는 것이다. 이와 같은 경지는 오직 밀교문에 이르러 삼밀로써 얻어지는 경계인 것이다. 또『금강정경』에

> "應當知自身 即為金剛界 自身為金剛 堅實無傾壞 復白諸佛言 我為金剛身"(응당히 자신이 금강계임을 알아라. 자신이 금강계로서 견실하여 기울어져 멸함이 없으면 나는 금강신이다.")[103]

하였다. 법신불진리의 세계와 자심 중에 삼밀로 깨닫게 되는 세계는 이지로써 나타나는 금강계와 불의 가지로써 자증된 몸인 금강신이 다름 아닌 불(佛)과 중생(衆生)이 동체(同體)의 실상인 것이다. 이제 이와 같은 법을 닦고 깨달아서 실천하는 불교수행의 구경(究竟)은 언제나 성불에 있는 것이다. 성불에도 현밀의 개차(開遮)가 있어서 몇 천겁을 기다려서 성불을 이루는 현교의 왕생성불(往生成佛)과 부모소생의 이 몸으로 현생에서 성불하는 밀교의 즉신성불(卽身成佛)이 있다고 하였다. 특히 밀교수행에 있어서 즉신성불에 대해『실행론』에 "세상 사람의 근기를 둘로 나눠보면 즉신성불 근기와 왕생성불 근기가 있습니다."[104] 하였으며, 근기에 맞추어 성불의 인연 또한 차별상을 가지고 이루어지는 것이다. 또 즉신성불의 과정에 대해서도

---

103) 『金剛頂經瑜伽修習毘盧遮那三摩地法』, 大唐贈開府儀同三司謚大弘教三藏沙門金剛智奉詔譯 p.6.

104) 『실행론』, p.143, 3-4-17 제17절 「성불과 근기」.

"우리 교에는 근기가 높든 낮든 즉신성불에 이르게 한다. 세간(世間) 지혜(智慧)가 점점 밝아지는 것이 성불이다. 누구나 천분의 일 백분의 일은 성불되어 있으나 점차 행해가면 어느덧 십분의 일 십 분의 이 성불에 이르게 된다."[105]

하였다. 즉신성불이 불의 내면의 세계인 오지(五智)를 완성하여 세간의 당체로서 나타나는 법을 밝게 비추어 보고 달이 점점 차올라 만월(滿月)에 이르러 원만한 상태가 되는 것과 같이 이루어지는 것이다. 이러한 즉신성불에는 세 가지 종류의 성불방법이 있으니, 첫째는 이구즉신성불(理具卽身成佛)이며 이것은 이론적으로 우리가 갖고 있는 본신은 이치로서 이미 법신의 능력과 깨달음을 갖추어 있다는 것이며, 둘째는 가지즉신성불(加持卽身成佛)로서 우리가 삼밀을 행할 때에 불의 가지를 받아 본래 있는 불성을 나타내는 것이다. 다음으로 현득즉신성불(現得卽身成佛)은 수행을 통해 완성된 구경의 성불로서 삼마지를 수행하는 삼밀행에 의하여 원만구족한 불보리를 이루는 것이다. 삼종성불(三種成佛) 가운데 이구즉신성불은 이미 논리적으로 성립이 되어있는 것이며 가지즉신성불은 삼밀가지에 의해 일시적으로 나타나는 것이며, 그런면에서 지속적 삼밀수행인 무시항송의 실천으로 이뤄지는 현득즉신성불의 성취가 구경성불의 완성이라고 할 수 있는 것이다. 『실행론』에

"현세안락(現世安樂) 서원하여 이 땅 정토 만들므로 진호국가(鎭護國家) 서원(誓願)으로 자기 성불하기 위해 식재(息災)하고 증익(增益)하고 항복

---

105) 『실행론』, p.120, 3-2-5 제5절 「즉신성불」.

(降伏)받고 경애(敬愛)하니 국민 모두 안락(安樂)하고 국토 모두 성불한다. 이것이 곧 오는 세상 몇 천겁(千劫)을 기다려서 성불함이 아니므로 즉신성불(卽身成佛)이라 한다."[106]

하였다. 현세정화의 서원으로 자기 성불을 이루는 것이 이 몸으로 현세에 증득하게 되는 것이다. 또한 진각밀교에 있어서 실천수행으로 도량(道場)이나 가정에서 삼밀을 시작할 때 하는 교리참회에서도 "육행으로 내 종지를 굳게 세워 구경 성불 하겠나이다."[107] 하였고, 진각밀교의 근본취지를 밝히는 종지(宗旨)에도

"법신비로자나부처님을 교주로 하고 부처와 종조심인(宗祖心印)인 옴마니반메훔을 신행의 본존으로 받들어 육자관행(六字觀行)으로 즉신성불하고 현세정화 함을 종지로 한다."[108]

하였는데, 이는 시계인진선혜의 육행을 실천적 생활 가운데 종지로 굳게 세우고 구경성불을 이루는 서원이 되는 것이다. 이는 육자진언의 삼밀수행으로 삼매에 들어 능히 부모소생의 이 몸으로 불보리(佛菩提)를 현증(顯證)하고 대각위를 증득하게 되는 것이다. 이와 같이 진언수행의 구경도 진각밀교에서 실천의 경계가 되고 있는 병고와 빈곤과 불화(不和)의 삼고(三苦)를 해탈하여 복덕성취를 이루는 것은 여과(餘果)에 불과한 것이요 이에 머물러서 있는 것이 아니라 불보리를 밝혀서 혜해탈(慧解脫)

---

106) 『실행론』, p.71, 2-5-2 「제1절 법신과 화신」.
107) 『진각교전』, p.46, 「교리참회」.
108) 『실행론』, p.1, 「진각종지」.

로 자성법신을 깨쳐 현득즉신성불을 이루는 것이 구경의 의미가 되는 것이다. 그러므로 법신비로자나불의 무량한 진여·법성품이 삼마지 가운데 나타나며『보리심론』에서도

"三摩地者能達諸佛自性悟諸佛法身證法界體性智 成大毘盧遮那佛自性身 受用身 變化身 等類身(삼마지는 능히 제불의 자성에 달하고 제불의 법신을 깨쳐서 법계체성지를 증하여 대비로자나불의 자성신, 수용신, 변화신, 등류신을 이루느니라.)"[109]

하였다. 또한

"若人求佛慧 通達菩提心 父母所生身 速證大覺位(만약 사람이 불혜를 구하여 보리심에 통달하면 부모의 소생인 몸으로 속히 대각위를 증득한다.)"[110]

하였다. 사람의 몸을 받아나고 보리심을 일으켜서 나의 자성이 법신임을 증득하게 되면 대각위 곧 성불을 이루는 것이니, 육자진언의 삼밀수행으로 육자선정(六字禪定)에 드는 가운데 자연히 무량삼매(無量三昧)를 얻어서 자심실상(自心實相)을 깨치게 되고 현생(現生)의 이 몸으로 즉신성불하게 된다는 것이다.

---

109) 『金剛頂瑜伽中發阿耨多羅三藐三菩提心論』(亦名瑜伽總持釋門說菩提心觀行修行義).
110) 『金剛頂瑜伽中發阿耨多羅三藐三菩提心論』(亦名『瑜伽總持釋門說菩提心觀行修行義』).

2. 즉신성불(即身成佛)의 원리

1) 불(佛)의 오지(五智)와 육행실천

즉신성불은 오직 밀교문(密敎門)에 들어와서 진언 삼밀관(三密觀)의 실천수행으로 얻어지는 경계이다. 법신비로자나불은 일체지지(一切智智)[111]이며 일체지지란 곧 보리심으로 제법의 실상을 여실하게 아는 마음의 묘용을 말하며 『대일경소』에

> "所謂眾生自心 即是一切智智 如實了知 名為一切智者(중생들 자신의 마음이 곧 일체지지이며 자신의 마음을 실답게 알면 일체지자이다)"

라 하였다. 이와 같은 비밀유가상응(秘密瑜伽相應)의 경계에서 증득되어지는 보리심이 일체지지인 것이며 일체지지의 과(果)가 방편이라 하였다. 또 『대일경』에 지금강비밀주가 비로자나부처님에게 묻기를

> "世尊如是智慧 以何為因 云何為根 云何究竟(세존이시여 이와 같은 지혜는 무엇을 인(因)으로 하며, 무엇을 근본(根本)으로 하며, 무엇을 구경(究竟)으로 합니까.)"[112]

하였다. 일체지지는 여래의 해탈미(解脫味)로 지수화풍공의 5대 보리성

---

111) 일체지지는 산스크리트로 살바야나(sarva-jñāna, 薩婆若那) No. 1796 [cf. No. 848] 『大毘盧遮那成佛經疏』卷第, 一 沙門一行阿闍梨記,「入真言門住心品」第一 .

112) No. 848 『大毘盧遮那成佛神變加持經』卷第一, 大唐天竺三藏善無畏共沙門一行譯,「入真言門住心品」第一 p.2.

(菩提性)을 갖추고 있어서 일체의 의지처가 되고 이익과 즐거움이 주므로 그 인자(因子)와 근본(根本)과 구경(究竟)을 물은 것이다. 이에

> "佛言菩提心為因 悲為根本 方便為究竟 祕密主云何菩提 謂如實知自心(부처님께서 말씀하시기를 보리심을 인으로 하고, 대비를 근본으로 하며, 방편을 구경으로 한다. 비밀주여, 보리란 무엇인가. 실답게 자기의 마음을 아는 것이다.)"

라고 답하였다. 이것은 삼밀묘행(三密妙行)으로 법신불의 가지를 입고 일상 가운데 실천수행법이 되는 사시염송(四時念誦)과 무시항송으로 염념(念念) 중에 안으로 자성을 깨치고 밖으로 자비와 지혜를 실천하는데 있다고 하는 것이다. 그러므로 일체를 성취하신 실천적 입장에서의 부처님을 본다면 "부처님을 한마디로 말하자면 각(覺)이라 하고 두 마디로 말하자면 자비(慈悲) 희사(喜捨)라 할 수 있다."[113] 하였다. 부처님은 무상정등정각(無上正等正覺)의 진리지혜(眞理智慧)를 깨닫고 일체중생들에게 무량한 자비와 희사를 베풀어 불국세계(佛國世界)를 실현하고 있다. 즉 신성불의 원리는 밀교수행에 있어서 불의 삼밀과 가지하는 유가삼밀(瑜伽三密)의 차제에 따른 체험증득(體驗證得)과 실천에 있는 것이다. 수행의 증과로 지혜를 밝혀 실천적 삶을 구현해 가는데 "다섯 지혜 항상 밝혀 육행실천 할 것이니, 내가 우치사견으로 삼보은혜 모르는데 어찌 범왕 제석들과 법계호법 성중들이 나를 도와주겠는가."[114] 라고 한 것이다. 말하자면 육자진언의 삼밀선정으로 삼매를 이룬 가운데 법신불 진리를 내증

---

113) 『실행론』, p.55, 2-1-3 제2절 「법계의 성」.
114) 『실행론』, p.214, 4-2-2 제2절 「네가지 큰 은혜」.

하고 오불의 다섯 지혜를 밝혀서 자성법신을 확립하고 생활 속의 육행실천을 원만하게 하여 현생에 자각각타(自覺覺他)의 복지구족한 생활을 이루는 것이다. 불(佛)의 다섯 지혜란 법신비로자나불이 이지불이의 활동적 측면의 세계를 나타내는 금강계의 중심이 되는 존격(尊格)으로 오불의 덕상(德相)이자 권능인 다섯 가지 지혜를 말하는 것이다. 이는 금강계의 중앙에 위치하는 법신비로자나불의 법계체성지(法界體性智), 동방에 위치하는 아축불의 대원경지(大圓鏡智), 남방에 위치하는 보생불의 평등성지(平等性智), 서방에 위치하는 아미타불의 묘관찰지(妙觀察智), 북방에 위치하는 불공성취불의 성소작지(成所作智)이다. 진언행자가 진언 삼밀 수행하는 가운데 자연히 일어나는 지혜를 내증하여 네 가지 큰 은혜를 통찰하고 지은보은(知恩報恩)하는 육행실천으로 나아가는 데 무변법계(無邊法界)의 도움과 현세안락의 서원을 이루는 것이다. 이는 종조 회당대종사 비문(碑文)에 새겨있는 교리(敎理)의 대강(大綱)에

"법신이불(法身理佛)을 교주로 육자진언을 본존으로 하여 이를 신앙의 대상으로 하고 천사만리(千事萬理)를 다 이에 총섭(總攝)하게 하시고 특히 이원진리(二元眞理)를 밝게 가르치사 단순한 과거와 복잡한 현대에 교민화속하는 법이 다름을 설하시고 자유민주시대에 맞도록 당상즉도(當相卽道) 색심불이(色心不二)의 원리에서 생활불교의 물심병진법(物心竝進法)과 동중정(動中靜) 정중동(靜中動)의 무시항송법(無時恒誦法)을 세워서 지혜쌍수(福慧雙修) 사리구밀(事理俱密)의 윤원대도(輪圓大道)를 얻게 하시니, 이 곧 현실대법(現實大法)이라."[115]

---

115) 진각성존 회당 대종조 비명병서 眞覺紀元 二十二年(1968년 총인원) 十月 二十五日 立.

하였다. 진각밀교에서 특히 강조하는 대법(大法)으로 색심불이의 이원원리를 나타내고 있는데, 이것이 생활불교이며 실천불교의 본령(本領)이 되는 것이다. 이러한 실천에 대한『실행론』말씀에 "생멸 없는 그 진리는 인과로써 나타나니 사지(四智) 사력(四力) 활동으로 생활 중에 각할지라."[116] 하였다. 세간의 모든 현상을 인과로써 깨달아 체득해 가는 실천강목(實踐綱目)으로 사력법(四力法)을 설하니, 첫째는 삼밀행과 희사로써 복지전수(福智專修)하는 법이며, 둘째는 만사에 사리필구(事理必究)하는 것이며, 셋째는 선악 시비 선후 본말에 반드시 생활취사(生活取捨)하는 것이며 넷째는 결과내증(結果內證)으로 자기 행한 모든 일에 공사손익(公私損益)의 그 인과를 내증하여 증득하여 보라고 한 것이다. 뿐만아니라 일체 모든 일들은 법신불 당체(當體)의 활동으로 나타나는 설법이므로 불법과 한가지로 체득해 가는 것이 교리이며 경전이라 한 것이다. 진각밀교의 교리는 이원논리(二元論理)를 주장하는 색심불이로서 색상현실의 일이나 인연과 진리이치의 세계가 다르지 아니하므로 색(色)과 심(心)을 하나로 보고 현상의 당체(當體)를 깨달아 가는 교리인 것이다. 특히 삼밀관행에 있어서도 유상삼밀(有相三密)[117]과 무상삼밀(無相三密)[118]은 수행의 차제로써 개차(開遮)가 있으며, 현 물질시대를 직시하여 물심병진(物心竝進)의 희사실천법[119]으로 물질과 마음을 바르게 써서 이타자리(利他自利)의 대승적 이익과 안락을 일체중생들에게 회향하는 법인 것

---

116) 『실행론』, p.113, 3-1-1 제1절 「실천강목」.

117) 유상삼밀은 신구의 삼밀을 갖추어 본존을 관하는 염송법으로 정송법, 사시염송법, 시간정진법, 불공정진법(새벽정송, 자성일불공, 새해서원불공, 월초불공, 49일불공등의 실천법)이 있다.

118) 무상삼밀은 특별한 시간과 장소에 구애됨이 없이 언제 어디서나 자유롭게 하는 항송법이다.

119) 희사실천은 정시, 차시, 삼종시(단시 경시 제시), 1/10 1/100희사, 절량법 등의 희사법.

이다. 여기에 부처님이나 공덕에 의지하여 해탈하는 것이 아니라 마음을 밝혀서 자주적으로 깨달아 가는 것이 주 목적이 되는 것이다. 그러므로 『실행론』에

"삼밀(三密)로써 내 마음에 항상 인(印)을 새겨 가져 실상(實相) 같이 자심(自心) 알아 내 잘못을 깨달아서 지심(至心)으로 참회하고 실천함이 정도(正道)니라."[120]

하였다. 육자진언의 삼밀수행은 법신비로자나불의 자내증(自內證)의 세계를 증득할 뿐 아니라 본심(本心)의 다섯 지혜를 밝혀 실상과 같이 내 마음을 깨달아서 은혜로운 생활의 시작이 되어 의식주(衣食住)의 모든 생활에 참회와 육행실천으로 회향하여 오직 나아갈 뿐 인 것이다.

2) 자성법신의 확립과 불국토 실현

불교의 수행은 제불보살과 선지식(善知識)이 자증한 교법인 유상방편의 법을 잘 배우고 익혀서 유상실지(有相悉地)를 넘어서 무상실지(無相悉地)[121]로 나아가는 실천적 행위를 말하는 것이다. 이는 법신불진리를 자증하는 법일 뿐 아니라 실생활에서 법신불진리를 체득하고 활용하는 법인 것이다. 이러한 실천적 활용에 대해서는

---

120) 『실행론』, p.116, 3-2-1 제1절 「심인지리」.
121) 『尊勝儀軌』卷下, "유상실지는 세간의 복덕을 얻는 것이며 무상실지는 출세간의 과녁을 성취하는 것."

"법신비로자나불을 세워 법신당체설법을 알아서 이 사회 각계각층과 또
는 재가·출가를 막론하고 자기의 생활 속에서 불의 진리를 체득하여 우리
의 실생활에 활용하여야 되는 것이다."[122]

하였다. 뿐 만 아니라 불법공부(佛法工夫)와 세상일을 따로 두지 않고 색
심불이(色心不二)의 법을 실천해 가는 실천적 생활불교가 되는 데 있는
것이다. 또한 불법공부의 요체(要諦)에 대해

"일과 경전이 따로 있지 않고 세상일을 잘하면 그것이 곧 불법공부를 잘하
는 사람이고 불법공부를 잘하면 곧 세상일을 잘하는 사람이 될 것이다. 이
것이 곧 생활불교의 본령(本領)이 되는 것이다."[123]

라고 하였다. 이와 같이 교상(教相)을 세워가는 데에는 불교교리가 근본
으로 자기를 정화하여 성불을 이루는 것이 국토 모두 성불하는 서원(誓
願)을 세우고 있기 때문이다. 부처님 가르침의 주목적은 개인과 사회와
국가가 잘되어서 일체중생에게 평등하게 회향(回向)하는 가르침이므로
『진각교전』 서문에서도 불교의 대강(大綱)에 대해

"불교는 교리 자체가 자기반성과 자기비판으로 참회와 실천이 주목적이
기 때문에 항상 자기 마음을 사악취선(捨惡就善)으로 수련하여 가며 자기
부모에게 효도하고 부부가 화순하여 그 가정을 잘 되게 하고 또 그 나라에

---

122) 『실행론』, p.114, 3-1-2 제2절 「불교와 사력법」.
123) 상게서 동.

충성과 국민의 의무를 다하게 하여 그 나라가 잘 되게 하는 것이 교리"[124]

라 한 것이다.

자기에게 있는 심인(心印)인 자성법신을 분명하게 깨닫고 생활 마다 법신의 당체설법(當體說法)을 잘 알아서 항상 일체중생에게 회향하는 생활이 되는데 있는 것이다. 또한 "진각은 심인을 분명히 알아서 생활 중에 깨닫고 참회하고 실천하는 것이다."[125] 하였다. 진각은 심인인 자성법신을 분명하게 깨달아서 참회와 실천의 삶으로 나아가는 것이다. 법신비로자나불의 당체설법도 자성청정(自性淸淨)의 지혜를 일으키는 데 구경(究竟)의 성취를 이루는 것이다. 그러므로 불교의 자주적 실천을 강조하여 "불교는 구경에 자성이 청정하여 일체사리에 자심(自心)이 통달(通達)하게 되니 이것이 곧 자주력(自主力)이 되는 것입니다."[126] 한 것은, 시방삼세에 생멸이 없이 자유자재한 삶으로 청정한 자성(自性)인 심인을 자주적으로 크게 깨쳐서 증득(證得)하고 실천으로 나아가는 삶이 되는 데 있는 것이다.

진각밀교 수행의 구경은 삼밀관행과 육행실천으로 즉신성불을 이루는 데 있으며 곧 자성(自性)의 불지(佛智)를 완성하는데 있는 것이다. 육자진언의 삼밀수행으로 자증하는 세계는 금강계 37존 존격(尊格)이 지니는 지혜를 일으켜서 나에게 있는 불성품(佛性品)인 심인을 밝히고 복덕과 지혜를 완성해 가는 것이다. 이것은 밖으로 무한히 펼쳐진 우주법계가

---

124) 『진각교전』, p.8 「불교는 우리의 풍토성과 혈지성에 맞는 것」 편저 대종조 회당, 발행자 대한불교진각종 1960년5월16일 초판 발행.

125) 『실행론』, p.63, 2-3-2 「심인불교는 무상을 으뜸으로 세운다」.

126) 『진각교전』, p.9, 「불교는 우리의 풍토성과 혈지성에 맞는 것」.

그대로 법신비로자나불의 활동상으로 나타나는 세계이지만 불의 본체인 본심은 내 마음에도 주관하고 있으므로 이를 자성법신(自性法身)이라고 하는 것이다. 자성법신은 나에게 있는 불성품(佛性品)이며 법신비로자나 불과 하나가 되는 전인적인 체현(體現)의 본성으로 우주자연의 법이로서 자유로운 존재인 것이다. 『대승장엄보왕경』에

"若有善男子善女人 而能依法念此六字大明陀羅尼 是人而得無盡辯 才 得淸淨智聚 得大慈悲 如是之人日日 得具六波羅蜜多圓滿功德(선 남자 선여인이 있어서 능히 법에 따라 이 육자대명다라니를 관념하면 이 사람은 무진변재를 얻고 청정한 지혜를 얻으며 대자비를 얻어서 나날이 육바라밀다(六波羅蜜多)를 얻어서 원만한 공덕을 갖춘다.)"[127]

하였다.

불지(佛智)의 완성은 내증의 경계에서 이 자성법신을 깨닫고 육행을 실천해 가는 데 법신불의 권능을 알게 되고 시시처처(時時處處)에 일체 공덕을 입게 되는 것이다. 중생의 허물은 탐진치(貪瞋痴)에 있고 불보살의 해탈 경계는 (智悲勇)의 실천에 있는 것이다. 나에게 있는 자성법신은 항상 진리에나 현실에나 자비와 지혜의 광명을 발(發)하여 세상의 모든 법을 원만하게 하는 것이다. 이와 같은 입장에서

"우리들은 날 때부터 불성을 갖추어 왔다. 이 불성이 법신불의 분화체(分化體)이다. 이 분화체가 우리 마음 가운데 있으므로 이것을 자성불 또는

---

127) 『佛說大乘莊嚴寶王經』卷第三, 西天中印度惹爛馱曪國密林寺三藏賜紫沙門臣天息災奉 詔 譯 p.19.

자성법신이라 한다."[128]

하였다. 이것은 본유로 갖추어 있는 법신불의 진리성품이 분화된 성품으로 나에게도 분명하게 있으므로 이를 깨닫고 마음 가운데 있는 자성법신이 확립되면 법계법신(法界法身)과 내가 하나가 되어 청정한 세계가 구현되는 것이다. 이와 같은 마음의 정토가 굳건해지게 되면 항상 사대은혜(四大恩惠) 가운데 살아가게 되며 이러한 네 가지 큰 은혜인 부모와 나라와 일체중생과 삼보의 은혜로운 상관관계(相關關係)속에서 일체를 끊임없이 정화하고 자주적 실천으로 현세정화의 서원을 이루어 가게 되는 것이다. 또한 진각밀교의 교상(教相)에 있어서 법신불 진리이치의 세계는 색상현실(色相現實)을 바로 실상으로 보아 체득해 가는 교리이므로, 이것이 곧 색심불이의 이원논리인 것이다. 진리실상의 세계는 곧 당체의 모든 현상으로 나타나게 되는 것으로, 이는

    "정진 중에 일어나는 마장은 곧 법문이라. 우리 밀교 삼륜신은 행자에게
    법을 주어 자기 허물 결점 등을 체험으로 알게 하고 육행실천하게 함이 법
    신불의 서원이라."[129]

한 것이며,

    "밀교에서 색상 현실 모든 일은 곧 진리며 실상(實相)으로 보아서 색을 품
    안에 넣지 않고 이것이 이치라고 하는데 물(物)과 심(心)이 평등해지므로

---

128) 『실행론』, p.71, 2-5-2 제2절 「법신과 화신」.
129) 『실행론』, p.256, 4-5-3 제3절 「마가 도로 공덕된다」.

일체 세간 현상 그대로 불법과 일치함을 체득하는 밀교의 교리강령(敎理綱領)인 이원논리(二元論理)입니다."[130]

하였다.

진각밀교에서 세워가는 현세정화(現世淨化)와 즉신성불(卽身成佛)의 구현은 진언행자가 삼밀수행으로 삼매(三昧)에 들어 법신불진리(法身佛眞理)를 깨닫고 인연현상계(因緣現象界)를 불법과 일치하여 체득해가는 생활 가운데 있는 것이다. 이것은 앞서의 유상삼밀을 훈습(薰習)해가는 과정(過程)을 통하여 행주좌와어묵동정의 일상 가운데 차제(次第)로써 얻어지는 무상삼밀(無相三密)의 실천에 있는 것이다. 무상삼밀은 몸과 마음이 삼매에 주하여 일체의 행업이 그대로 진실 청정한 삼밀을 이루는 경지를 말한다.

『실행론』에서

"진실한 삼밀은 누구를 위해서든지 몸을 보시하여 복된 행을 행하고[身密] 입으로 바른 말 착한 말 복된 말을 하고[口密], 뜻으로 언제나 자비를 베푸는 것이다[意密]. 이와 같은 진실한 삼밀행을 할 때 성불할 수 있다."[131]

고 한 것이다. 자성법신 자증의 생활은 법신비로자나불과 하나가 되어 자비희사를 실천해 가는 삶이므로 그것이 곧 비밀유가삼밀의 삶이라고 한 것이다. 무상삼밀의 실천은 항상 비밀유가삼밀(秘密瑜伽三密)의 삶을 이

---

130) 『실행론』, p.82, 2-6-4 제3절 「심본색말과 색심불이」.
131) 『실행론』, p.119, 3-2-3 제2절 「삼밀작용」.

루어 불심(佛心)으로 이어지는 생활이며 자성이 청정한 가운데 불의 당체법(當體法)을 체득하고 참회와 실천으로 신구의의 자유자재한 불작불행(佛作佛行)을 실현해 가는 삶이 되는 데 있는 것이다. 이것이 진각밀교에서 세워가는 자성법신의 확립과 불국정토 실현을 이루어 가는 진언수행의 실천체계(實踐體系)인 것이다.

참고문헌

『大毘盧遮那成佛神變加持經』(『大正藏』Vol.18, NO.848)

『金剛頂經瑜伽修習毘盧遮那三摩地法』(『大正藏』Vol.18, NO.876)

『大樂金剛不空眞實三昧耶經般若波羅蜜多理趣釋』卷上

『大毘盧遮那成佛經疏』(『大正藏』Vol.39, No.1796)

『佛說一切如來眞實攝大乘現證三昧大敎王經』(『大正藏』Vol.18, No.882)

『金剛頂瑜伽中發阿耨多羅三藐三菩提心論』

『佛說大乘莊嚴寶王經』(『大正藏』Vol.20, No.1050)

『金剛頂瑜伽中略出念誦經』(『大正藏』Vol.18, No.866)

『金剛頂經瑜伽十八會指歸』(『大正藏』Vol.18, No.869)

『大乘理趣六波羅蜜多經』(,『大正藏』Vol.08, No.261)

『佛說聖六字大明王陀羅尼經』(『大正藏』Vol.20, No.1047)

『佛說高王觀世音經』(『大正藏』Vol.85, No.2898)

大韓佛敎眞覺宗 敎法結集會議,『眞覺聖尊宗祖悔堂大宗師 自證敎說 實行論』서
　　울: 圖書出版 海印行, 2011.

大宗祖 悔堂,『眞覺敎典』서울: 大韓佛敎眞覺宗海印行, 1960.

大韓佛敎眞覺宗 宗憲·宗法.

大韓佛敎眞覺宗 編著,『마니깐붐』上.下 서울: 大韓佛敎眞覺宗, 2013.

龍城堂 白相奎 譯述,『六字靈感大明王經持誦法』

『金剛頂經瑜伽修習毘盧遮那三摩地法』, 日本語譯 資料-國譯密敎 經軌部 第 2券
　　國書刊行會, 1984.

『理趣釋經』日本語 解釋 資料- 國譯密敎 經軌部, 第四券 國書刊行會, 1984.

『卽身成佛義』漢文 原典 資料 定本『弘法大師全集』第3卷, 高野山大學, 1994.

『卽身成佛義』現代 日本語譯 資料-『福田亮成 現代語譯卽身成佛義』ノンブル社,
　　1996.

龍城堂 白相奎 譯述,『六字靈感大明王經』, 世尊應化 2964년 中秋

원정·환당 譯,『大勝理趣六波羅蜜多經』서울: 佛敎總持宗法藏院, 2007.

金永德 譯註,『金剛頂經』東國譯經院, 2007.

敬淨,『眞覺密敎의 敎學體系』서울: 大韓佛敎眞覺宗圖書出版 海印行, 2013.

智正, 「眞覺宗敎學에 있어서 金剛界三十七尊」, 『悔堂學報』第12輯, 2007.

智正, 「六字眞言과 眞覺密敎의 三密修行에 對한 考察」, 『悔堂學報』第15輯, 2010.

金永德,『金剛界37尊의 硏究』, 위덕대학교博士學位論文, 1997.

金永德,『金剛界三十七尊의 世界』威德大學校 出版部, 2000.

堀内寬仁,『金剛界三十七尊の尊名について』密敎文化 通号 69·70, 1964.

鈴木宗忠著作集 第5- 基本大-：秘密 巖南堂書店, 1978.

제 4 장

진각밀교의 수행과 실천

구동현(보성) 시경심인당 주교·위덕대 교수

Ⅰ. 진각밀교의 수행

1. 수행의 개요

불교의 궁극적 지향점은 한마디로 "상구보리 하화중생(上求菩提 下化衆生)"이다. 물론 대승적 이념이기는 하지만 이러한 보살의 구현에 그 목표를 두고 있다. 궁극적 추구점이 자신뿐만 아니라 이 세계의 정화와 구원이라는 측면에서 인류가 추구해야할 보편적 성숙한 인간상이라 할 수 있다. 이는 스스로를 전인적인 인격으로 이끌게 하는 무상(無上)의 진리를 추구함[자기(自己)교화]과 동시에 아울러 타인들 또한 그러한 경지에 이르도록 섭수해야 한다[타자(他者)교화]는 대사회적 실천의지이기도 하다.

깨달음의 추구라는 자기 수행적인 노력과 동시에 대자대비심을 토대로 한, 사회와 중생교화라는 타자 교화적인 노력 또한 발휘해야 한다는 것이 불교의 근본정신이다. 다시 말하면 불교의 목적은 자신을 포함한 모든 중생들이 진리를 깨닫고, 그 진리를 개인의 삶, 공동체적 삶에 구현하도록 하는 것이다.

자기수행적인 측면에서는 삶에서의 실천적 수행을 통하여 통찰적 참회와 진리로 나아감으로써 개인의 인격완성을 이루는 것이고, 대사회적 측면에서는 불교적 가르침을 기반으로 한 불교적 수행과 실천을 통하여 인간 삶의 모습을 체질적으로 변화시켜가는 것으로써 대중적 교화를 이루는 것이다. 이것은 개인 또는 공동체의 인격적 변화를 모색하는 것이며 진각밀교[1]의 입장에서 보면, 진각의 실현인 즉신성불이고 현세정화를 의미하기도 한다.

[그림 1.]

이러한 목표을 실현하기 위한 방편은 부처님의 팔만사천법문만큼이나 다양하게 개발할 수 있을 것이다. 왜냐하면 불교는 역사적인 관점에서나 혹은 교리적인 측면에서나 고정불변의 성향을 지양하고 교조주의적이기보다는 오히려 실용주의적인 노선을 지향해왔기 때문이다. 불교는 그 시초부터 수많은 다른 문화들과 접촉을 하면서 다양한 사상들과 철학을 끌어안음으로써 역사적으로, 지리적으로, 그리고 민족적 내지 종교적 여러 이질적인 특성들과 잘 어울려 갈 수 있었다. 그러한 배경에서 불교는 여러 형태의 혼합된 모습으로 현대사회에 공존해 나가고 있다고 말할 수 있겠다. 초기불교나 대승불교, 위파사나, 선불교, 그리고 밀교도 그러한 역사적인 사례들 중의 하나이며 현대사회는 서로의 전통 간에 영향을 주

---

1) 진각종의 내면적 교학은 밀교적이면서, 외형적 양식은 전통적인 인식의 입장에서는 밀교적이지 않은 점을 더 많이 가지고 있다. 따라서 일본에 전래되어 공해에 의하여 조직된 밀교를 '진언밀교'라고 하듯이 회당이 진각종을 통하여 재편한 밀교를 전통적인 밀교와 차별화하여 '진각밀교'라 일컫는 것이다. 그것은 회당이 진각종을 통하여 '진각의 세계'를 실현하는 것을 종교적 이상으로 삼고 있기 때문이다. 참조, 김무생, 『회당사상과 진각밀교』, (경주: 위덕대학교 출판부, 2002), p.249.

고받고 있다.

더욱이 현대불교는 무엇보다도 삶의 현장에서 현실적이고 실천적으로 구체화되어야 한다. 그러한 의미에서 불교교리는 실천의 논리로 재연구 되어야 할 필요성이 있다. 현대 사회에서의 다른 종교의 모습과 비교해보면 불교의 모습은 그러한 창조적인 대사회 실천활동이나 사회참여가 상대적으로 부족한 위치에 있다고 볼 수 있다. 따라서 불교의 이상과 현실사이에 괴리가 상대적으로 크다. 이는 불교적 가르침이 생활 속에 실천되지 못하고 스며들지 못함으로써 '불교의 생활화'내지 '생활의 불교화'가 이루어지지 않고 있기 때문이다. 즉 불교이념이 대중문화화가 되어 있지 않다는 의미이다. 바람직한 불교의 모습은 이러한 의미에서 개인의 인성계발과 더불어 불교이념의 구체적 대사회 실천을 위해 절대적으로 필요한 것이며 현대 물질사회에서 불교가 나아가야 할 종교적 내지 교육적 이정표이기도 하다. 밀교정신을 표방하는 진각종도 그러한 맥락에서 시대적 사회적 환경들과 밀접한 관련 속에 태동한 하나의 모습이기도 하다.

진각종의 태동은 한국사회에서 문화적·민족적 정신의 근간이 되어온 한국불교의 혁신을 통하여 대중의 의식을 개혁시키고자하는 하나의 사회 계몽운동이자 교화운동이었으며 종교개혁 운동이었다고 평가할 수 있다. 진각종의 불교개혁 사상은 기존의 전통 불교단체들의 개혁적 특징들과는 차별적인 것이었다. 종교 교역자 단체로서의 보살승단을 조직하고 전통적 불교의 모습과는 다른 새로운 형태의 불교 종단이었다. 조각된 불상이나 불화가 기복불교와 축복과 미신을 믿는 주원인이 되어왔다는 회당대종사[이하 회당 이라 칭한다]의 해석과 마음공부[심공]를 강조하는 그의 이론에 근거하여 진각종은 불상이나 어떠한 이미지 혹은 조각상을 모시지 않는다. 진각종은 금강계만다라에 나타나 있는 법만다라의

37존의 명호와 함께, 신행의 본존 역할을 하는 육자진언[옴마니반메훔]을 중심에 두고 심인당의 전면 단(壇)을 장식하고 있다. 육자진언 옴마니반메훔은 육바라밀에 적용되고 오불과 제보살에 배당되고 오불의 오지(五智)를 상징하고 있다.[2] 밀교정신을 표방하고 있지만 복잡한 전통적 밀교의식을 따르지 않고 전통을 중시하면서도 불교개혁 정신에 맞추어 새로운 형태의 현대교육적이고 대중적인 의식차제(儀式次第)를 보여주고 있다. 그러한 의미에서 진각종을 진각밀교 라고 이름한다. 여러 면에서 '신불교(新佛敎)'[3]의 특징들을 지니고 있으며 '프로테스탄트 불교'[4]라는 이름이 붙는 이유의 한 단면이기도 하다.

2) 진각종 종학연구실 編, 『마니칸붐』, (서울: 도서출판해인행. 2000), p.174. "옴은 단시, 마는 지계, 니는 인욕, 반은 정진, 메는 선정, 훔은 지혜" 그리고 "옴은 법계체성지, 마는 대원경지, 니는 평등성지, 반은 묘관찰지, 메는 성소작지, 훔은 구성자연지"에 해당한다고 본다. 한편 『마니칸붐』은 티베트 전토를 통일한 송첸감포왕(582-649 재위) 당시에 편찬된 것으로 육자진언에 관한 티베트 국내외의 경전과 찬술집을 총집대성한 닝마파 傳承 埋藏寶典이다. 『聖觀自在求修六字禪定』은 16세기(1560) 과 17세기(1621) 에 한국에서 편찬되었다. 허일범 교수에 의하면, 이 경전은 한역대장경과는 별개의 루트를 통하여 한반도에 유입된 것으로, 육자진언과 관련된 경전의 내용들을 발췌 찬술된 경전들 중의 하나이다. 그리고 경전의 내용으로 볼 때 『마니칸붐』이 이들 경전 찬술의 성립에 지대한 영향을 끼쳤다고 보고 있다.

3) Sørensen, "Esoteric Buddhism in Korea," Tantric Buddhism in East Asia, edited by Richard K. Payne, (Boston: Wisdom Publications.Sørensen, 2006), p.76.

4) Richard F. Gombrich & Gananath Obeyesekere, Buddhism transformed : religious change in Sri Lanka, Princeton, N.J.: Princeton University Press, 1988), p7; Robert H. Sharf, "Visualization and Mandala in Shigon Buddhism."Living images : Japanese Buddhist icons in context, Stanford, (Calif.: Stanford University Press, 2001) p.249, 각주73. 가나낫(Gananath Obeyesekere)은 19세기 후반 스리랑카불교의 부흥을 언급하면서 이 용어를 처음 사용하였다; 샤프(Sharf)는 많은 학자들이 불교전동을 서구적 학술용어로 특징지을 때 이 용어(프로테스탄트 불교)를 사용하고 있다고 관찰하고 있다.

2. 정체성

진각밀교는 스스로의 정체성을 '심인을 밝혀서 교민화속'하는 불교라고
밝히고 있다. 심인이 상징하는 바는 다라니를 행자 자신의 마음에 새겨있
는 불심인(佛心印)인 삼매왕을 의미함으로서 진각밀교의 종파성이 다라
니 불교 즉 진언밀교임을 드러내고 있다. 그러한 의미에서 심인은 곧 진
각의 길이며, 진각의 길은 바로 심인을 밝히는 것이다. "사람의 제일 목적
은 심인을 깨쳐서 생멸 없이 삼세 시방세계에 자유자재하는 것이다. 심인
진리는 깨달아서 실천해야 되는 진리이지 의뢰적인 진리가 아니다. 아는
마음과 구하는 마음으로는 얻을 수 없고, 진리를 깨닫는 교이므로 실천교
라 한다."[5] 이렇게 진각밀교는 심인을 바탕으로 참회와 실천을 강조하고
있다.

특히 진각밀교는 대중들에게 '심공(心工)[6][마음공부]'을 강조하고
'마음 닦는 공부'즉 심인공부를 가르치고 있다. 과거 무시겁으로부터 지
어온 잘못된 습관이나 인식들을 제거하는 진실한 자성참회와 실천수행을
통하여 인격완성을 해나가는 정도의 길이 곧 심인공부라 할 수 있다. 이
심인공부가 진각종에서는 바로 불공이다. 그리고 진정한 불공은 자신이
스스로 변화되어가는 것임을 다음과 같이 강조하고 있다. "불공이 곧 화
공(化供)이다. 올바른 견해 생각 말씨 행위 진실 마음 생활이 화공이다."[7]
한편 여기에서 화(化)는 변화(變化)를 의미하는데, 이는 모양이나 성질이

---

5) 대한불교진각종 편, 『실행론』, (서울: 도서출판 해인행, 2011), p.60.
6) 진각종에서는 '불공'이라는 말과 '심공'이라는 말을 같이 쓴다. 심공에는 개명심공(開明心工)과
     정기심공(定期心工)과 무상심공(無相心工)이 있다. 참조, 『실행론』, p.142.
7) 『실행론』, p.133.

바뀌어 달라져서 완전히 새로운 사람이 되어야 한다는 의미이다. 다시 말하면 심공 즉 마음공부를 통하여 '참회와 실천으로 자신의 마음을 고치고 스스로의 성품을 발전시켜 완전히 새로운 사람이 되어간다'는 것이고 부처님과 같은 사람으로 되어간다는 의미를 담고 있다.

또한 진각밀교는 종단의 스승[전수(傳授), 정사(正師)][8]은 세상에 처하면서 중생으로 하여금 일상생활에서 보살계를 지니게 하여 교민화속하는 것이라고 다음과 같이 심인공부의 방향성과 교화자로서의 자세를 천명하고 있다.

> 심인진리를 깨쳐서 전수하는 정사는 출가 승려와 달리 부부생활을 하고, 세상에 처하면서 중생으로 하여금 일상생활에서 보살계를 지니게 하여 화민성속하는 것이다. 이것은 마치 서양 사람이 다 하나님의 말씀을 믿되, 천주구교는 천주를 높이고 구약 율법을 지켜 가는 것을 주장하는데 반해, 장로신교는 하나님을 믿고 예수의 복음 진리를 전파해 가는 것을 주장하는 것과 같다. 이처럼 동양 사람도 부처님의 은혜 가운데 사는 것을 다 알리자면, 사찰은 상을 보고 불법승 삼보를 숭상하여 정화하고, 진각종은 상을 떠나서 법보화 삼신 이불을 믿고 육행을 실천하며 인과를 내증하여 중생을 교화하는데 이원이 되어 상호 침투되고 영향을 주고받아 반영하므로 평등교화가 이루어 질 것이다.[9]

이는 진각종단 설립의 당위성과 정체성을 밝히는 글로서 오늘날 동

---

8) 진각종에서는 남자 교역자(성직자)를 정사라하고, 여자 교역자를 전수라 하며, 이를 총칭하여 스승이라 한다. 이 말은 범어의 Ācārya 의 역이이다.

9) 위덕대학교 밀교문화연구원 편집, 『회당논설집』, (경주: 위덕대학교 출판부, 2002), p.21.

서양의 사상·근기·의식주·풍속·기타 모든 행사가 서로 다른 각국을 통틀어서 하나의 가르침으로써는 도저히 교민화속 할 수 없는 것이다. 기독교의 구교와 신교가 이원 전문적으로 분화 발달되어 온 것처럼, 불교도 출가승단과 재가승단으로 교리체계를 뚜렷이 세워 이원적으로 분화 발달해야함을 강조하고 있다. 이렇게 교리가 각각 분화 발달하여 각자의 종지가 최고로 발휘되면 부지불각 중에 피차 교화가 영향을 주고받아 서로 반영하므로 세계 각국에서 평등한 교화가 양성되고 인류사회와 민중들이 모두 최고도의 문화 속에서 살게 될 것임을 밝히고 있다. 이처럼 가정과 나라와 세계에 평등문화가 일어나고 인류가 평화 가운데 살 수 있게 되기 위해서는 이러한 이원상보적이고 이원전문적인 교화가 이루어져야함을 주장하고 있다.

3. 수행방편 및 방향

앞서 밝힌바와 같이 진각밀교의 가기교화와 대중교화 실현을 위한 핵심 술어는 '참회와 실천'이다. 이것은 또한 심인을 밝히기 위한 방편이기도 하다. 이를 위하여 본심진언 옴마니반메훔을 근간으로 자성법신과 법계법신을 깨치고, 자주적이고 현실적이며 평등적이고 과학문명적이고 대중적 교화방편으로 나아가야 함을 강조하고 있다.

> 현세를 교화하려고 새로 창종한 진각종은 교종과 본심진언을 주로 하고
> 불타의 중생교화의 본뜻을 바로 가르쳐서 다신다불을 세우지 않는다. 또
> 한 안으로 나에게 있는 심인보살님[자성법신]과 밖으로 삼계에 두루 찬 법

계진각님[법계법신]을 깨쳐서, 동서문화가 크게 교류하는 세계적 대 변혁기에 순응하여, 자주가 아닌 의뢰적 방편, 교민화속이 아닌 초세적 방편, 평등이 아닌 차별적 방편, 청신이 아닌 미신적 방편, 과학문명인을 제도하기 어려운 우치적 방편, 대중적이 아닌 독선적 방편을 탈각하게 한다.[10]

이를 바탕으로 한 진각밀교의 교화방편은 무등상불이며 육자심인이다. "옛날에는 유상이며 등상(等像)이라, 불상에 공양 올리며 의뢰하여 내세에 극락왕생을 구하였다. 지금은 무상으로써 진리를 실천 생활함이니, 이는 부처의 본뜻을 실행하여 현재에 복락을 구한다."[11] 이처럼 진각밀교는 무상을 으뜸으로 세워서 자주로 나아가야 함을 강조하고 있다. 오늘날 혼탁한 물질문명시대에 인간은 물질에 마음을 빼앗기게 되었고 성품은 어둡게 되었으며 심성은 더욱 피폐되어 본심인 불성을 잃어버리고 살아가고 있다. 그래서 자주적으로 심공 세우는 법이 따로 세워져야한다. 그러나 상불(像佛)을 세우는 재래의 의례불교는 유상방편이며 의뢰방편인 반면에 진각밀교는 이불(理佛) 즉 무등상불을 세움으로써 무상방편으로 자기의 성품이 부처됨을 깨쳐서 자력정신을 확립하게 할 수 있다. 그럼에도 불구하고 불교에서는 유무상의 방편이 동시에 필요하다고 보고 있다. 이는 불교 내에서의 바람직한 불교교육을 위한 이원상보적 관계를 나타내고 있는 것으로 볼 수 있다.

한편 육자진언을 염송함으로써 탐진치는 물러가고 본심인 자성을 깨달아 지혜가 밝아진다고 가르치고 있다.[12] 그래서 육자선정을 강조하고

---

10) 『회당논설집』, p.20.
11) 『실행론』, p.88.
12) 『실행론』, p.418.

있다. 이러한 육자선정을 중심으로한 삼밀수행과 불사의식차제를 통하여 대중들은 참회의 마음이 발하게 되고 본심을 깨치고 심인을 밝혀갈 수 있는 것이다. 진각밀교는 또한 심인공부의 실천 강령으로서, '희사 계행 하심 용맹 염송 지혜'[13], 육바라밀 실행을 강조하고 있고, 심인을 밝히는 길은 참회와 함께 육행실천을 통해 구현될 수 있으며, 이것이야말로 중생교화와 자기완성을 향한 삶이라고 확신할 수 있다.

이러한 이론적 바탕위에, 앞서 밝힌바와 같이 심공 즉 마음공부를 강조한다. '마음 밝히는 공부'가 바로 인격을 완성하는 길이고 나아가 성불하는 길인 것이다. 인간은 갈등과 번뇌에 사로잡혀 본래의 심인을 깨닫지 못함으로써 심인의 주인 노릇을 못하기에 인간의 자아상실이 있게 된다고 보고 있다. 이처럼 심인공부 목적은 주로 '심인의 발현'에 있으며, 교화활동은 바로 이 심인을 해명하고 또 이 심인을 현실에서 실현하는 길을 밝히는 것이다.

그러한 의미에서 '생활 속 실천'을 강조하고 있으며 '불교의 생활화, 생활의 불교화'를 진각종 교화의 목적으로 삼고 있다. 이는 또한 진각밀교의 방향이기도 하겠다. 이상의 내용들을 진각밀교의 방편과 실천강령 그리고 진각밀교의 방향으로 정리해서 그림으로 나타내면 다음과 같이 간단하게 도식화 할 수 있겠다.

요약해보면, 진각종은 밀교종단으로서 법신비로자나불을 교주로 하고, 불상 대신에 신행의 본존으로 육자진언 '옴마니반메훔'을 세우고, 이를 제불보살과 일체 모든 중생들의 본심으로 해석하고 받아들이고 있다.

---

13) 진각종에서는 일반적인 육바라밀의 '보시, 지계, 인욕, 정진, 선정, 지혜'를 실천적 측면을 강조하여 '희사, 계행, 하심, 용맹, 염송, 지혜'로 고쳐 강조하고 있다.

[그림 2.]

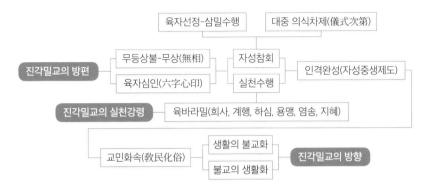

어떤 종류의 불상이나 이미지를 거부하고 불교수행의 목적인 불성을 깨달아 해탈을 이루기 위한 방편으로 육자선정을 중심으로한 삼밀수행을 채택하였다. 불상이나 이미지는 자주정신을 불러일으키는 제약적인 요소로 보았을 뿐 아니라 더 나아가 그러한 외형적인 요소들은 타력적이고 의존적인 행태의 근간이 된다고 보았기 때문이다. 그리고 불교개혁 정신에 맞추어 새로운 형태의 현대교육적이고 대중적인 의식차제를 보여주고 있다. 이는 복잡한 전통적 밀교의식을 따르지 않고 전통을 중시하면서도, 성직자 중심주의나 맹목적 숭배, 과도한 의식절차를 거부하고 합리적이고 인본주의적인 교의를 표방하는 진각종의 종교적 교육의 지향점을 잘 드러낸 것이라 할 수 있다.

이처럼 생활 속에서의 수행실천 측면에서 참회의 생활화와 함께 삼밀수행으로 심인을 밝혀나가고, 육바라밀의 실행 즉 육행실천을 통한 현세정화를 강조하고 있다. 이러한 정신은 '불교의 생활화, 생활의 불교화'를 이루고자 하는 진각밀교의 정체성이자 진각밀교의 방향인 것이다.

4. 불공의범

진각밀교를 논함에 있어서 가장 핵심이 되는 주제는 진각밀교의 수행과 실천 부분이다. 한 종문의 특징과 그 정체성을 연구하기 위해서는 그 종문의 기원과 종조의 사상도 물론 중요하겠지만 현재 드러난 모습으로서의 종도들의 수행의 모습과 실천 이론들은 그 신행단체나 종교 공동체의 살아있는 생명력을 살펴보는 것과 다름 아니다.

진각종단은 1947년 창교 이후 교화발전에 따라서 종단의 체제정비와 교법의 수립을 진행하여왔다. '생활불교' '실천불교'를 지향하며 일상생활 중에서 '심인을 밝히는 것'을 수행의 근본으로 삼았다. 그리고 창종 초기부터 일상생활에서의 실행을 중요시하는 것이 진각종의 특징이 되었다. 육자관의 삼밀수행과 육행실천을 통하여 심인을 밝히고 진각을 실현하려는 것이 진각밀교의 종교적 이상이기도 하다. 그리고 실천적 측면에서 삼밀행의 '생활 중 일상화'가 체득되어야 함을 강조하고 있다. 즉 불사의식에서의 신구의 삼밀관행이 일상생활 그 자체를 수행의 도량으로 수용함으로써 일 자체가 불공이 되는 '생활의 불교화' '불교의 생활화'를 실현시키고 있는 것이다.

한편 진각종을 창종한 회당은 '불공의범'을 통해서 진각밀교의 진언행자들이 지켜나가야 할 공식불사의 규범에 대해서 밝히고 있는데 요약해보면 다음과 같다.

첫째, 자성일을 청정히 지킬 것; 일주일 중 일요일을 자성일로 정하여 자기의 마음을 닦는 날로 정하고 세간일은 가급적 자제하고 심인당 공식불사에 참석하여 심공(心工)에 힘쓸 것이다.

둘째. 진언행자의 불공의범; 심인전당에서 공경한 마음과 단정하고 엄숙한 모양을 지키어 자기와 스승과 그 동참한 진언행인과 참석치 못한 진언행자들을 위하여 염송서원으로 복을 지어나가야 한다.

셋째, 불공시 성전(聖典)낭독; 불공시에 성전 낭독은 공식불공의 일부분이니 반드시 스승이나 기타 허락을 받은 사람이 낭독을 해야 한다.

넷째, 본심진언 염송; 본심진언을 염송하는 데 남녀를 막론하고 금강계의 지성을 열게 된다. 염송시에는 눈을 감고 어둡게하여 의뢰적으로 하지 말며 기타 모든 합당치 못한 행동을 하지 말 것이다.

다섯째, 공식참회서원; 심인전당 공식불공은 간단한 참회서원으로 시작해야하고, 밝은 지혜로 생멸없는 법신부처님의 무한한 자비와 지혜의 선권을 찬탄하며 모든 번뇌망상을 심인으로 깨쳐가야 한다. 과거와 현재에 몸과 입과 뜻으로써 지은 죄를 참회하고, 타인을 위해서 서원할지니 곧 전세계 모든 인류를 위하여 서원할 것이니라. 신교도는 항상 각자가 자기의 허물을 알아서 참회하고 서원할 것이니라. 공식불공 서원에 참여한 모든 사람의 자세는 항상 공경하는 태도를 가질 것이다.

여섯째, 설법; 강도는 해인(海印)을 강공하여 중생을 제도하는 법신부처님의 방편이니 청정케 행할지니라. 스승은 심인진리를 깨치고 육행을 실천함으로써 인도하고 설유할지니라.

일곱째, 삼밀수행방법; 금강합장으로 교리참회를 한다음 오른손으로 자기 몸에 오불과 금강보살을 포자하고 월륜관에 의하여 선정의 정확한 법칙을 어기지 않고 자기관념도와 결인방법을 참작하여 삼밀선정법을 정확하게 실천해야 한다. 그리고 마칠 때는 반드시 금강합장으로써 회향참회를 하여야 한다. 심인전당에서 행하는 공식불사에 있어서는 스승의 지도하에 수순하고 행동을 일치하여야 하며 시작과 마침에 있어서는 반드시 제정한 참회와 선정의 원칙법을 꼭 실천하여야 하는 것이다.

여덟째, 사종염송방법; 항마염송, 금강염송, 진실염송, 그리고 삼마지염송을 각자의 상황과 근기에 맞도록 하도록 해야 한다. 특히 삼마지염송은 상근상지의 진언행자로서 하게 되는 것이다.

아홉째, 공식불사에 수순하는 방법; 심인전당에 들어와서 걸음을 걷고 앉고 서고 할 때에는 반드시 침착하고 정중하여야 하며 스승이 설법하는 도중에 그 설법의 존엄성을 무가치하게 하는 일은 절대로 없어야 하는 것이요, 자기와 자기의 가정과 전세계 인류에 이르기까지 부처님의 정법을 실천케 하고 해탈케 하는 진실한 불자가 되어야하는 것이다.

이상의 내용으로 미루어 볼 때, 진각종은 회당의 재새시 초기역사부터 불공의범으로써 대중불사의식의 중요성을 강조하고 있으며 그러한 공식불사 의례를 통해서 심인을 밝히고 진각을 실현하는 근본으로 삼고 있음을 알 수 있다. 그러한 의미에서 진각밀교의 대중 공식불사의식은 진각종도들의 수행모습의 근간이며 의식차제를 연구하는 것은 진각밀교 수행의 핵심을 살펴보는 것이라 할 수 있다.

5. 불사의식

진각밀교의 불사의식이 갖고 있는 내용의 의미에 대한 충실한 숙고를 통하여 진각밀교의 불사의식 차제를 해부하고 그 구조적 특징을 연구하고자 한다. 아울러 이 작업은 필자의 개인적 연구와 판단에 근거한 것이므로 앞으로 상당한 추가 연구와 논의가 필요한 연구임을 밝혀두는 바이다. 그리고 향후 진각밀교의 불사의식에 담겨있는 회당의 근본정신을 연구하고 탐구하는 과정이 필요함을 밝히며 그러한 연구 성과를 바탕으로 진각밀교 불사의식의 세분화된 체계화를 실행해 나가고 그에 따른 변화와 개혁을 심도 깊게 논의해 나가야 할 것이다. 그런 의미에서 이 연구는 21세기 현대사회에 대중성을 겸비한 진각밀교 수행문화로의 혁신을 위한 기초 자료로 활용될 수 있을 것으로 기대한다. 또한 진각밀교가 대중에게 특히 젊은 세대들에게 쉽게 다가갈 수 있는 수행 문화로 발전하는 바탕이될 수 있을 것이며 '밝고 즐거운 신바람 나는 진각공감(眞覺共感) 문화 창달'에도 일조를 할 수 있을 것으로 기대한다.

　　진각밀교의 공식불사의식 체계의 연구에 앞서 먼저 종교의식 및 의례와 인간 삶의 관계를 논증하는 부분을 알아보고 그리고 밀교의식의 일반적 특징을 알아보기 위하여 티벳밀교의 전통수행체계 중 하나인 마하무드라 수행체계와 일본 진언종의 십팔도염송차제 의식 내용을 간단히 살펴볼 것이다. 마지막으로 진각밀교의 불사의식 체계를 분석해 봄으로써 진각종의 불사의식차제의 밀교의식으로서의 보편성과 특수성을 진단하고자 한다.

1) 종교의식 및 의례의 의미

종교의례와 인간의 삶에 대한 체험적 관계를 주의깊게 바라보면 '사람은의례의 존재' 혹은 '의식의 존재'임을 알 수 있다. 인간은 의식이나 의례를 통하여 새로 태어나고 새로운 차원에서 살아가기 때문이다. 종교의식은 인간의 생명성을 지속시켜주고 완성시킨다. 그리고 그러한 의례를 통하여 삶의 조건이 바뀌는 것이 아니라 인간의 의식이 바뀌는 것임을 밝히고 있다. 종교의식이나 의례는 인간의 삶을 이루어주는 신성한 존재에 대한 경의에서 시작되었다. 대부분 종교에서 수행하는 의례는 신적존재에 대한 경의를 표현하는 구체적 행위로 희생제를 모습을 나타낸다. 희생제는 본질적으로 자기의 결핍을 인정하고 자기희생을 대신하는 대속물을 바치는 의례이다. 그러므로 희생제사는 감사와 찬양과 기원의 의미를 담고 있다. 따라서 의례와 의식은 보이지 않는 존재와의 소통을 전제로 한다. 인간이 스스로 영적존재와 소통하는 신비체임을 발견하는 것은 이러한 의식과 의례를 통해서이다. 유교의 제사는 조상을 통해 한 생명공동체임을 확인하고 도덕적 원리를 사회 안에서 실현할 의무를 갖추게 된다. 불교는 깨달음에 이르는 과정으로 모든 의식을 행한다.[14]

종교의식이나 의례는 사회의례로서 공동체 안에서 자신의 고유한 위치와 역할을 확인하고 이에 따른 내적 성찰을 동반하게 한다. 의례의 내적성찰의 과정에서 사람들은 거룩함을 경험하게 된다. 의례는 '어린아이와 놀이의 비유'처럼 "놀이에서 어린아이는 무엇에도 도달하려고 하지 않는다 어린아이는 목적을 알지 못한다. 그의 어린 힘이 작용할 때 움직임과 말과 행위의 목적 없는 형태 안에서 어린아이의 삶이 자라는 것이지 완전히 자기 자신이 되려는 것이 아니다."[15] 이처럼 진정성은 목적없이 행위 그 자체가 될 때 나타나고 신성한 의례에서 발견되는 '무목적성'을 언급하고 있다. 그리고 의례는 내재된 '수행성'과 연극적 행위로서의 '연행성(演行性)'을 보여주고 의례의 '반복성'을 통하여 의례의 의미가 심화되는 것이다.

한편 현대인의 분주하고 획일화된 삶은 의례를 상실한 삶이라 할 수 있다. 다도를 갖출 때 차 맛이 나듯이 삶의 내용도 형식과 조화를 이룰 때

---

14) 이향만, 「인성교육으로서의 종교교육」, 『종교교육학연구』 52권, pp.159-160.
15) 이향만, p.160, 재인용.

인간의 본질이 더 잘 드러날 수 있다. 합창이나 오케스트라도 같은 맥락이다. 개개인의 소리와 각각의 악기들이 지휘자의 지휘에 따라 내야하는 소리의 음색과 고저와 장단이 각각 다르다. 개개인의 소리에 최선을 다하되 일정한 형식과 규칙을 따라야 한다. 그럼으로써 주위의 소리와 조화를 이루어 내고 그 소리들은 아름다운 향연으로 나타난다. 종교의식은 개인의 의례를 회복하도록 돕는다. 개인의 삶이 매 움직임에 새로운 의미를 부여하고 삶의 거룩함을 드높이게 한다. 그리고 의례는 영적인 쉼을 통해 삶의 여유를 회복하게 한다. 의례를 행할 때 내적인 일치와 참된 쉼의 의미를 깨닫게 된다. 따라서 진정한 휴식은 수동적인 자세에 있지 않고 의례와 의식에의 능동적인 참여로 이루어진다. 그렇게 함으로써 개인적인 고유한 의례는 삶에 행복감을 전해주고 자신만의 신비를 심화시킨다.[16] 결론적으로 삶 자체가 의례가 될 때 인격의 완성을 이루게 될 것이다. 삶 자체가 하나의 의식과 의례의 장이다. 진각밀교의 입장에서는 삶 자체가 무상삼밀을 행하는 무대가 되는 것이다.

2) 밀교의식의 일반적 특징

밀교란 이름이 가지고 있는 특성은 어떠한 것인가? 이와 같은 질문에 한마디로 요약해서 답변하기는 불가능할 것이다. 그러나 우리는 몇 가지 공통적인 연관된 단어들을 떠 올릴 수 있다. 다라니, 진언, 수인, 신비 등이 그것이다. 더 나아가 좀 더 복잡한 전문용어들을 말하자면, 상징주의, 우주론, 요가수행, 삼밀 등을 우리 마음속에 그릴 수 있다. 또한 '의식불교'

---

16) 이향만, p.161.

라는 용어가 종종 밀교를 대표하는 또 하나의 구체적인 표현이 되어왔다. 일반적으로 말하자면 의식이나 의례 자체는 밀교에서 종교적인 수행의 목적, 즉 깨달음, 해탈, 멸도, 혹은 성불을 이루기 위한 수행의 과정으로써 행하여진다. 의식의 예법은 밀교를 지칭하는 그러한 용어들 다라니, 진언, 수인, 비밀주의, 전체성, 상징성, 우주론, 주객일체, 삼밀 등등을 모두 포섭하고 있다. 이와 같이 의식은 밀교가 밀교일 수 있는 가장 가치 있는 구분 요소임에 분명하다.

밀교에서는 의식 자체가 수행이다. 밀교의 의식은 내재된 보리(菩提)를 깨닫기 위한 하나의 단순한 방편이고, 자신에 본래 갖추어진 불성을 드러내고 보살의 서원을 실현시키는 것이다.[17] 그래서 의식차제를 여법하게 행한다는 것은 대단히 중요하다. 파생되어 나간 밀교의 의식은 인도든, 티벳이든, 중국, 한국 혹은 일본의 경우까지 하나의 매우 규칙적인 구조를 보여주는데 이것들은 모두 고대 인도의 베다에 근거하고 있다고 할 수 있다. 한편 主客의 패러다임은 베다의식과, 일반적 힌두신앙을 특징하는 공양의식(pūjā) 및 여러 탄트라 의식에서 나타난다. 오르체 (Charles D Orzech)는 그의 논문 「활동하는 만다라: 8세기경 중국밀교에 드러난 모습」에서 "밀교의식에 있어서 본원적 구원론적인 요소는 空을 통찰하기 위하여 神의 몸에 의식을 수행하는자 자신을 일체화 시키거나 생성시키는 것이다"[18]라고 언급하며 밀교의 본질적인 요소로 만다라 건설의 중요

---

17)   Robert H Sharf, "Thinking through Shingon Ritual,"The journal of the International Association of Buddhist Studies. 26, no. 1 (2003): p.71.

18)   Charles D. Orzech, "Maṇḍalas on the Move: Reflections from Chinese Esoteric Buddhism Circa 800 C.E," The journal of the International Association of Buddhist Studies. 19, no. 2 (1996): p.220.

성을 설명하고 있다.[19] 또한 맥브리드(Richard D. Mcbride)는 그의 논문「신·구·의 삼밀: 중세 중국불교에서의 삼밀」에서 밀교를 넓은 의미에서 보면 주류 중국 대승불교와 구분 짓는 것이 어렵지만,[20] 삼밀의 작용은 의식 중심의 밀교의 중요한 구성요소임을 관찰하고 있다.[21] 삼밀이 일반적으로 밀교의식에 있어서 중요한 구성요소라는 논점은 불교학자들 사이에서는 더 이상의 논쟁거리가 되고 있지는 않는 듯하다. 맥브리드는 첨언하기를 삼밀은 방편이며 또한 직접적으로 불보살에게로 연결되는 정신적인 통찰이다 는 것이다. 그것은 의식을 통하여 활동적인 형태로 空의 실체에 완전히 배어들게 되는 것이며, 유정들을 특히 수행자들을 근본적으로 그리고 기능적으로 비로자나와 다르지 않다는 것을 인식하게 만든다. 비로자나는 다름 아닌 부처님의 형태로 표현되는 우주 그 자체의 상징적 표현으로 진리의 본체를 의미한다.[22] 이처럼 삼밀과 관련된 힘은 모든 중생들에게 내재되어 있는 잠재적 보제를 의미한다.

우리는 밀교의식이 포함하고 있는 밀교란 이름의 가치에 없어서는 안 될 전통적 구성요소들이 무엇인가를 의미해 볼 필요가 있다. 그러한 의미에서 앞서 밝힌바와 같이 진각밀교의 불사의식 체계를 살펴보기에 앞서 티벳밀교의 전통수행의식 중 핵심을 이루고 있는 '마하무드라(Ma-

---

19) 만다라의 기본 구조는 형상세계(색계)의 정상에 있는 궁전에 모셔져있는 비로자나불과 우주의 모습을 상징한 것이다. 만다라 건설의식은 우주의 건설을 의미한다. Orzech, ibid., p.221.

20) Richard D. McBride, II, "Is there really "Esoteric" Buddhism," The journal of the International Association of Buddhist Studies. 27, no. 2 (2004): pp.329-356.

21) Richard D. McBride, II, "The Mysteries of Body, Speech, and Mind: the Three Esoterica (Sanmi) in Medieval Sinitic Buddhism," The journal of the International Association of Buddhist Studies. 29, no. 2 (2006): p.305.

22) McBride, II, ibid, p.354.

hamudra)[23] 수행체계'와 일본 진언종 수행승들의 핵심 수행지침서의 역할을 해오고 있는 '십팔도염송차제(十八道念誦次第)'[24]의 체계를 간단하게 살펴보고자 한다.

(1) 마하무드라 수행체계

마하무드라는 티벳 까규파의 전통밀교 수행 중 핵심적 내용을 차지하는 수행체계이다. 마하무드라 행법은 부처님 가르침의 정수를 구현하고 있으며 준비된 자에게는 이것은 일평생에 깨달음을 얻을 수 있는 최고의 방법이다. 마하무드라 수행체계는 예비수행과 본수행 그리고 마무리 수행으로 나눌 수 있다.

예비수행에서는 수행자가 육도윤회를 벗어나서 깨달음으로 나아갈 수 있도록 안내하며, 자신의 성품을 정화하여 새로운 방향에서 안정화할 수 있도록 한다. 이는 부처님의 가지력을 입고, 깨달음을 위한 수행자의 원력이 점점 깨달음의 능력으로 전환되는 것이다. 자신과 일체중생을

---

23) 일반적으로 티벳 불교 수행 전통에 있어 오늘날 황모파로 불리는 겔룩파, 흑모파로 불리는 까규파와 더불어 여타 닝마빠와 싸꺄파로 대표되는 주요 사대학파는 각각의 수행 차체를 제시하고 있다. 보리도차제론을 비롯한 수많은 현·밀교의 저술을 남긴 대석학이자 수행자인 쫑카빠 대사의 전통을 계승하는 겔룩파에서는 수행의 차제를 '람림(Lam rim, 道次第)'으로 상정한다. 싸꺄파는 수행의 길과 성취에 대한 주요한 가르침을 람데(Lam 'bras, 道果)라 한다. 닝마파는 일체 공덕이 본래로 원만 구족된 제법의 실상이라 하여 족첸(rDzogs chen, 大圓滿)이라 말한다. 마지막으로 까규파에서는 착첸(Phyag chen, 大手印), 즉 마하무드라(Mahāmudrā)란 용어로 표기한다. 티벳의 대표적인 사대학파의 각각의 수행이 이처럼 언어적 표현은 달리해서 표기하지만 결국 부처님의 지위를 지향해서 수행의 궁극으로 삼는 것에는 차이가 없는 것이다.

24) 염송차제에서 염송이란 마음속 부처의 모습을 관상하며 진언을 외우는 것이다. 차제란 수행의 프로세스(과정)를 말하는데, 경우에 따라서는 그 과정을 조목별로 기록한 메모와도 같은 것을 지칭하기도 한다. 십팔도염송차제는 空海(774-835)의 스승인 惠果(746-805)의 저작으로 간주되는 『十八契印』 또는 不空(705-774)이 번역한 『無量壽如來觀行供養儀軌』, 『觀自在菩薩如意輪念誦儀軌』를 근거로 編纂된 『十八道次第』가 그 典據가 된다.

돌아보는 마음으로 사랑과 자비를 일으키고, 깨달음을 성취하고자하는 마음을 발한다. 이타자리를 위한 이러한 깊은 자애심은 예비수행의 정점이며 바로 보리심의 발현이다. 이처럼 예비수행은 마하무드라 수행에 필요한 마음가짐, 정화, 힘을 개발한다. 일반적 예비수행은 '사불공가행'이라 해서 네 단계로 나누어진다. 귀의, 금강살타, 만다라 공양, 그리고 구루요가이다. 여기에서 '귀의'는 가장 중요한 준비수행이며 윤회를 벗어나서 깨달음의 길로 나아가기 위한 마음을 굳건히 한다. 일반적으로 삼보에 귀의하는 마음을 발한다. '금강살타 명상'은 하나의 강력한 정화수행이다. '만다라 공양'은 마하무드라를 자각하는 지혜와 깊은 보리심의 자비를 개발하고 유지하는 방법이다. 자기자신과 일체중생들이 모두 깨달음을 증득하기를 발원하는 마음으로 만다라 공양을 대자대비의 깨달은 존재들에게 올리는 것이다. 이 공양은 이 생애에서 애착과 집착을 소멸시키도록 행자를 도운다. 그리고 이러한 공덕력으로 보리심을 양육하는 힘을 기른다. '구루요가'는 스승을 집금강신(vajradhara)으로 바라보며 자신의 마음이 집금강신의 상태와 하나 되는 길이다. 그러한 복덕으로 수행자의 마음에서 번뇌를 제거한다. 구루요가는 스승에 대한 큰 신심을 일으키는데 이는 수행자를 마하무드라의 가피와 성취로 이끈다. 한편 특별 예비수행이 있는데, 이는 모든 중생들이 고(苦)에서 벗어나서 행복해지기를 발원하는 자애심을 함양하는 것이다. 중생들을 위해서 깨달음을 성취하고자 하는 굳은 발원으로 수행을 시작하고 그 마음은 보리심이다. 그것이 결여되어 있으면 모든 수행은 의미가 없다. 중생에 대한 사랑과 연민과 보리심이 없다면 깨달음도 있을 수 없기에 깨달음은 중생에 의존한다고 볼 수

있다.[25]

　한편 보리심은 예비수행의 마지막이자 또한 마하무드라 오중경로(Fivefold Path)의 본수행의 첫 번째 이기도 하다. 다섯 단계의 본수행은 보리심, 이담(Yidam; 본존)수행, 구루요가, 마하무드라, 그리고 회향으로 구성된다. 쿵가 린첸(Kunga Rinchen)은 이들 수행은 초심자들에게는 일련의 과정으로 차례차례 다루어져야 한다고 밝히고 있다. 그러나 상근기의 수행자들에게는 이들 다섯 부분들은 하나의 통합된 전체이다. 각각은 다른 모든 것으로부터 일어나고 그리고 다른 모든 것으로 통합된다. 그리고 모두가 함께 깨달음의 상태이다.[26]

　'이담 수행(본존 요가)'를 통해서 수행자는 불성을 자기 자신에 체화한다. '구루요가'는 '지식의 정수'라 불리는데 그 지식은 깨달음에 이르게 하는 것으로 스승으로부터 전수된다. 예비수행에서의 '구루요가'는 수행자가 스승을 집금강신으로 관함으로써 수행에 대한 열정을 함양한다. 마하무드라의 실제수행에서의 '구루요가'는 부처의 네 가지 몸을 실현하고자 하는 근거의 수행자 자신의 연속체를 확립하는 것이다. '마하무드라' 단계는 생각을 뛰어넘고 심지어 언어를 훨씬 뛰어넘어서 생각할 수 없고 표현할 수 없는 것을 이른다. 그것은 깨달음이고 순수한 본심이고 정수이고 본성이고 공이다. 마하무드라는 당체법 그대로이다. 모든 현상의 본성이다. 그리고 사물의 존재방식 그대로이고 어떠한 논리를 뛰어넘는 것이다. 마지막은 '회향'의 단계인데 회향은 수행의 시작이자 끝이다. 이는 우리의 공부와 실천은 우리 자신을 위한 것이 아니라 모든 중생들의 성불을

---

25)　Khenpo Könchog Gyaltsen & Katherine Rogers, The Garland of Mahamudra Practices, (New York; Snow Lion Publications, 1986), pp.9-13.

26)　Ibid., p.10.

돕는 것을 의미한다.[27]

이처럼 마하무드라 수행체계는 몸과 마음의 자세를 갖추는 예비수행과 더불어 다섯 단계의 본수행으로 이루어져 있는데 오중경로의 본수행은 보리심, 이담(Yidam; 본존)수행, 구루요가, 마하무드라, 그리고 회향으로 구성되어 있다.

(2) 십팔도염송차제

일본 진언종의 대표적인 수행차제는 '십팔도염송차제법'이다. 이는 일본 진언종의 창시자인 공해 스님에 의해서 이루어진 의식수행법으로 알려져 있다. 이 차제법은 18가지 수인의 의미와 형성을 설명하고, 관행자가 수행을 통한 비로자나 부처님이 되어가는 길을 제시하고, 진언과 명상에 관련된 수인의 형성 과정에서 초월적인 생의 의미를 보여주고 있다. 이 차제법은 수백년 동안 대비로자나부처님의 깨달음을 이루기 위해 수행하는 일본 진언종 스님들을 위한 수행 지침서로써 지금까지 행해지고 있다.

십팔도염송차제법은 크게 5단계의 범주로 구성되어 있는데 정화, 법계건설, 본체와의 만남, 일체화, 내면화 혹은 회향으로 나눌 수 있다. 모든 의식 단계들은 그 과정에 알맞은 수인과 진언 혹은 서원문들을 각각 보여주고 있다.

첫 번째 단계는 '정화의식'에 해당한다. 이 정화의식을 통하여 수행자는 자신의 순수한 본성을 구상화하고, 우주적 상징들과 서원문과 관상법을 이용하여 수행자 자신의 몸과 말과 마음을 청결히 가진다.

---

27) Ibid., pp.14-19.

두 번째 단계는 '법계 건설'을 나타낸다. 이 건설범주는 네 가지의 수인, 즉 금강궐, 금강장인, 여래계인(如來契印), 그리고 대허공장인(大虛空藏印)을 이용하여 "우주의 중심"혹은 "법계의 궁전"을 형성하는 것을 상징화 한다. 이것은 또한 관행자 자신의 몸에 우주법계의 궁전을 내면화 해내는 것을 의미한다. 그러한 내면화 과정은 땅을 파는 동작을 통한 토양의 가지, 금강같이 견고한 기둥들과 담장의 건설, 관행자의 몸의 중심에 궁전의 형성, 및 마니보석의 유증(遺贈)의 의식을 통하여 수행된다.

세 번째 단계는 우주의 주빈인, '본체와의 만남'이다. 관행자는 그 본체를 자신 속에 초청하고, 여러 상징적인 수인을 통하여 자신을 보호하는 동작을 한다.

네 번째 단계는 '일체화'이다. 만남의 범주까지는 그 존격이 객의 의미로서 대상으로 여전히 남아 있기 때문에 수행자와 비로차나불과의 이중성이 아직 완전히 없어진 것이 아니다. 예참자와 그 예참 대상과의 완전한 일체화는 하나의 새로운 국면이고, 주체와 객체가 따로 구분 없는 상태이다. 이 범주에서 수행자는 '내가 곧 부처이고, 내 속에 부처가 있다.'라고 깨닫게 된다.

의식의 마지막 단계는 '회향 - 내면화'이다. 이 단계는 모든 공덕이 일체 중생을 위해 회향되기를 발원하는 수행자의 회향 발원문을 포함하고 있다.

이들 모든 의식들은 하나의 일반적 구조를 가지고 있는데, 시작, 중간, 결말이 있다. 페인(Richard K. Payne)은 '의식의 대칭은 의식구조의 가장 근본적인 측면이다'[28]는 것을 주장한다. 구원론적으로 가장 중요한 부

---

28) Richard K. Payne, "Feeding the Gods: The Shingon Fire Ritual,"diss., Graduate Theological Union, 1985.

분인 중심국면, '일체화'를 중심으로 대칭으로 균형이 잡혀있다. 의식의 모든 단계들은 거울이미지 대칭을 보이고 있다. 어떤 행위들은 역순으로 집전되고, 일련의 대칭의 구조로 일부 행위들이 같은 순서로 집전된다. 두 대칭들이 의식의 결말 부분인 회향 단계에서 뚜렷하게 드러난다.

3) 진각밀교 육자진언염송 불사의식차제

진각밀교의 의식은, 티벳밀교의 전통수행체계나 동아시아의 전통밀교 의식지침서인 중국 의궤본[29]을 근간으로 성문화 되어있는 일본 진언종의 의식체계와는 사뭇 다르고, 밀교의 사상과 삼밀선정 수행의 구조를 대중을 위한 불사로 받아들임으로써 특수한 형태의 불사의식 체계를 구체화 하였다.

　　회당은 그의 종교적 경험과 밀교철학을 향한 해석학적 접근을 근간으로 출가승려 중심이 아닌 재가자 중심이며 실천지향적인 불사의식을 체계화 하였다. 그리고 그는 밀교의 교리를 근간으로 하되 기존의 전통불교의 의례나 의식을 지양하고 실천적 측면을 강조하였다.

　　진각밀교의 불사의식체계는 그 행위가 복잡하고 어려운 전통밀교의식의 모습과는 달리 단지 세 가지의 주요 수인(手印)[금강권(金剛拳),[30]

패인의 논문은 다음과 같이 출판되었다. Payne, The Tantric ritual of Japan: feeding the gods, the Shingon fire ritual. (New Delhi: Aditya, 1991).

29)　不空(705-774)이 번역한『無量壽如來觀行供養儀軌』,『觀自在菩薩如意輪念誦儀軌』을 지칭한다.

30)　Taisen Miyata, A Study of the Ritual Mudrās in the Shingon Tradition A phenomenological Study on the Eighteen Ways of Esoteric Recitation(Jūhachido Nenju Kubi Shidai, Chūin-Ryu) in the Koyasan Tradition. (Sacramento, Calif.: Northern California Koyasan Temple, 1984), p.16. Vajra Fist gesture is called the Mudra of Diamond Bond Knowledge, corresponding to the body, speech, and mind of all the Tathagatas

지권인(智拳印),[31] 금강합장(金剛合掌)][32]만이 등장하고 그 내용도 과도할 만큼 단순하고 개혁적이다. 그러나 불사의식의 내용을 자세히 관찰해 보면 진각밀교의 불사의식 체계가 다섯 단계[정화의식, 법계 건설, 본체와의 만남, 일체화, 회향 혹은 내면화]로 체계화 되어있는 일본 진언종을 포함한 동아시아의 전형적인 밀교의궤서의 기본 형태에서 크게 벗어나지 않는다는 것을 발견할 수 있다. 진각밀교의 불사의식은 삼밀수행을 중심으로 한 혁신적인 구조를 보여주고 있는데, 여타 다른 전통밀교 의식수행 체계와 같이 그 중심되는 의례는 삼밀선정을 통한 일체화 부분이다. 이처럼 진각밀교의 불사의식 체계에서도 제일 중요한 부분은 역시 육자진언 '옴마니반메훔'을 중심으로 한 삼밀선정 부분이라고 할 수 있다.

진각밀교의 불사의식은 크게 4단계로 나누어볼 수 있다. 정화단계, 본체와의 만남, 일체화, 회향을 통한 내면화 단계이다. 진각밀교의 불사의

(Vajra-sattava).金剛拳은 제불여래의 몸과 입과 마음에 해당하며, 여래의 身,口,意 三密 의 일치를 표현한다.

31) E. Dale Saunders, 「手印: 일본불교 조각에 있어서의 상징적 동작들의 연구」, a study of the symbolic gestures in Japanese Buddhist sculpture. Bollingen series, 58. (Princeton, N.J.: Princeton University Press, 1985), pp.104-5. 智拳印 은 금강계 비로자나불의 수인으로, 금강계를 상징하는 金剛拳 이라고 하는 두 주먹으로 이루어져 있다. 이것이 상징하는 것은, 먼저 왼손 집게 손가락(중생의 영역)이 오른손 손가락들(부처님의 영역) 로 둘러싸여 감싸인 모습이다. 오른손 다섯 손가락들은 인간을 구성하는 다섯 가지 요소를 나타내는데 새끼 손가락은 地, 藥指는 火, 中指는 水, 집게 손가락은 風, 엄지 손가락은 空 을 상징한다. 또한 다섯 감각 기관들을 상징하는데 여기에 여섯 번째 요소인 마나스 (manas) 意識 이 포함된다. 왼손의 집게 손가락은 여섯 번째 손가락의 역할을 하고 있는데, Adi-Buddha 의 불꽃을 상징하고, 여섯 번째 요소로서 마음, 즉 미세한 본질을 나타낸다. 이 手印은 物質世界와 精神世界와의 一致를 象徵하고, 宇宙的 정신과 個人的 정신의 調和, 智 와 理 의 단일성을 상징한다.

32) Taisen Miyata, A Study of the Ritual Mudrās in the Shingon Tradition A phenomenological Study on the Eighteen Ways of Esoteric Recitation(Jūhachido Nenju Kubi Shidai, Chūin-Ryu) in the Koyasan Tradition. (Sacramento, Calif.: Northern California Koyasan Temple, 1984), p.18. 금강합장은 부처와 중생, 열반과 윤회, 세간과 출세간 세계의 일치를 상징한다. 오른손은 법신 비로자나불을, 왼손은 중생과 중생의 마음을 나타내고, 두 손바닥을 마주함으로써 비로자나불과 수행자간의 一體를 부처와 중생간의 결합을 상징한다.

식의 특징 중 하나는, 이러한 의식수행이 스승들만의 수행이 아니라 재가 일반신도들도 진각종 스승의 지도아래 같이 수행을 해 나간다는 것이다. 그리고 대중 불사의식에 정기적으로 꾸준한 참여를 통하여 모든 수행자들이 인간의 본성이 본래 비로자나불의 본질과 존재론적으로 그리고 근본적으로 상호 밀접하게 연관되어 스며들어 있다는 것을 깨달아간다.

(1) 정화 부문

첫 번째 부문은 정화의식 에 속한다. 수행자가 자신의 청정본성을 관하고, 희사의식과 참회의식을 통하여 자신의 삼업을 정화하고 있다. 이러한 희사와 참회 의식은 물질과 정신을 정화하는 의미를 담고 있다.

> ① 입당(入堂): 심인당[33] 입구에서 금강합장을 하고 관행자는 심인당 전면의 중앙에 위치해 있는 본존[34]을 향하여 합장 반배를 한다. 이는 불법승 삼보에 예참하는 의미를 담고 있다.
>
> ② 희사: 본존 바로 앞에 놓여진 희사함에 희사의 공양을 올린다. 이는 삼보에 공양을 올리는 의미와 더불어, 관행자 자신의 물질세계와 정신세계를 정화하는 의미를 담고 있다.[35] 관행자는 이러한 의미를 가슴에 담고, 본존 앞에서 금강합장을 하고 자신의 마음

---

33) 법당을 지칭하는 진각종의 용어로서, 상징적인 의미를 포함하고 있다.

34) 진각종에서는 육자진언 "옴마니반메훔"을 신행의 본존으로 한다.

35) 진각종, 『진각교전』 (서울: 해인행, 1957), p.167. 회당 대종사의 단시행에 관한 가르침을 엿볼 수 있는 경전의 내용을 참고로 할 필요가 있다. "밭을갈아 씨를심고 비료하면 수확많다. 삼밀행은 종자같고 단시행은 비료같아 삼밀단시 관련있어 어느하나 부족하면 물심양면 완전공덕 이뤄지지 않느니라."

에 내재되어 있는 자성불을 향하여 합장 반배를 한다.

③ 좌정(坐定): 준비된 방석에 반가부좌로 편안하게 정좌한다.

④ 교리참회: 집전하는 스승의 죽비 소리에 맞추어 의식 참석자들은 앉은 자리에서 합장예를 한다. 의식의 시작을 알리는 죽비울림은 두 번이다. 스승의 참회문 낭독을 모든 참석 관행자들이 한 구절 한 구절 따라서 낭독한 후 금강합장을 하고 교리참회문을 다시 한 번 마음속으로 송한다.

교리참회문[36]의 내용은 다음과 같다.

육대사만삼밀, 우주본체인, 지수화풍공식, 육대를 체로하고, 대만다라, 삼매야만다라, 법만다라, 갈마만다라, 사만을 상으로하고, 신어의 삼밀을 용으로 하여,[37] 유위무위 일체일과 이치에 지혜가 밝고, 대비 결정코 용예 하여 육행으로 내 종지를 굳게 세워 마군을 항복받고 외도를 제어하여 구경성불 하겠나이다.

교리참회는 두 부분으로 나누어 설명이 될 수 있다. 첫 부분은 밀교의 기초교리를 담고 있고 두 번째 부분은 성불의 길로 나아가고자 하는

---

36) 『진각교전』, p.46. 회당 대종사의 수행과 실천사상이 세 종류의 참회문에 잘 나타나 있다. 이들 참회문을 통해서 그의 사상을 구체화 시키고 있으며 삼밀행과 희사행을 동시에 실행하고자 한 것이다. 교리참회, 회향참회, 실천참회가 그 세 종류의 참회문이다.

37) 공해, 「卽身成佛義」 (Sokushin jōbutsu gi) 『空海大師 全集』 제1권, (교토: 六大新聞社, 1965), pp.506-518: Yoshito S. Hakeda, 「공해: 주요저작들」(Kukai: Major Works / Translated with an Account of His Life and a Study of His Thought.) (뉴욕: 콜럼비아 대학출판사, 1972), pp.87-93. 회당 대종사는 空海大師의 體相用 사상과 六大, 四曼, 三密 의 이론에 의견을 같이 하면서 자신의 사상을 添加 發展시키고 있다.

관행자의 서원을 보여주고 있다. 이러한 교리참회를 통하여 수행자는 밀교 가르침의 근간을 이해하고 되새기며, 삼업의 업장을 정화하여 구경성불을 이루고자 수행에 매진하겠다는 서원을 발하는 것이다.

이와 같이 교리참회는 밀교 교리의 근간을 담고 있으며, 진각종의 우주론과 현상론, 자기수행 이론을 포함하고 있다고 해고 지나친 말은 아닐 것이다. 우주론적인 관점에서 육대는 우주 일체 모든 존재물들의 평등성을 보여주고 있으며, 구성요소로서가 아닌 궁극적 진리로서의 우주원리의 근본을 의미하는 것이다. 현상학적 관점으로 사만다라는 육대가 드러나 보이는 네 가지 현상을 의미하는 것으로, 이 네 가지 현상을 통하여 인간은 깨달음의 세계로 나아갈 수 있다. 우주의 모든 현상들이 사만다라로 구분된다는 관점에서 모든 현상세계가 바로 활동하는 경전이 되는 것이다. 그리고 수행론적인 측면에서 삼밀은 중생이 불과 상응을 목적으로 하는 수행이다. 이러한 신구의 삼밀수행을 통하여 수행자는 불성을 체득하고 부처님과 상응하여 불작불행을 수행할 수 있는 것이다. 이와 같이 법신불의 체와 상과 용에 통달한 수행자는 밝은 지혜를 얻어 일체법에 정통하며, 그러한 지혜를 갖춘 수행자는 대비행을 발휘하며, 그러한 대비행은 주저없는 육행의 실천으로 나타난다. 그래서 이와 같은 지혜와 자비를 갖춘 행자는 일체 행에서 장애가 있을 수가 없는 것이다.[38]

한편, 지혜와 대비와 방편을 나타내는 교리참회의 두 번째 부분은 『대일경』의 가르침에 기원을 두고 있다고 할 수 있다. 『대일경』에 의하면, 비로자나부처님과 금강수 보살이 중심이 된 보살대중의 문답에서, 여래의 전지함에 대한 질문에 비로자나부처님은 다음과 같이 대답한다. "보리

---

38) 허일범, 「회당대종사의 진언관」, 『회당사상』, (서울: 해인행, 2008), pp.179-181.

심을 인으로 하고 대비를 근으로 하고, 방편을 구경으로 한다."[39] 다시 말하면, 깨달음을 구하고자 하는 마음이 원인이 되고, 다른 이를 향한 자비심이 근본이 되며, 방편으로 완결이 된다는 것이다. 대일경에 따르면, 깨달음은 본래의 깨달아진 마음에 의하여 성취되고 불지의 본성은 대비행을 위한 능력이며 지혜의 완성은 다른 이를 정신적 성숙의 단계로 이끌어 줄 수 있는가에 의해 평가 된다. 그런고로, 깨달음이란, '여실하게 자기자신의 마음을 아는 것이다'[40]라고 정의된다. 이것이 바로 가장 중요한 문구가 되는 것이다. 이와 같이, 교리참회는 기본적 교리 실천에 큰 비중을 둔다.

⑤ 강도발원: 집전하는 스승은 모든 불사의식 참석한 관행자를 대표로 법신불전에 강도발원을 올리고, 의식에 참석하는 수행자의 개별 서원과 뜻을 담은 강도발원을 법계에 誥한다. 이것은 광대무변한 법계 비로자나불전에 개별의 원을 담아 발원을 올리는 것을 상징하는 것이다. 이 의식 단계는 수행자로 하여금 신구의 삼업을 정화하려는 결심으로 의식에 적극적으로 참여하는 바른 의도를 세우도록 유도하는 의미를 내포하고 있다.

⑥ 오대서원: 관행자는 금강합장을 결하고, 다음과 같이 오대서원을 발원한다. "중생가가 없는지라 제도하기 서원이며, 복지가가 없는지라 모으기를 서원이며, 법문가가 없는지라 깨치기를 서원이며, 여래가가 없는지라 섬기기를 서원이며, 보리위가 없는지라

39) 『大毘盧遮那成佛神變加持經』 T.18.848.01b29-c01.

40) Yoshito S. Hakeda & Kukai, Kukai: major works. (New York: Columbia University Press, 1972), p.87.

증득하기 서원이라."[41]

중생가가 없는지라 제도하기 서원이라. 중생은 삼세중생과 시방중생으로 한이 없으며, 우리 마음에도 자성중생이 한이 없다. 자성중생을 제도하면 시방삼세 중생이 제도된다. 복지가가 없는지라 모으기를 서원이라. 대복(大福)은 얼마든지 취해도 한정이 없이 세세생생 이어가나, 소복(小福)은 한정이 있다. 소지(小智)와 대지(大智)도 이와 같다. 법문가가 없는지라 깨치기를 서원이라. 밀교 법문은 비로자나부처님이 처처재재(處處在在)하여 설하는 법문이므로 중생의 근기에 따라 무한하게 깨닫게 되고, 석가모니부처님의 팔만장경은 한정이 있어 배움에도 그러하다. 여래가가 없는지라 섬기기를 서원이라. 과거에는 시방세계 불보살님을 섬기고, 현재에는 자성여래라 자비심을 일으키는 사람을 섬긴다. 미래에는 삼라만상의 정식(淨識)이 곧 여래이다. 보리 위[上]가 없는지라 증득하기 서원이라. 보리는 불과(佛果)이니 위가 없다. 중생도 복지도 법문도 여래도 보리도 모두 마음 안에 있다.[42]

　　오대서원의 해석이자 의미를 밝혀놓은 가르침이다. 진각밀교에서는 이러한 오대서원을 불사의식의 도입부, 첫 단계에서 발하게 하고 있다. 그리고 "지은 업은 못 없앤다. 설(設)하기도 하지마는 이와같은 업이라도 부처님의 가지력과 자심선행 공덕으로 이를 능히 없앨지니 오대서원 세울지라."[43]라고 하면서 자기 일신 안락위해 기원하는 것은 중생의 마음이고

---

41)　T.19.972.365a. 『菩薩五大誓願』은 佛頂尊勝陀羅尼念誦儀軌法에서 출처를 볼 수 있다. "發露懺悔發五大願 一生無邊誓願度 二福智無邊誓願集 三法門無邊誓願學 四如來無邊誓願事 五無上菩提誓願成."

42)　『실행론』, pp.139 140.

43)　『진각교전』, pp.101-102

일체봉사 하기 위해 불도를 닦아 나갈 것을 강조하고 있다.

이 첫 번째 정화의 단계는 관행자가 우주의 본체인 비로자나불을 상응하기 위한 예비 단계로써 두 가지의 중요한 의미를 담고 있다. 주존인 비로자나불과 행자 자신과의 상호의지 관계를 알게 되고, 우주의 진리 속에 내재되는 자신을 깨닫게 된다. 또한 수행자 자신의 정신적, 물질적 수행으로써 신구의 삼업을 정화하는 형태를 보여주고 있으며, 보살심을 가지고 자신의 공덕과 이익을 회향하는 발원 기도를 담고 있다. 이러한 삼업정화를 위하여 희사심을 통한 물질정화를 특히 강조하고 있다.

(2) 본체와의 만남

진각밀교 불사의식 체계의 두 번째 단계는 우주의 본체인 비로자나불과의 만남의 과정들이다. 이 과정들에서 관행자는 상징적 우주의 존격들인 금강계 만다라의 오불을 마음에 그리고 행자 자신의 몸에 구체화한다. 『진각교전』에 의하면 이러한 오불은 심인당에 상징적 의미로서 항상 주재한다고 밝히고 있다.[44]

> 심인당은 금강법계 비로자나 궁전이라, 정보리심 아축불은 그 동방에 항상 있고, 만법능생 보생불은 그 남방에 항상 있고, 설법단의 아미타불 그 서방에 항상 있고, 이리원만 성취불은 그 북방에 항상 있다.[45]

---

44) 『진각교전』, p.62.
45) 금강계만다라에 나타나는 오불의 위치들을 나타낸다.

이 구절은 상징적이고, 구원론적인 해석이면서 존재론적인 의미를 내포하고 있다. 즉 심인당의 기능은 의식 수행의 장인 동시에 법계궁전으로 해석하고 있는 것이다. 이러한 개념은 나중에 의식에 참석하는 수행자로 하여금 관상만다라를 행하도록 만들고 있다. 『대일경』에 의하면, 대비태장만다라가 비로자나불의 마음에서 生하기 때문에 이러한 관을 통하여 관행자는 비로자나불과 일체가 되고, 그리고 만다라가 행자의 마음에 생하고, 그러므로 관상만다라 되는 것이다.[46]

진각밀교의 의식에서는 수행의 단에 상징적으로 우주의 중심을 건설하는 행법들을 볼 수가 없다. 단지 관상으로서 행자의 마음에 만다라를 건설한다. 그리고 우주의 존격들은 이미 '심인당'이라고 하는 상징적 의미의 비로자나 궁전에 내재하고 있다고 보는 것이다.

앞서 밝힌 바와 같이 조각된 불상이나 불화 내지 어떠한 이미지 혹은 조각상을 대신하여 진각밀교에서는 금강계만다라에 나타나 있는 법만다라의 37존의 명호와 함께 신행의 본존 역할을 하는 육자진언을 중심에 두고 심인당의 전면 단을 장식하고 있다. 새로운 심인당을 건설할 때마다 진각밀교에서는 법계에 봉헌하는 헌공불사를 통하여 심인당을 법계 비로자나궁전으로서 상징화하고 있다. 또한 조각이나 불상을 대신하여 육자진언을 가지불사를 통하여 본존으로 가지한다.

한편 이 부분은 반복되는 의례들로 강조되고 구체화되는 이중구조의 의식을 보이고 있다. 다시 말하면 독경과 설법, 육자진언 낭독, 육자진언 포치, 유가삼밀로 이루어진 일련의 한 의례가 두 번 반복되는 모습이다. 네 의례가 하나의 작은 의식으로 반복되어 상징적으로 '만남과 초청'

---

46) 허일범, 『대일경 교리 행법 연구』, (서울: 진각대학, 2004), p.108.

그리고 '일체화'를 보여준다.

① 독경과 설법: 집전하는 스승은 의식에 참석한 모든 관행자가 경
전을 따라 읽도록 지도한 후, 경전의 내용에 맞추어 설법을 한다.
관행자는 이러한 설법을 통하여 본체불과 만나고 상응할 수 있
도록 삼업을 정화하고 그리고 설법과 가르침이 자신을 위한 것
임을 증득하고 마음속에 깊이 되새긴다. 관행자들은 이러한 설법
을 통하여 부처님의 가르침을 직접 만날 수 있는 시간이 되고, 법
계 하나로 계시는 법신 비로자나 부처님과 행자 자신과 일체화
가 되는 예비 단계인 것이다.

② 육자진언 낭독: 의식에 참가한 대중들은 금강합장으로 "육자대
명왕진언 옴마니반메훔"을 두 번 합송한다. 육자진언이 어떻게
해석되고 있는지 『마니칸붐』을 보면 여기에서 육자진언에 대한
많은 흥미 있는 설명들을 만날 수 있다. 대승불교의 교리적 한 특
성인 보살행을 강조하기 위하여 『마니칸붐』[47] 본문에서는 육자
진언 옴마니반메훔을 "옴은 단시, 마는 지계, 니는 인욕, 반은 정
진, 메는 선정, 훔은 지혜"[48]라고 하여 육바라밀에 적용시키고 있
다. 더 나아가 이들 육자진언을 五智에 배당하여, 옴은 법계체성
지, 마는 원경지, 니는 평등성지, 반은 관찰지, 메는 성소작지, 훔

---

47) 『마니칸붐』, p.7. 마니칸붐은 티베트 전토를 통일한 송첸감포왕(582-649 재위) 당시에 편찬된
것으로 육자진언에 관한 티베트 국내외의 경전과 撰述集을 총집대성한 닝마파 傳承 埋藏寶典
이다.

48) 『마니칸붐』, p.174. "Pha rol tu phyin pa drug daṇsbyar na/ oṃsbyin paḥi pha rol tu phyin pa/ ma tshul
khrims kyi pha rol tu phyin pa/ ṇi bzod paḥi pha rol tu phyin pa/ pad brtson ḥgrus kyi pha rol tu phyin
pa/ me bsam gtan gyi pha rol tu phyin pa/ hūṃśes rab kyi pha rol tu phyin pa/."

은 구생자연생지에 해당한다고 본다.[49] 이와 같이 『마니칸붐』에서는 육자진언의 염송으로 육바라밀과 오지를 성취할 수 있다고 설명하고 있다.

한편 『성관자재구수육자선정』에 따르면, "옴자는 다섯 부처님과 같은 지혜이며, 마자는 대비의 뜻이 두루하며, 니자는 허공 극락 중생이며, 반자는 일체행에 물들지 아니하고, 메자는 삼악도를 멸하며, 훔자는 저 삼악계도를 항복 받으리라"고 되어 있다.[50] 그리고 옴자를 즉시중명왕, 즉 비로자나불, 마자는 동방부동불, 니자는 남방보생불, 반자는 서방무량수, 메자는 유의성취불, 훔자를 즉시지금강에 배당하고 있다.[51]

이들 육자진언에 대한 또 하나의 흥미 있는 해석으로는, "옴자에서 우리는 신비로운 만유실체의 본체인 법신을, '마니'에서 수용신으로서의 보신을, '반메'에서 화신을, 그리고, '훔'자에서 삼신의 통합인 금강신[바즈라카야] 를 경험한다."[52]는 것이다.

---

49) 『마니칸붐』, p.174. "oṃchos kyi dbyiṇs kyi ye śes/ ma me loṇlta buḥi ye śes/ ṇi mñam pa ñid kyi ye śes/ pad so sor rtog paḥi ye śes/ me bya ban an tan gyi ye śes/ hūṃlhan cig skyes pa raṇbyuṇgi ye śes/."

50) 옴자五佛成五智, 마자大悲遍衆生, 니자出生空樂境, 반자不染一切行, 메자能滅於三途, 훔자降伏於三界.

51) 『聖觀自在求修六字禪定』은 16세기(1560)와 17세기(1621)에 한국에서 편찬되었다. 허일범에 의하면, 이 경전은 한역대장경과는 별개의 루트를 통하여 한반도에 유입된 것으로, 육자진언과 관련된 경전의 내용들을 발췌 찬술된 경전들 중의 하나이다. 그리고 경전의 내용으로 볼 때 『마니칸붐』이 이들 경전 찬술의 성립에 지대한 영향을 끼쳤다고 보고 있다.

52) Lama Anagarika Govinda, Creative Meditation and Multi Dimensional Consciousness, (Wheaton: Theosophical Pub. House, 1976), p.92.

(3) 일체화(초청, 일체화)

앞서 밝힌 바와 같이 심인당의 기능은 의식 수행의 장 인 동시에 법계 비로자나 궁전이다. 의식에 참석하는 수행자는 관상만다라를 행함으로써 관을 통하여 관행자는 비로자나불과 일체가 된다. 즉 관행자는 손으로 수인을 결하고 입으로 진언을 송하고 마음으로 본존을 관함으로써 법신비로자나불의 삼밀을 갖추는 삼밀가지를 통하여, 관행자의 삼밀과 법신대일여래의 삼밀을 상응 시키는 유가행 으로 일체화를 실현해 간다.

> ① 육자진언 포치: 오른쪽 엄지손가락 끝을 네 번째 약지 뿌리 부분에 대고 나머지 손가락은 자연스럽게 펴서 붙인 상태로, 그 붙인 네 손가락 끝 부분을 이용하여 몸의 중앙 배꼽부위를 살짝 누르면서 마음속으로 '옴, 비로자나불'이라고 송한다. 그리고 동쪽으로 '마, 아축불'남쪽으로 '니, 보생불'서쪽으로 '반, 아미타불'북쪽으로 '메, 불공성취불'인후 부위에서 '훔, 불공성취불'을 차례로 송한다.

육자관념도는 『금강정경』의 다섯 부처와 진언염송을 조화시키는 것으로써 마치 하나의 씨앗이 싹이 나서 꽃이 피고 열매를 맺는 것처럼, 관행자가 종자자를 자신의 몸에 두는 것은 육자진언의 종자자를 자신의 몸의 여섯 부위에 심는 것을 상징한다. 그리고 진언 염송을 통하여 종자자의 공덕이 싹트고, 마침내 실지를 성취한다. 몸의 여섯 부위를 포치하는 이 의식은 다섯 부처의 공능으로 관행자를 성화시키는 대관식을 의미한다. 『성관자재구수육자선정』의 '자기관음밀주관념도'에 그 기원을 두고 있는 육자관념도는 "우주의 진리"와 "법계의 본성", "불보살의 세계" 그리고 "중생의 인생"을 나타내고 있다고 설명한다.[53] 이 단계는 상징적으로 수행자의 몸에 만다라를 건설하고 우주의 존격들을 초청하는 것을 의미하고, 더 나아가 오불과 제불보살들을 포함하는 법계 우주 만다라(대우주, macrocosm)와 관행자 자신(소우주, microcosm) 과의 상응을 상징적으로 나타내는 것이다.[54]

② 유가삼밀: 관행자는 신밀로써 지권인 혹은 금강권[55]을 결하고, 구밀로써 육자진언 옴마니반메훔을 간단없이 염송하고, 의밀로써 육자관념도에 근거하여 염송 소리에 맞추어 육자진언을 관하고 육자선정에 든다. 이러한 삼밀가지를 통하여 관행자는 행자 자신의 삼밀과 법신불의 삼밀을 상응시킴으로써 즉 삼밀유가의 상태에 들게 되고, 자성불을 밝힘으로써 우주법계의 법신 비로자나불과 자신이 둘이 아니고 일치됨을 깨달아 나간다.

진각종의 진각종도들은 매일 정해진 시간에 자기 근기에 따라서 스스로 시간을 정하여 자기 수행생활로써 삼밀수행을 실천해 나간다. 그리

---

53) 최종웅, 「육자진언 신앙의 유래」, 『회당학보』 14 (2009): pp.26-8.

54) 신비주의라는 함은 인간의 몸에서 절대적인 세계(대우주)와 현상적인 세계(소우주) 의 습一을 의미한다. 다른 말로 표현하면, 밀교는 기본 교리에서 나타내는 것과 같이 대우주와 소우주의 一致를 강조하는 종교이다. 그리고 요가 수행에 의한 종교적인 직관을 통하여 그 일치를 경험하는 것을 강조하고 있다.

55) 『진각교전』, p.92. 위와 같이 금강염송법을 표준해 두고 […] 처음 들어오는 사람은 […] 금강권을 쥐고 염송하여 점점 일년 이년 내지 칠년 팔년 십년에 이르러서는 위와 같이 금강지권과 선정에 들게 한다. 또한 진각종에서는 수행자의 형편에 따라서 금강지권을 하지 못할 경우에는 금강권으로써 유가삼밀 행을 하도록 하고 있다.

고 정기적인 대중 불사의식 시간에는 공식적으로 정해진 시간만큼 대중이 동참하는 유가삼밀행 지켜나가고 있다.

그리고 육자관행을 하는 마음가짐에 대해서도 구체적으로 다음과 같이 밝히고 있다. "구경해탈 하기 위해 육자관행 하는 자는 몸과 입만 깨끗하게 가작으로 하지 말고 어느 때나 그 마음을 다라니에 전일하여 오불에게 귀명하며 지심으로 참회하고 반가로써 그 마음이 편안하게 정좌하여 일체 망상 모두 끊고 다만 오직 관하기를 육도중생 무시이래 생사해중 윤회함을 원하건대 이제모두 보리심을 발케하고 보살행을 행하여서 벗어남을 얻게 된다."이러한 마음은 티벳밀교 수행체계의 예비수행에서 보여지는 수행자의 마음자질과 상응하는 부분이다. 즉 자신과 일체중생을 돌아보는 마음으로 사랑과 자비를 일으키고, 깨달음을 성취하고자하는 마음을 발하는 것으로, 모든 중생들이 고에서 벗어나서 행복해지기를 발원하는 자애심을 함양하는 것으로써 관행자가 함양해야할 필수 자질이며 바로 보리심의 발현인 것이다. 중생에 대한 사랑과 연민과 보리심이 없다면 깨달음도 있을 수 없기에 이것이 결여되어 있으면 모든 수행은 의미가 없고 그러므로 깨달음은 중생에 의존한다고 볼 수 있는 것이다.

③ 독경과 설법 / ④ 육자진언 낭독 / ⑤ 육자진언 포치 / ⑥ 유가삼밀

이번 ③에서 ⑥까지는 먼저 행해졌던 앞의 의례와 같은 방식으로 수행하는 의례로 반복영역에 해당한다. 앞서 언급한 바와 같이 이들 반복되는 의례들은 "만남과 초청"그리고 "일체화"의 두 번째 층에 해당한다. 즉 '본체와의 만남'과 '일체화'를 반복해서 수행한다는 의미를 가지고 있다. 이러한 반복되는 초청과 유가

삼밀 과정들을 통하여 관행자는 우주법계의 법신 존격과 완전히 일체가 되고, 당체법문을 볼 수 있는 지혜의 눈이 열려서 법계 비로자나불의 당체설법을 들을 수 있게 된다. 이 관념은 우리가 살고 있는 현상세계를 법신의 현현으로 보는 것에 입각한 것이다.

진각밀교에서는 자신에게 내재된 본성인 불성을 깨닫는 것은 다름 아닌 "심인"이다. 『진각교전』에 의하면 회당은 다음과 같이 밝히고 있다. "비로자나 부처님은 시방삼세 하나이라, 온 우주에 충만하여 없는 곳이 없으므로, 가까이 곧 내 마음에 있는 것을 먼저알라."[56] 그리고 "사방삼세 나타나는 일체 모든 사실들과, 내가 체험하고 있는 좋고 나쁜 모든 일은, 법신불의 당체로서 활동하는 설법이라."[57] 이와 같이 우주적 힘의 건설적인 양태와 스승의 설법을 통한 부처님의 가르침을 듣는 이러한 불사의식의 의례들을 통하여 관행자는 법계 모든 존재들의 상호연관성을 발견하고, 행자 자신과 법신 비로자나불의 상응을 깨달아 간다.

(4) 회향(내면화)

진각밀교의 불사의식차제의 마지막 부문은 회향이다. 금강계만다라의 모든 존격들에게 예참하고, 모든 공덕을 일체 중생들에게 회향하는 상징적인 의식을 통하여, 관행자는 자성불을 자신속에 내면화하고, 자타불이를 보고 주객일체를 경험하며, 소우주(microcosm)와 대우주(macrocosm)의 무

---

56) 『진각교전』, p.65.
57) 『진각교전』, p.109.

차별을 증득하게 된다.

① 오불과 제불보살 예참: 관행자는 금강합장을 결하고 금강계 삼십
칠존에게 예참 공양을 올린다.

『금강정경』의 금강계장에는 금강계만다라의 핵심을 구성하는 삼십
칠존이 상세히 기술되어 있다. 중앙에는 비로자나불, 동방에 아축불, 남방
에 보생불, 서방에 아미타불, 북방에 불공성취불이 각각 위치하고, 이들
오불은 각각 금강계만다라의 오부의 중앙존격들이고, 五智와 각각 兩立
한다.

② 반야심경 봉독: 금강합장을 결하고, 관행자는 반야심경을 봉독한
다.
③ 회향발원: 금강합장으로 관행자는 다음의 회향발원을 올린다.
"원하건데 이공덕이 널리일체 미쳐져서 나와 모든 중생들이 함
께 불도 이루어지다."[58]
④ 회향참회: 스승의 참회문 낭독을 모든 대중 수행자들이 한 구절
한 구절 따라서 낭독한 후 금강합장을 하고 회향참회문을 다시
한 번 마음속으로 송한다.

회향참회문의 내용은 다음과 같다.

---

58) 『진각교전』, 48: T.9.262.24c21-22. 『妙法蓮華經』에 출처를 두고 있다. "願以此功德 普及於一
切, 我等與衆生 皆共成佛道."

오불 사바라밀, 십육대보살, 팔공양사섭에 귀명하나이다. 탐하고 성내고 어리석은 마음 없애고 부모에게 복업짓고 삼보에게 단시하여 가정안에 진애 없고 빈곤없게 하겠으며, 항상 삼밀을 행하여 뜻으로 악한 마음과 입으로 악한 말과 몸으로 악한 행동은 결정코 끊어 없애겠으며 상대자의 저허물은 내허물의 그림자로 알겠습니다. 널리 범석 사왕과 천룡팔부와 제왕과 인왕과 사승과 부모와 선지식 도량중등 일체 유정을 위해 서원하고 회향하나이다. 귀명하여 참회하며 지심으로 참회하나이다. 육대사만삼밀.[59]

회향참회는 교리참회 보다 자기수행의 구체적인 방향을 제시하고 있다. 회향참회는 모든 불보살의 명호를 구체적으로 보여주고 있으며, 관행자로 하여금 행자 자기수행의 장애가 되는 탐진치 삼독을 없애기 위하여 불보살의 서원과 활동을 깨닫게 하고, 마음을 다하여 모든 공덕을 가정과 사회와 국가와 인류의 모든 존재들에게 회향한다. 다시 말하면, 관행자는 오불의 오지를 깨닫고, 십육대보살과 팔공양보살의 활동을 드러냄으로써, 정신적 내면생활의 도덕을 성취하고, 외부로는 자신을 둘러싼 주위 존재들과 조화시켜 나가며, 행자 자신의 신구의 활동들을 불보살의 신구의 활동과 일치시켜 나간다. 회향참회는 관행자로 하여금 교리참회를 통하여 행자 자신의 종지를 확립한 바탕으로, 가정과 국가사회에서 일상생활에 불보살의 활동을 구체적으로 실천해 나가겠다는 굳은 결심을 하게 한다.

한편, '실천참회'라는 또 하나의 참회가 있는데, 진각밀교에서 수행되는 세 가지 주요참회 중에 하나이다. 실천참회의 내용은 다음과 같다.

---

59) 『진각교전』, p.46.

"무시광대겁으로부터 금일에 이르기 까지 무아에 어두워서 탐심과 진심과 사견으로 말미암아 몸과 입과 뜻으로 지은 죄를 다 드러내어 참회하나이다. 이제로부터 단시의 실지를 성취하여 간탐심을 없애고 안인의 미묘한 공덕을 내증하여 진애를 없애고 인과의 이치를 신해하여 사견을 없애겠사오며 지심으로 정례하나이다."[60]

실천참회는 낮불사 공식시간의 둘째시간 마칠 때에 하는 참회이다. 다시 한 번 몸과 입과 뜻으로 지은 죄업장의 정화를 강조한다. 그리고 삼밀수행을 통한 구경성불의 성취는 관행자가 탐진치 삼독으로 말미암은 모든 업장을 제거하고 자체 그대로의 본성의 청정함을 깨달아 가는 것을 보여주고 있다.[61]

⑤ 출당(出堂): 심인당을 들어설 때와 마찬가지로, 관행자는 금강합장으로 심인당 전면 중앙에 위치한 본존을 향하여 합장 반배를 한다. 이것은 자심에 내재된 자성불을 포함하여 불법승 삼보에 예를 올리는 의미이다.

이와 같이 마지막 단계에서는 관행자는 예참공양과 자심 참회를 통하여 불퇴전의 용맹으로 발심 수행의 서심결정을 더욱 확고히 한다. 이는 완전한 정화과정을 통하여 삼업을 삼밀로 바꾸어 가는 것이고, 모든 공덕을 일체 중생을 위해 회향하는 것이며, 자타불이이며 주객동체임을 되새기고, 소우주로서의 자심의 본성과 대우주로서의 법계 법신이 차별이 없

---

60) 『진각교전』, p.47.
61) 허일범, 「회당대종사의 진언관」, 『회당사상』, (서울: 해인행, 2007). pp.179-181.

음을 깨달아, 일체중생을 구하려는 대비서원을 발하고, 궁극적으로 일체가 평등하게 구경성불의 길에 이르도록 하는 것을 목표로 하는 것이다.

지금까지 진각밀교에서 수행되고 있는 '육자진언염송 불사의식차제'에 대해서 각 단계들의 경전적 근거와 교리들을 개괄적으로 설명하면서 살펴보았다. 진각밀교에서는 종교적인 체험과 구경성불을 서원으로 주 진언으로 육자진언을 채택하고 있다. 회당은 일종의 복잡하고 과도한 의식 절차를 부정하고 부처님의 근본 가르침인 "상구보리 하화중생"으로의 회귀를 주창했다. "심공"이라는 마음공부를 통하여 "생활불교" "실천불교"를 강조하였다.

그 결과 진각밀교의 불사의식 체계는 전래의 전통밀교 의식차제와 비교해서 축약된 구조를 수반하고 일정 부분들은 생략되기도 했다. 그럼에도 불구하고 하나의 의식체계로써, 진각밀교의 불사의식 차제는 전체 의식에서 가장 중요한 부분인 육자진언염송 삼밀선정을 중심으로 참회문이 실행되는 일련의 대칭의 구조로 되어있다.[62] 다른 전통 밀교의식에서처럼 매우 균형 잡힌 의식체계의 틀을 보여주고 있는 것이다. 더욱이 진각종의 의식체계는 일본의 진언종의 의식이나 티베트의 밀교 의식과는 달리 성직자중심의 의식주의,[63] 맹목적 숭배, 과도한 의식절차를 거부하

---

62) 이는 일본 진언종을 포함한 전래의 전통밀교 의식차제들이 보여주는 전형적인 특징이기도 하다.

63) 일본 진언종은 재가자 기도 의식서가 있다. 그러나 이 재가자 기도 의식서는 성직자가 행하는 의식체계와는 다른 구조를 보여준다. 재가자 기도 의식서는 주로 서원문과 반야심경 암송, 일정한 진언, 의식용 기도문 등으로 구성되어 있다. 일반적으로 단지 성직자에게만 허용되는 수인은 보이지 않는다. 길(Gyl Elliott)은 최근 그녀의 논문에서 진언종 재가자 기도의식의 전통에 대하여 연구하였다. 더 자세한 사항은 그녀의 논문을 참고 바란다. Gyl Elliott, "The Shingon lay liturgy: elements, meaning and sources : a case study of the Chogen temple service guide, Hikihara, Japan," 2009.

는 하나의 합리적이고 인본주의적 교의로써 불상이나 이미지에 대한 숭배를 거부하는 특이한 경향을 보이고 있다.

Ⅱ. 진각밀교의 실천

1. 실천의 개요

진각밀교의 실천은 개인 수행차원의 교리적 실천체계와 회향차원의 대사회적 실천체계로 나누어 고찰해 볼 수 있다. 개인 수행차원의 교리적 실천이라 함은 참회실천, 희사실천, 육행실천, 당체법 실천등을 들 수 있겠다. 그리고 대사회적 회향의 실천이라 함은 개인적 수행과 실천이 밑바탕이 되어 현세정화를 이루고자하는 불교적 실천운동이라 할 수 있다. 앞서 밝힌 바대로, 자기수행적인 측면에서는 삶에서의 실천적 수행을 통하여 통찰적 참회와 진리로 나아감으로써 개인의 인격완성을 이루는 것이고, 이는 불교의 궁극목표에서는 '상구보리'를 의미하며 심인진리의 목표에서는 '인격완성'을, 진각의 실현에서는 '즉신성불'을 의미한다. 그리고 대사회적 측면에서는 불교적 가르침을 기반으로 한 불교적 수행과 실천을 통하여 인간 삶의 모습을 체질적으로 변화시켜가는 것으로써 대중적 교화를 이루는 것이라면, 이는 '하화중생'을 '교민화속'을 그리고 '현세정화'를 의미하는 것이라 하겠다. 금번 연구에서는 연구 내용의 초점을 진각밀교의 대사회적 불교실천운동에 맞추고자한다. 진각종의 대사회적 불교실천운동은 한마디로 표현하면 '인간중심의 실천불교운동'이라고 할 수 있다. 이는 종조(宗祖) 회당의 종교 철학적 사상 체계뿐만 아니라 진각종 창종 당시의 한반도를 둘러싼 역사적 및 사회적 배경과 창종 이후의 시대적 조류와 밀접한 관련이 있다. 회당의 일대기를 통하여 그의 인간애와 평화주의 정신을 살펴보는 것은 어렵지 않다. 회당이 1947년 대각(大覺)을 이루기 전의 한 일화를 살펴보면, 회당은 구법수행(求法修行)[64]을 시작하면서 개인적으로 운영해오던 개인 사업들을 가족과 지인(知人)들에게 많이 맡겼다. 어느 날 회당은 고객들의 외상장부를 모두 들고 나와 불에 태워버렸다. 이는 가난한 사람들의 채무(債務)를 모두 탕감(蕩減)하고 빚에서 자유롭게 해주고자하는 자비의 실천행이었으며, 그의 인간애(人間愛)와 정신적 성숙함을 엿볼 수 있는 부분이다.

또 다른 하나는, 진리를 추구하는 의지력이 타오르는 불꽃처럼 점점 더 강해지고 있을 즈음, 회당은 생식(生食)수행에 들어갔다. 여기에는 두 가지 의미가 함축되어 있다. 첫째, 종교적 고행(苦行)수행의 실천이었다. 둘째, 먹을 것이 모자라서 고통 받는 가난한 민중들의 삶의 고충(苦衷)에 동참하는 인간애적인 동참이었다. 1940년대 초 구법순례동안 회당은 민중들의 고충과 고난을 뼈저리게 경험할 수 있었다. 그 당시 한반도는 국내외의 정세가 민중들이 한 끼 끼니를 걱정할 정도로 어려웠던 시기였다. 또한 1950년 한국전쟁이 발발하고 전쟁이 한창임에도 불구하고 1952년 전쟁 중 서울이 수복(收復)되었을 때, 회당은 전쟁의 종식과 평화통일의 염원을 담고 서울에 심인당을 건설하기 위하여 상경(上京)했다. 그곳이 바로 전쟁터에 세워진 밀각심인당이었다. 항상 평화를 염원하고 민족과 백성을 향한 회당의 구원(救援) 원력을 느낄 수 있는 대목이다. 이러한 일화들과 불사(佛事)의 모습은 회당의 인간애와 평화사상을 짐작하기에 충분하다 하겠다.

---

64) 회당의 구법수행기간은 1937년(36세) 최초의 구법정진을 시작으로 1947년(46세) 대각의 시점까지로 볼 수 있다. 이 기간 동안 개인의 사업을 돌보기도 하였고 해방 후 잠시 정치개혁을 위한 시도도 있었으나, 이 기간 동안에는 개인 삶의 중점을 전적으로 구법행위에 두고 있다고 보아야 할 것이다.

그러한 의미에서 진각밀교의 '인간중심의 실천불교운동'의 모습은 창종부터 면면히 이어져 내려오고 있는 회당 사상의 계승과 발전의 결과 물들이며 '창종정신'의 발로(發露)였음은 이론(異論)의 여지가 없다 하겠다. 즉 회당사상⇒창종정신⇒인간중심 실천불교는 하나의 연장선상(延長線上)에 놓여있음을 미리 밝혀두는 바이다. 그러한 진각밀교의 인간중심 실천불교운동으로써 이번 연구에서는 진각종의 교육불사, 역경불사, 복지불사, 문화불사, 국제교류불사, 방송(미디어)불사에 대해 알아보고 맺음 말과 더불어 향후 완성도 높은 진각밀교의 실천불교운동의 모습을 이루기 위해서는 의료불사(醫療佛事)에도 원력을 모아야한다는 점을 제안해 보고자한다.

2. 인간중심 실천불교운동

1) 교육불사

진각종은 회당의 재세(在世) 시(時)부터 교육 사업에 큰 관심을 보였다. 1949년 대구에 '건국고등공민학교(建國高等公民學校)'를, 1955년 대구에 '심인중학교'를, 1957년 대구에 '심인고등학교'를 각각 개교하였다. 이러한 정신을 계승하여 종단은 1964년 3월 25일 학교법인 위덕학사를 설립하여 교육사업을 전문적으로 전개할 체계를 확립하였다. 1977년에 이르러서는 서울에 '진선여자중학교'와 '진선여자고등학교'를 개교하여 여성교육의 장까지 갖추었다. 1978년 4월 18일에는 위덕학사를 회당학원(悔堂學園)으로 명칭 변경하였고, 1996년에는 위덕대학교를 설립하게 되었다. 2014년 현재 학교법인 회당학원은 서울의 탑주 유치원(幼稚園)을 비롯하여 전국적으로 10개의 유치원을 운영 중이며, 2개의 중학교와 2개의 고등학교, 그리고 1개의 종합대학교를 운영하고 있다.

한편 진각종은 어린이 불교교육을 위하여 '자성학교(自性學校)'를 설립 운영하였는데 이는 청소년 일요 불교학교로서의 역할을 하게 되었다. 사람의 인격은 대부분 어릴 때 형성되기 때문에 일생을 살아가는 동안에 유아기(幼兒期)가 중요하다. 이러한 취지에 진각종은 어린이들에게 부처님의 가르침을 경험하게하기 위하여 불교 어린이 교실을 열게 되었던 것이다.

진각종은 21세기 한국 미래의 주체인 청소년들이 불교이념으로 창조적 생활을 향유하고 대안(代案)문화를 창출하고 유지함으로써 개인의 발전은 물론 조국과 인류공영에 이바지할 수 있는 청소년을 육성하는 목적으로 사단법인(社團法人) 비로자나 청소년협회(靑少年協會)를 2000년에 설립하여 운영하고 있다. 이 협회를 통하여 수행과 실천 그리고 자기성찰(自己省察)을 통한 참다운 청년상을 구현하고, 올바른 청소년 문화를 창출하며, 불교교리와 사상을 현대화하고 이를 청소년 문화 속에 새롭게 구현해 나가고자 한다.

또한 진각종은 스승(전수, 정사) 양성(養成)에 있어서도 차별화된 프로그램을 운영하고 있다. 진각대학원대학(眞覺大學院大學)은 교화인력(教化人力)을 배출하는 곳으로 총 4년간의 체계적 교육과 관리를 통해 진각종 스승들이 배출되고 있으며, 엄격한 심사의 최종과정을 통해 교화자의 자격이 비로소 갖추어지게 된다. 또한 교학 및 심학과정, 아사리과정은 중견 교역자의 재교육을 담당하는 과정으로써, 승랍(僧臘)과 행계에 따른 체계적 교육시스템을 구축하여 능력과 경쟁력을 겸비한 교화인력

(敎化人力) 양성(養成)을 목표로 운영되고 있다.

특히 위덕대학교는 4년제 종합대학으로서 불교문화발전과 인재양성의 요람으로 자리 잡고 있으며, 환동해권(環東海圈) 중심대학으로 특성화된 운영을 통해 그 능력을 인정받고 있다. 2018년 기준 5개 대학원(일반대학원, 불교대학원, 사회복지대학원, 경영대학원, 교육대학원), 6개 계열의 대학(인문사회계열, 사범계열, 자연계열, 공학계열, 예체능계열, 한국어학부)으로 구성되어 있다. 이중 불교문화학과는 학과의 전문운영과 밀교문화연구원(密敎文化硏究院), 신라학연구소(新羅學硏究所) 등의 부설기관 운영, 그리고 종단과의 유기적 관계를 통해 학문적 연구와 인재양성의 결실을 보고 있다.

이러한 진각종의 교육불사는 종단초기부터 강조되어 온 역점사업이며, 교육에 대한 회당의 열정과 진각종 창종정신의 대사회적 실천을 여실하게 보여주는 것이다.

2) 역경불사

일본 제국주의하의 식민시대와 한국전쟁 등으로 그 당시 한반도에는 교육을 받지 못한 문맹(文盲)자들이 많았었다. 그래서 문맹퇴치운동의 필요성을 깨닫고, 한자로 된 많은 불교경전들을 한국어로 번역을 하게 되었다. 그리고 이러한 번역된 경전들을 대중불사에 사용하였다.[65] 그렇게 함으로써 불사(佛事)에 참석한 많은 사람들이 불교의 가르침을 배워가면서 글

---

65) 진각종을 창종한 회당 대종사는 한자경전을 한국어로 번역을 해서, 복사본을 만들고 그것을 벽에 걸어 놓고, 대중 불사시간에 참석한 신교도들이 불사를 보면서 한 구절 한 구절 따라 읽게 하였다.

을 깨우치는데 도움이 되었다.

일반적으로 불교한문을 그대로 대하게될 때 일반대중들은 전혀 이해하지 못한다. 의미를 몰라도 자꾸 공부하다 보면 익숙해지기도 하지만 그러나 그것을 완전히 이해했다고는 못할 것이다. 그 표현의 피와 살을 맛보지 못할 뿐 아니라 더구나 핵심이 되는 뼈와 골수(骨髓)는 결코 장악할 수 없을 것이다. 그렇게 장악(掌握)이 안 되고 겉도는 사이에 불교는 대중들로부터 멀어지게 된다.

회당은 불교경전을 한글로 번역하면서 전통적 학문언어를 탈각(脫却)하고 당대의 일반 구어체(口語體)에 충실하였다. 회당의 이러한 대중 중심의 번역으로 당대(當代)의 대중들에게 자신의 체험을 분명히 전달하고, 오해 없이 민중들에게 가르침을 전하고자 했던 인간애(人間愛)적인 노력은 중국 선(禪)의 실질적 창시자 육조혜능(六祖慧能)의 정신과 비교될 수 있겠다.

선(禪)의 실질적 창시자 육조혜능(六祖慧能)은 고대 인도의 원전들을 중국어로 번역을 하면서 '당대(當代)와 소통'하기 위하여 과격한 탈전통(脫傳統)의 방편을 사용하였다. 혜능은 인도의 원전(原典)에 조회하고, 전통적 학문언어를 고집하는 당대의 인습(因習)을 과감히 탈피하여 자신의 체험을 중심으로 당대(當代)의 대중들과 소통해 나갔다고 한다.

더구나『육조단경(六祖壇經)』에 나타나는 언어는 기존의 경전(經典)이나 논소(論疏)에서와는 완전히 다른 파격적인 구어(口語)로 구성되어 있다. 또한 혜능의『금강경』해설은 자신의 진리에의 체험을 당대의 언어로 분명히 대중에게 전달하고 대중들을 진리에로 이끌겠다는 간절한 원력이 묻어나고 있다 하겠다. 혜능의 이러한 탈전통(脫傳統)이 없었다면

중국 선불교(禪佛教)는 없었을 것이라고 단언하기도 한다.[66]

회당은 『대일경(大日經)』, 『유마경(維摩經)』, 『보리심론(菩提心論)』, 『옥야경(玉耶經)』 등 여러 불교 경전을 한글로 번역하였다. 그리고 현교(顯教) 여러경전들의 주요 내용을 발췌하고 번역하여 『응화성전(應化聖典)』[67]을 반포하였다. 또한 지금의 『진각교전』의 바탕이 된 『법불교(法佛教)』와 『응화방편문(應化方便門)』[68]을 발행하였다.

이러한 번역과 집필(執筆)작업 과정에서 회당은 일반대중에게 쉽게 다가갈 수 있는 불교가 되기 위하여 많은 정성을 기울였다. 특히 『법불교』와 『응화방편문』을 발행하면서 4.4조의 운율(韻律)을 맞추어 게송(偈頌) 형식을 취하여 외기 쉽도록 하였다. 최대한 알기 쉬운 당대(當代)의 대중 언어에 충실하면서 게송 형식을 취한다는 것은 절대 쉬운 작업은 아니었을 것이다. 여기서 회당의 대중을 향한 철저한 대자비(大慈悲)의 몸부림을 엿볼 수 있고, 진리에의 길로 이끌겠다는 방편의 천재성을 엿볼 수 있

---

66) 한형조, 『붓다의 치명적 농담』, (문학동네, 2011), pp.73-77. "학문적 언어를 주변의 선지식(善知識)들이, 삼장법사 현장처럼, 다들 인도의 원전(原典)에 조회하고, 전통적 학문언어를 고집하고 있을 때, 혜능은 이 인습(因襲)을 과감히 탈피하여, 자신의 체험으로, 당대의 대중들과 현장에서 소통해나갔다. 『육조단경(六祖壇經)』을 보면, 그 언어는 우리의 경전(經典)이나 논소(論疎)에서 보던 언어와는 완전히 다른, 가히 파격적인 구어(口語)를 쓰고 있다. 촌스럽고 거칠고, 그러나 얼마나 생생한 육성인가. 그의 '금강경' 해설은 자신의 체험을 당대의 대중들에게 분명히 전달하고, 그들의 진리에의 길로 이끌겠다는 간절한 노파심으로 사무쳐있다. 혜능의 이런 파격한 탈전통(脫傳統)이 없었다면 중국불교는 없었을 것이다. 선(禪)의 그 화려한 진화 또한 없었을지도 모른다. 지금의 우리 또한 혜능의 그 방편 정신을 배워야한다. 그것은 혜능의 언어와 저작을 오랜 전통으로 묵수하는데 있지 않고, 혜능이 그랬듯이 우리 또한 자신의 체험에 입각하여, 지금 소통되는 당대의 현장 언어에 철저해나가겠다는 서원에서 출발할 수 있다."

67) 『진각종교사(眞覺宗教史)』, 應化聖典 頒布佛事: 1958년(眞紀 十二年) 六月 十五日, 應化聖典의 第一輯이 刊行되어서 頒布佛事를 行하였다.

68) 『진각종교사(眞覺宗教史)』, 1960년(眞紀 十四年) 二月 二十日, 法佛教及 應化方便門의 編譯 開始: 陀羅尼 密教의 教理를 밝힌 法佛教라는 冊子와 應化聖典中에 必要한 部分을 摘錄한 應化方便門을 偈頌으로 編輯하기 始作하였다. 1960년(眞紀 十四年) 五月 二十日, 法佛教와 應化方便門의 發行.

다. 배움이 짧았던 서민 일반 대중들을 위하여 그들이 불법을 쉽게 이해하고 항상 수지 독송하여 실천할 수 있도록 한 회당의 원력을 충분히 읽을 수 있다.

한편 진각종은 최근에 회당의 가르침을 모아 『실행론(實行論)』을 편찬했다. 그 중 주요 부문들을 영어와 함께 7개 국어로 번역하여 『진각(眞覺)』이란 제목으로 책을 발행했다. 이러한 역경사업을 더욱 확대하여 『진각교전(眞覺敎典)』과 『실행론(實行論)』 전체를 영어와 주요언어로 번역하는 불사를 확대함으로써 진각종의 실천불교를 세계화하고 인류공영(人類共榮)의 길을 도모해 나가는 일이야말로 각성(覺性)종교로서의 시대적 사명을 완수해 나가는 길일 것이다.

3) 복지불사

교육활동과 더불어 진각종은 사회복지(社會福祉) 프로그램도 운영하였다. 이러한 사회복지 프로그램이 시사(示唆) 하는바는, 진각종은 그 당시의 한국불교가 실천해야할 가장 필요한 기능중의 하나가 바로 민중들의 생활을 안정시키는 것임을 분명히 자각하고 있었음을 보여주는 것이다. 진각종은 교단 내에 자선사부(慈善事部)를 설치하고, 노인들을 위한 사회복지기관인 기로원(耆老院)[69]과 수도원(修道院)[70]을 설립했다. 한편 자선사부는 1998년에 설립되는 '진각복지재단(眞覺福祉財團)'의 초석이

---

69) 기로원은 평생을 중생교화에 바친 교직자들이 노후생활을 조용히 수행에만 열중하며 보낼 수 있도록 하기 위해 운영하고 있는 시설이다.

70) 수도원은 종단 발전에 기여한 신교도들의 편안한 노후생활 및 복지증진에 기여하기 위해 설립된 시설이다.

되었다. 이러한 시설들은 진각종이 복지활동을 통하여 창종정신을 이어받고 인간중심의 불교개혁 사상을 실현하기 위한 방편들이었다. 다름 아닌 종교는 모든 공덕(功德)을 대중과 사회에 환원하여야 한다는 원칙을 실천하는 것이었다.

2014년 현재 진각복지재단은 노인복지와 지역사회종합복지, 아동보육, 장애인 복지, 한부모가정 복지등의 활동들을 하고 있다. 노인복지시설로는 진각노인요양센터를 비롯하여 양로원과 요양원등 14개의 노인복지시설이 운영되고 있다. 그리고 3개의 지역사회복지관이 운영 중이며, 2개의 장애인 복지시설과 1곳의 한부모가족 복지시설, 7곳의 지역아동센터, 15곳의 아동보육시설을 운영하고 있다. 총 42곳의 시설과 센터들이 진각복지재단 산하에서 진각종의 창종정신을 계승하여 실천불교 운동을 구현(具現)해 나가고 있다. 진각종 신교도들은 참회와 정진을 통해 얻은 깨달음을 사회적으로 실천하여 스스로 닦은 복(福)과 공덕(功德)을 일체 중생에 회향(回向)하고 있다.

더 나아가 진각복지재단은 NGO 가입을 통한 국제구호활동에도 동참하고 있으며, 특히 2007년도에는 스리랑카와 네팔에 복지재단 지부(支部)를 구성하여 해외(海外) 복지불사에도 동참하고 있다. 해외 복지활동은 단순한 구호사업의 한계성을 극복하고, 부처님의 가르침을 통한 정신문화계도, 사회직업훈련센터와 교육기관을 통한 지역민의 자립의식 고취와 인재양성, 그리고 현지 유학승(遊學僧)[71] 및 유학생을 초청하여 위덕대학교와의 연계교육을 통한 인적교류 및 인재개발 프로그램도 운영 중

---

71) 현재 위덕대학교에서 수학 중인 해외 유학승과 유학생들은 네팔과 스리랑카, 방글라데시 등지에서 초청된 승려 및 일반 학생들로서 불교학을 전공하면서 각자의 개인 의지에 따라 복수전공을 통하여 인접 학문들을 공부하고 있다.

이다.

특히 JGO(Jin-Gak Order)스리랑카에서는 사회직업훈련센터와 JGO 영어학교, JGO 유치원, 회당학교를 운영중이며, 앞으로 자체 사회발전 복지단체를 신설하여 운영할 계획이다. JGO 네팔에서는 무료건강검진센터를 개설하고 의료봉사를 실천하고 있으며, 자체운영 경비로 장학기금을 조성하여 형편이 어려운 불자 학생들을 대상으로 '진각장학금'이란 장학제도를 운영하고 있다. 이들 해외 복지불사는 사해동포주의에 대한 실천행이기도 하다.

이처럼 진각종의 복지불사는 시대적, 사회적 문제에 누구나 동참할 수 있는 참여(參與)의 기회를 열어 은혜로운 세상 만들기라는 부처님의 자비(慈悲)정신을 구현(具現)하고 인간중심의 불교운동을 실천하고 있다는 점에서 그 진정한 의미가 담겨있다.

4) 문화불사

진각종은 창종 초기부터 불교의 현대화를 통한 대중포교의 활성화를 위하여 서원가(誓願歌)[찬불가(讚佛歌)]를 제정하여 대중법회 시간에 활용하였다. 그러한 역사적인 노력과 성과들을 진각종은 현재까지 승계(承繼)하여 신행적 측면에서 다양한 문화활동을 장려하고 있으며, 최근에는 종단 산하 전문기관의 유기적 운영을 통해 그 성과가 구체적으로 드러나고 있다. 서울을 비롯한 전국 교구(敎區)소속 합창단을 보유하고 있으며, 심인당별 개별 합창단을 운영하고 있는 것도 그 수가 점점 늘어가고 있다. 이러한 문화단체들의 활동은 종단 내외의 행사와 포교행사, 그리고 불교문화보급에 크게 기여하고 있는데 21세기 문화복지시대를 맞이하여 이러한 문화단체의 설립운영은 더욱 크게 확대되고 있다.

진각종의 문화시스템은 불교적 문화요소를 신중히 검토하되 적극적으로 수용 개발하고, 신행문화로써의 기틀과 환경을 적극적으로 마련하여 대중적으로 널리 회향하는 구조로 이루어져 있다. 이러한 대중적 회향이 바로 각종 문화행사로써 이루어지게 된다. 진각종의 문화행사는 최근 적극적 문화단체 운영과 인프라구축을 통해 더욱 세련미를 더해가고 있는데, 이를 통해 문화사업과 행사의 노하우 구축, 문화단체의 역량강화, 행사내용의 대중적 접근노력에 그 성과를 보이고 있다. 이처럼 전국교구 합창단 운영과 산하기관의 전문단체 지원육성의 결실이 어우러져 일궈낸 2002년도의 창작국악교성곡(創作國樂交聲曲) '회당'은 종단 역사에 길이 남을 문화적 업적으로 평가된다.

또한 회당의 탄생지인 울릉도 현지에서 회당대종사 탄생 100주년 기념사업으로 2001년부터 시작된 '회당문화축제'는 2018년 제17회 대회가 치러지면서 하나의 종합 문화축제마당으로 진각종의 선진화된 문화적 역량을 여실히 보여주고 있으며, '독도(獨島)사랑 캠페인'[72]과 함께 불교계 대중문화의 선두주자로 충분히 자리매김할 수 있는 문화축제행사로 발전되어나가고 있다. 특히 2018년에는 축제기간 중 1,300년 전 신라 명랑법사가 사천왕사에서 당나라의 침략에 대비해 국가수호를 위해 행했던 문두루비법 의식복원불사가 최초로 봉행되었는데, 이는 진각종의 한국

---

72) 독섬이라고도 하며, 면적은 18만 7,554㎡이다. 울릉도에서 동남쪽으로 87.4㎞ 떨어진 해상에 있으며, 동도(東島)·서도(西島) 및 그 주변에 흩어져 있는 89개의 바위섬으로 이루어진 화산섬이다. 동도는 동경 131도 52분 10.4초, 북위 37도 14분 26.8초에, 서도는 동경 131도 51분 54.6초, 북위 37도 14분 30.6초에 위치한다. 동도·서도간 거리는 151m로 좁은 수도(水道)를 이룬다. 동도는 해발고도 98.6m, 면적 73,297㎡이고, 서도는 해발고도 168.5m, 면적 88,740㎡이다. 1905년에 일본은 일방적으로 독도를 다케시마[竹島]로 바꾸고 시마네현[島根縣]에 편입한 뒤 계속해서 독도 영유권을 주장하며 양국간 영토분쟁을 획책하고 있다.

밀교문화총람 사업단이 연구해왔던 문두루법 시연으로, 명랑의 문두루법 의식이 1,300년 만에 처음으로 대중에게 공개되었다는 의미를 갖게 되었다.

한편 2012년에는 한국밀교의 역사문화를 발굴복원 계승하고, 대중과 함께하는 불교문화공간으로써 지하2층, 지상6층, 총 10,997㎡ 규모의 진각문화전승원(眞覺文化傳承院)을 개원했다. 진각종은 전승원의 개원을 통하여

1) 한국불교역사 속에 숨 쉬는 한국밀교 역사문화의 새로운 조명하고자 하며,
2) 오늘날 한국밀교의 정통성과 맥을 잇고 있는 진각종의 다양한 문화콘텐츠 개발과 함께 대중이 공감하는 종단문화를 만들어 나갈 것이고,
3) 진각(밀교)문화를 중심으로 한 한국 전통 불교문화의 가치 재발견하고,
4) 일반불자와 대중모두가 함께하는 문화복지공간 제공하고자 한다.

이러한 목적으로 개원한 진각문화전승원은 앞으로 한국밀교문화의 전통을 오늘에 되살리고, 그 발굴복원을 통해 한국불교의 새로운 면모를 드러냄과 동시에 전통의 기조에 입각한 미래 한국문화발전에 크게 일조할 것이라 예상된다. 또한 진각문화콘텐츠 개발을 통하여 밀교문화의 현대화와 대중화를 한층 앞당기고, 대중들이 사랑하는 불교문화의 하나로 자리하는데 크게 기여할 것이라 예상하고 있다. 더욱이 전승원은 한국문

화의 새로운 면모를 발굴하기 위한 한국불교와 밀교문화가 총화(總和)하는 불교종합문화예술공간이며, 따라서 이것은 일반불자와 대중모두가 공감하고 자유롭게 함께하고 참여할 수 있는 문화공간의 터전이 될 것으로 기대를 모으고 있다.

　　이러한 문화불사를 통하여 진각종은 대중들에게 우수한 문화체험의 기회를 널리 제공하고 삶의 질을 높여나가는 결과를 만들어냄으로써 민중들에게 사랑받는 문화종단으로서의 자리를 잡아가고 있다.

5) 국제교류불사

진각종은 종교간 교류, 특히 회당의 이원자주사상의 이론적 기초위에 종파간의 자주적 화합과 교류 및 연합단체의 결성을 강조해오고 있다. 그러한 사상과 창조정신을 계승하여 진각종은 국내 종교간의 협력활동 및 국제간 종교협력시대를 열어가기 위하여 한국종교인평화회의(KCRP), 세계종교자평화회의(WCRP), 세계불교도우의회(世界佛敎徒友誼會)(WFB)[73] 등에 능동적으로 참가하고 있다. 특히 지난 2016년에는 세계 불교인들이 한자리에 모여 교류와 화합을 다지는 제28차 세계불교도우의회(WFB) 서울총회가 '불교의 생활화, 생활의 불교화'를 주제로 진각종에서 주최하였다. 이 행사에는 한국을 비롯한 태국, 일본, 스리랑카 등 20여 개국 지역지

---

73) 『진각종교사(眞覺宗敎史)』, 세계불교도우의회(WFB: World Fellowship of Buddhists)와 진각종의 인연은 회당의 제세시로 거슬러 올라간다. 회당은 1958년(진기(眞紀)12년) 제5차 세계불교도우의회 방콕대회에 심인불교(心印佛敎) 정대표(正代表)로서 한국불교대표단의 일원으로 참석하였다. 당시 한국측 대표단은 회당과 더불어 하동산, 이청담, 서경보(이상 스님), 박길진님 으로 구성되었고, 회당은 한국불교 세계화를 위해 한국참가단 경비 일체를 부담하였다. 현재 진각종은 WFB 진각종 지부를 맡고 있고 그리고 WFB 한국본부 회장을 회정 통리원장(統理院長)이 맡고 있다.

부 회원 등 1,000여 명이 참가한 대규모 국제행사였다. 진각밀교를 전 세계 불자들에게 알리고 홍보하는 뜻깊은 행사가 되었다.

한편 진각종은 한국불교종단협의회 부회장 종단으로서 한·중·일불교우호교류대회와 한·일불교문화교류대회에 적극적인 참여를 통하여 동북아 불교문화교류와 우호증진, 민간교류 확대에 기여하고 있으며, 각국 불교의 연대 활동을 통해 대 사회적 공동사업을 적극 추진하고, 동북아시아의 안정과 세계평화 정착에 노력을 기울이고 있다.

6) 방송(미디어)불사

진각종은 영상포교 사업팀을 발족하여 미디어 포교를 통해 대중들과 소통하고, 더 젊어지고 더 건강한 진각밀교를 실천해 나가고자 한다. 현대사회는 4차 산업혁명시대 및 고령화시대를 대비해서 다양한 콘텐츠 제작보급이 필요하며, 점차 확대되는 청소년과 청년 세대의 영상 미디어 콘텐츠 개발이 시급한 실정이다.

진각종은 효과적인 영상포교 활동을 위해서 경전 낭송 프로그램, 시원가 음원보급, 진각 iTV/팟캐스트, 다양한 SNS 포교 콘텐츠개발, 설법 음원지원 프로그램을 개발하고 있으며, 이를 위해서 제작시스템을 단계적으로 구축하고, 인적 인프라를 구성하고 있는 단계이다. 제작 및 시스템 구축계획이 안정화 단계에 접어들게 되면 소규모 행사나 종단불사를 자체적으로 라이브로 중계가 가능해지고, 스튜디오를 기반으로 종단의 교리 및 수행과 관련된 다양한 프로그램을 개발하고 배포가 가능해진다. 그리고 영상채널 구독자 수가 확보됨으로써 유로채널 및 광고수익도 기대해 볼 수 있다. 향후에는 스승님의 설법 및 강의 등 밀교교리와 관련된 프로그램이 라이브 방송이 가능해지고 다양한 수익사업도 기대할 수 있게 된다. 진각종은 한국불교를 대표하는 방송매체인 불교방송(BBS)와 불교텔레비젼(BTN)의 이사종단으로 불교 미디어 발전을 위해서 많은 역할을 하고 있지만 앞으로는 자체 방송 제작시스템을 구축하여 가칭 '진각방송' 내지 '심인방송'과 같은 독자적인 방송국을 운영할 수 있어야 할 것이다. 이는 진각밀교를 대중화시키고 현세정화를 실천하기 위해 반드시 실천해 나가야 할 과제라고 할 수 있다.

III. 결론

밀교수행의 전통 의궤범과 그기에 따른 주석서는 수행자들이, 최소한 근기가 높은 관행자들은, 자유롭게 자신의 편애에 따라 진언들을 첨가하고 빼고 혹은 대체할 수 있다는 것을 인정한다는 것이다. 규정된 염송의 수를 늘리고 줄이며 혹은 한 부분을 완전히 생략하기도 한다. 그러한 관점에서 회당은 밀교의 교리사상과 삼밀선정 수행의 구조를 대중을 위한 불사로 체계화함으로써 특수한 형태의 불사의식을 구체화하였다고 볼 수 있다.

밀교라는 이름의 교리적 기본배경에서 보면, 밀교의 의식체계는 종교적 수행 목적과 종교적 교육을 이루기 위한 관련 구조들로 이루어져 있으며 공통적으로 수행 체계에 진언과 수인과 관상법을 이용하여 정리하고 있다. 이를 통하여 관행자는 자신의 본성을 깨달아 가는 것이다. 의식은 관행자가 자신에게 내재된 불성을 직접 경험하는데 방해가 되는 번뇌와 장애들을 제거하는 것이 목적이다. 의식자체는 하나의 방편이고 종교수행이며 종교생활의 개인적 경험영역을 제공하고 있다. 그러한 의미에서 밀교의식 차제는 하나의 체계화된 종교적 교육체계이다. 이것은 신비한 절차가 아니고 체계적이고 진취적인 훈련이며 그로 인해 수행자는 점점 자신에 내재된 불성의 진리를 보고 체득하게 된다.

한편 각각의 범주들의 분류는 수행의 단계가 높은 고등의 수행자들에게는 무의미한 것이고 하나의 통일된 형태로 이해된다. 즉, 각각의 범주들의 의미가 다른 곳에서도 일어나고 그리고 같이 몰입되기도 하는 것이며, 모든 상태가 바로 그 깨달음의 상태인 것이다. 우리의 시야를 인간 마음의 깊은 심해로 돌리면, 우리는 개개의 드러난 현상과 마음에서 발생하는 완전한 진리와의 신비한 상응을 분명히 통찰할 수 있다. 그리고 심신의 전체를 통해서 그 상응을 경험할 수 있다. 그러므로 우리는 이러한 상징적인 방편들을 이용하여, 그 일체화 즉 상응을 표현하는 심오함을 통찰할 수 있는 것이다. 깨달은 자의 입장에서는 삼라만상 모든 것은 그 자체가 법의 실현이고, 인연연기이며, 공인 것이다.

한편 진각밀교의 불사의식은 앞서 언급한 바와 같이, 기존의 전통밀교의식과는 달리 밀교의 사상과 삼밀선정 수행의 체계를 대중을 위한 교육적 불사로 받아들임으로써 특수한 형태의 의식체계를 구체화하고 있다. 회당은 밀교의 체계적인 교설이나 다양한 수행법을 그대로 전승한 것이 아니라, 자신의 깨달음을 근간으로 전통 밀교교학에 해당하는 법신신앙과 현실정화의 실천, 자주적인 진언수행 등을 선택하여 취함으로써 시대상에 적합한 밀교의 정립을 위하여 시도하고 있음을 알 수 있다. 현대는 고도의 산업기술 시대를 넘어 예측할 수 없는 무한한 미래가 도래하고 있는 시점이다. 밀교의식 차제도 개인적 심성계발을 통한 인격완성과, 사회적 회향을 통한 현세정화를 이루어가는 차원에서 시대에 맞는 혁신적인 방편들이 요구되고 있다 하겠다.

한편 진각종은 창종 초기부터 도량(道場)의 도심건립과 참회와 실천의 심인불교운동 전개, 경전의 한글화, 서원가의 반포제정, 어린이 불교학교인 '자성학교'건립 등 적극적 포교방법을 전개하였으며, 기복에서 벗어나 이웃과 사회와 국가를 위하는 새로운 신행메카니즘과 진호국가불사 정신 등을 강조해왔다. 이러한 종책(宗策)의 기조는 창종정신을 통해서 면면히 이어져 내려오고 있으며, 학교법인 회당학원, 진각복지재단, 비로자나 청소년협회, 불교종합문화예술공간으로써의 진각문화전승원을 개원등 불교적 이상의 현실적 실천에 많은 성과를 이루어왔다. 이처럼 진각밀교의 '인간중심 실천불교운동'을 통하여 진각종은 근대한국불교의 역사와 궤(軌)를 같이하고 발전을 거듭하고 있다.

한편 이러한 그동안의 노력과 성과를 바탕으로 진각종이 보다 완성도 높은 실천불교의 모습을 이루기 위해서는 의료불사(醫療佛事)에도 원력을 모아야한다는 점을 이 논문을 마무리하면서 제안해 보고자한다. 진각종 교사의 첫 페이지는 당시의 시대상황과 인간세계의 사회적 문제점들을 제대로 진단하고 있다.[74]

주목해야 할 것은 "각성종교가 일어나지 못하였기 때문에 국민거개가 대·소병을 막론(莫論)하고 의약으로서는 완치할 수 없는 질병이 말할 수 없이 허다하였다"는 것과 "여하한 병환자라도 다 낫게 되는 방편을 만들어서 〈중략〉 교화(敎化)에 착수하였다"이다. 여기서 언급되는 질병은 육체적 질병뿐만 아니라 정신적인 질병, 심리적불안과 정신적인 스트레스 까지 포함하는 현대인이 겪고 있는 모든 종류의 질병들을 포함한다고 하겠다.

회당은 깨달음의 종교이자 각성종교인 불교와 진각밀교의 수행으로 인간 본성을 밝히고 심인을 밝힘으로써 어떠한 병환자라도 낫게 만들고자하는 원력을 세웠다. 그리고 현 시대는 과거 어느 때보다 복잡하고 다

---

74) 『진각종교사(眞覺宗敎史)』, 最初의 敎化: 眞覺紀元元年(檀紀사천이백팔십년 丁玄)六月十四日 孫悔堂님의 創設로서 六字心印及 金剛經 四句偈 無住相法과 法華經 十惡懺悔等의 國譯한 原海印으로서 工夫한 結果 如何한 病患者라도 다 낫게 되는 方便을 만들어서 達城郡 城西面 農林村 俗家에서 敎化에 着手하였다. 當時의 情勢: 三十六年間(庚戌以後)의 日帝虐政에 物心兩面의 苦難을 겪고 八·一五(乙酉年)解放以後는 急速度의 思想的 物質的混亂으로 모든 秩序가 紊亂함에 따라 修身道德은 이미 없어진지 오래임에도 不拘하고 李朝五百年 崇儒排佛하든 끝에 日本佛敎와같이 겨우 大衆佛敎로 向하고 있으나 아직 覺性宗敎는 일어나지 못하였기 때문에 國民擧皆가 大小病을 莫論하고 醫藥으로서는 完治할 수 없는 疾病이 말 할 수 없이 許多하였든 特殊한 時代이였던 것이다.

원화된 혼탁한 물질시대이다. 이러한 시대적 환경에서 회당의 이원자주 사상에 입각한 현실적 의료불사에도 종단의 원력을 모아야 할 때가 아닌가 조심스럽게 의견을 밝혀본다. 그리고 이에 대한 향후 많은 논의와 연구가 이루어질 것을 희망해본다. 이것은 회당의 '유위(有爲)와 무위(無爲)'의 가르침에서 밝힌 "이원에서 불이 밝고 동력 내는 것과 같이 유·무 두 법 쓸줄 알면 최고발전 장원하다."[75]의 내용처럼 회당의 이원자주정신(二元自主精神)과도 분명히 맥락을 같이 하는 것이다. 그렇게 될 때 교육과 복지, 그리고 문화불사에 의료불사가 어우러지면서 이 시대 민중들을 위한, 보다 조화롭고 완벽한 모습의 대승적 진리 실천을 이룰 수 있을 것이다.

진각밀교는 창종이래 꾸준한 종교 실천활동을 통하여 인간본성 회복운동과 사회계몽 운동으로 불교적 진리를 이 땅에 실현하고자 하였다. 결과적으로 진각종의 종교개혁은 당대의 한국사회를 개혁하는 것이었고, 더 보편적으로 전 세계가 평화와 질서를 유지해 나가고, 애국심과 민족주의적 이데올로기를 넘어서 사해동포주의(四海同胞主義)와 인류번영의 길로 나아가는 것이었으며, 결과적으로 '인간중심의 실천불교운동'의 실현이었다고 볼 수 있다.

---

75) 『진각교전(眞覺敎典)』, p.110.

참고문헌

『大毘盧遮那成佛神變加持經』 T.18.848.

『妙法蓮華經』T.9.262.

『佛頂尊勝陀羅尼念誦儀軌法』 T.19.972.

空海,「卽身成佛義」(Sokushin jōbutsu gi)「空海大師 全集」제1권, 교토: 六大新聞社,
        1965, pp.506-518.

悔堂,『眞覺敎典』, 서울: 도서출판 해인행, 1960.

대한불교진각종 편,『實行論』, 서울: 도서출판 해인행, 2011.

대한불교진각종 편,『聖觀自在求修六字禪定』.

대한불교진각종 종학연구실 편집,『마니칸붐』, 서울, 도서출판 해인행, 2000.

김무생,『회당사상과 진각밀교』, 경주: 위덕대학교 출판부, 2002.

위덕대학교 밀교문화연구원 편,『회당논설집』, 경주: 위덕대학교 출판부, 2002.

이향만,「인성교육으로서의 종교교육」,『종교교육학연구』52권, 한국종교교육학회,
        2016.

최종웅,「육자진언 신앙의 유래」,『회당학보』14, 2009.

허일범,『대일경 교리 행법 연구』, 서울; 진각대학, 2004.

Elliott, Gyl. "The Shingon lay liturgy: elements, meaning and sources: a case study of the
        Chogen temple service guide, Hikihara, Japan," 2009.

Gombrich, Richard F. and Gananath. Obeyesekere, Buddhism transformed: religious change
        in Sri Lanka. Princeton, N. J.: Princeton University Press, 1988.

Govinda, Lama Anagarika. Creative Meditation and Multi Dimensional Consciousness, Whea-
        ton: Theosophical Pub. House, 1976.

Hakeda, Yoshito S. & Kukai, Kukai: major works. New York: Columbia University Press,

1972.

1972.

Khenpo Könchog Gyaltsen & Katherine Rogers, The Garland of Mahamudra Practices, New York; Snow Lion Publications, 1986.

McBride, II, Richard D. "Is there really "Esoteric"Buddhism," The journal of the International Association of Buddhist Studies. 27, no. 2, 2004.

McBride, II, Richard D. "The Mysteries of Body, Speech, and Mind: the Three Esoterica (Sanmi) in Medieval Sinitic Buddhism,"The journal of the International Association of Buddhist Studies. 29, no. 2, 2006.

Orzech, Charles D. "Mandalas on the Move: Reflections from Chinese Esoteric Buddhism Circa 800 C.E.,"JIABS 19/2 (The journal of the International Association of Buddhist Studies). 19, no. 2. 1996.

Payne, Richard K. The Tantric ritual of Japan: feeding the gods, the Shingon fire ritual. New Delhi: Aditya, 1991.

Saunders, E. Dale. a study of the symbolic gestures in Japanese Buddhist sculpture. Bollingen series, 58., Princeton, N.J.: Princeton University Press, 1985.

Sharf, Robert H. "Visualization and Mandala in Shigon Buddhism." In Living images: Japanese Buddhist icons in context. Stanford, Calif.: Stanford University Press, 2001.

Sharf, Robert H. "Thinking through Shingon Ritual." The journal of the International Association of Buddhist Studies. 26, no. 1. 2003.

Sørensen, Henrik H. "Esoteric Buddhism in Korea." In Tantric Buddhism in East Asia, edited by Richard K. Payne, 61-77. Boston: Wisdom Publications, 2006.

Taisen Miyata, A Study of the Ritual Mudrās in the Shingon Tradition A phenomenological Study on the Eighteen Ways of Esoteric Recitation(Jūhachidō Nenju Kubi Shidai, Chūin-Ryū) in the Koyasan Tradition. Sacramento, Calif.:Northern California Koyasan Temple, 1984.

제 5 장

진각밀교의 실행원리

김치온(명운) 진각대 교수

Ⅰ. 심성과 심인의 현현

1. 심인과 자성청정심

진각성존 회당대종사는 육자진언을 통하여 깨치시고 교화과정에서 참회원에 이어서 심인불교를 세우고 나아가 진각종을 창종하였다. 진각밀교는 회당대종사가 육자진언 염송을 통해 심인을 깨치시고 중생들을 교화하기 위해 펼치신 내용들을 후대의 계승자들이 이름붙인 것이라 할 수 있다. 회당대종사가 중생들을 교화하기 위해 남기신 많은 말씀 가운데에서도 참회, 심인, 진각 등의 용어는 주요한 용어로서, 진각종의 스승이나 신교도들에게는 화두나 다름없는 것이다. 특히 심인, 심인진리, 심인공부는 그야말로 진각종의 보편적인 교리내용이며 또한 진각종의 특수성이라고도 할 수 있다. 진각종의 전체교리적인 면에서 본다면 보편적이라 할 수 있으며, 불교속에 진각종의 교리라는 측면에서 본다면 진각종에서 특히 강조되고 있는 특수성이라 할 수 있다. 그러한 의미에서 진각밀교의 심성론을 논한다고 한다면 '심인'을 중심에 놓고 논해져야 할 것이다.

　　진각밀교의 실행에 대해서 논한다면 진각밀교의 실행은 곧 진각밀교의 중심 교리인 심인을 밝히는 것이라 할 수 있다. 심인을 밝히는 것은 진각밀교를 실제로 실천수행하는 것이며, 실천수행을 통해서 드러난 심인의 활동은 곧 부처님의 일생일대의 사업이며 모든 고통과 속박으로부터 벗어난 대자유의 법열인 것이다. 개인에게는 가난고, 병고, 불화고 등을 벗어나고 일체의 속박으로 벗어나 완전한 인격체로서 대자유인으로의 삶이며, 사회적으로는 사회의 일체의 질곡을 정화하여 사회적인 고통의 요인들이 사라진 밀엄국토를 이루는 것이다. 그러므로 심인을 드러낸다는 것은 진각밀교의 실천은 물론 심성론의 중심에 자리잡고 있다고 할 수 있다.

그렇다면 진각밀교 심성론의 중심에 자리잡고 있다고 할 수 있는 심인은 불교 심성론의 중심이라고 할 수 있는 심성본정설의 자성청정과는 어떠한 관계가 있는 것인가? 회당대종사 어록을 살펴보면, 이에 대해서 직접적으로 심인과 자성청정의 관계를 언급하고 있는 곳은 보이지 않는다. 그러나 그 관계를 추측할 수 있는 말씀은 찾아볼 수 있다. 먼저 심인에 대한 직접적인 말씀부터 살펴보자. 『진각교전』「교리편」의 실행론 말씀 가운데에

"심인은 곧 다라니를
내 마음에 새겨있는
불심인인 삼매왕을
가리켜서 말함이요."[1]

라고 하였다. '심인은 곧 다라니를 내 마음에 새겨 있는 불심인'이라는 구절은 진각성존이 진언을 통하여 심인을 깨치고, 그 심인이 다름 아닌 불심인임을 깨친 것을 나타낸다고 할 수 있다. 이는 다른 말로 하면 진언을 통하여 본래부터 내재해 있는 부처의 성품 즉 불성을 깨친 것이라 할 수 있다. 이는 심인과 관련된 말씀속에서 찾아볼 수 있다. 『실행론』에 의하면, "심인은 곧 불심인(佛心印)이요, … 불심인은 우리의 본심이며 마음

---

1) 『진각교전』, 제이장 교리편, 도서출판 진각종해인행, p.65 下.

가운데 있는 부처님이며"[2]라고 하였고, 또한 "심인은 나에게 있는 부처를 말함이요, … 심(心)은 불(佛)이요, 불은 심이므로"라고 하였다.[3] 심인은 나에게 있는 부처를 말한다는 말씀은 여러 의미를 찾을 수도 있겠으나, 여기서는 심인은 나에게 있는 부처의 성품 즉 불성을 말한다고 생각된다. 이는 『종조법어자료집(채택분정리)』 제3장 「수행편」에서 본심을 매개로 불과 보살과 중생이 동일함을 설하고 있는 데서 더욱 확실하다.

> "아무리 살펴보아도 발견하지 못했다고 한다. 그러나 우리의 마음 심인은 형상이 없지만 순간도 쉬지 않고 활동하고 있다. 법신불도 형상이 없고 불심인(佛心印)도 형상이 없다. 이 셋은 동일체로 봄이 당연하다. 불의 본심이나 보살의 본심이나 중생의 본심이 동일함과 같은 것이다."[4]

또한 불성은 자성청정이 그 중심에 자리하고 있다. 먼저 세친의 『불성론』에서 살펴보자. 『불성론』 2권 「삼인품(三因品)」에서 세 가지 원인으로 된 세 가지 불성을 언급하고 있는데, 그 가운데 첫 번째가 응득인(應得因)으로 두 가지 공(空)에서 나타난 진여(眞如)를 들고 있다.[5] 진여에 대해 『성유식론』에서는 일체 법상의 진여의 이치[理]를 본래자성청정열반(本來自性淸淨涅槃)이라 하고 있다. 그리고 비록 객진번뇌(客塵煩惱)에

---

2) 진각성존 종조회당대종사 자증교설, 『실행론』 제2편 제2장 제1절 (가) p.56, 진기 66년(2012) 5월 10일 2판 1쇄.

3) 진각성존 종조회당대종사 자증교설, 『실행론』 제2편 제2장 제1절 (다) p.57, 진기 66년(2012) 5월 10일 2판 1쇄.

4) 『종조법어자료집(채택분정리)』, 제3장 수행편 제1절 심인진리 제1항 심인진리, 39. J-23-4, p.8, 교법연구자료 V, 교육원 연구실, 진기53년 3월.

5) 天親菩薩 造, 眞諦 譯, 『佛性論』 2권(大正藏 31권 p.794 上), "復次佛性體有三種 三性所攝義 應知 三種者 所謂三因三種佛性 三因者 一應得因 二加行因 三圓滿因 應得因者 二空所現眞如 由此空故 應得菩提心 及加行等 乃至道後法身 故稱應得."

염오되어 있으나 본성은 청정하다고 하였다.

> "본래자성청정열반은 일체 법상의 진여의 이치[理]를 말한다. 비록 객진
> 번뇌에 염오되어 있으나 본성은 청정하다. 한량없는 미묘한 공덕을 구족
> 하며, 생함도 없고 멸함도 없으며, 담연하여 허공과 같고, 일체의 유정이
> 평등하게 공유하고 있다. 일체의 법과 동일하지도 않고 다르지도 않으며,
> 일체의 모습과 일체의 분별을 여위었으며, 심사의 길이 끊어지고 이름과
> 언어의 길이 끊어졌다. 오직 참된 성자만이 스스로 안으로 증득하는 것으
> 로 그 성품이 본래 적정하기 때문에 열반이라고 이름한다."[6]

그리고 『불성론』의 「자체상품(自體相品)」에 보면, 자성청정이 불성
자체의 전체의 모습이라고 하고 있다.

> "다시 자성 청정한 것이 바로 그 전체의 모양이란 뜻이니, 앞서 진실과 공
> 을 말한 것이나 물의 경계를 말한 비유들이 모두 자성 청정한 그 전체의
> 모양이기 때문이다. 여래의 성품은 번뇌속에 있어서도 더럽힘이 없는 것
> 이다."[7]

또한 『승만경』을 인용하면서 불성은 여래장이며, 정법장이며, 법신
장이며, 출세간장이며, 자성청정장이라고 하였다.[8] 이는 심인은 불성을

---

6) 『成唯識論』卷10(大正藏 31권 p.55 中), "本來自性淸淨涅槃 謂一切法相眞如理 雖有客染而
本性淨 具無數量微妙功德 無生無滅湛若虛空 一切有情平等共有 與一切法不一不異 離一切
相一切分別 尋思路絶名言道斷 唯眞聖者自內所證 其性本寂故名涅槃."

7) 『佛性論』 2권(大正藏 31권 p.797 上), "復次自性淸淨是其通相義者 如前實空水界等譬竝自性
淸淨是其通相故 如來性在煩惱中無所染汚故."

8) 『佛性論』 2권(大正藏 31권 p.796 中), "故勝鬘經言 世尊佛性者 是如來藏 是正法藏 是法身藏

의미하며 불성은 곧 자성청정을 의미한다고 할 수 있다. 곧 심인은 자성청정심이라고도 할 수 있을 것이다.

또한 밀교의 교리에서 볼 때 심인은 보리심으로 보고 있다. 경정정사는 「悔堂大宗師의 心印思想」이라는 논문에서 심인은 '심'의 입장에서 보면 '본래면목의 마음'이며, '인'의 입장에서 보면 본래면목을 상징하는 '진언'을 가리키며,[9] 또한 심인은 '심인 자체'와 '이 심인을 상징하는 진언'의 두 가지를 가리킨다고 하였다. 그리고 진언도 '진언 그 자체'와 '이 진언에 상징되는 심인'의 두 가지로 쓰인다고 하였다. 특히 진각종 교사에 육자진언을 육자심인이라고 부르고 있음을 상기하면서, 육자심인에서 심인은 '진언'을 가리키고 '진언비밀 보리도'에서 진언은 심인(보리심)의 의미에 가깝다고 하였다. 그리고 결론짓기를 대종사는 진언을 깨달음의 경지를 상징한 상징언어로 보는 밀교의 입장을 충실히 수용하여, 심인을 본래 청정한 마음과 진언을 가리키는 의미로 정리하고 있다고 서술하고 있다.[10] 또한 심인의 품속에 밀교의 보리심사상을 포섭하고 있으며, 『보리심의(菩提心義)』의 내용에 비추어 태양의 빛을 받아 달이 만월로 커 가듯이, 심인〈보리심〉은 태양처럼 우리의 안과 밖을 비추고 있다[11]고 서술하고 있다.

여기에서 경정 정사는 심인을 보리심으로 간주하고 또한 대종사는 심인을 본래 청정한 마음으로 정리하였다는 것에 주목하고자 한다. 이는 『보리심의』에서 『대일경소(大日經疏)』를 인용하면서, 보리심을 본래 청

是出世藏 是自性淸淨藏 由說此五藏義故."

9) 김무생(경정), 「悔堂大宗師의 心印思想」, 『밀교학보』3집, 위덕대학교 밀교문화연구원, p.6.
10) 위의 책, pp.8~9.
11) 위의 책, p.20.

정한 마음이라고 한 것에서 더욱 확실시 된다고 하겠다.

> "또 이르기를, '태양은 본래 청정한 보리심에 비유하니 곧 비로자나의 자체
> 이다. 달은 보리행에 비유하니, 백월 15일에 뭇 행이 원만함은 성보리(成
> 菩提)에 비유하고, 흑월 15일에 뭇 행이 다 쉬는 것은 반열반에 비유하며,
> 중간 때와 승강(昇降)하는 것은 방편 선교 등에 비유한다' 하였다."[12]

이러한 내용들은 심인을 밀교 교리적 관점에서 보면, 보리심이며 또
한 본래 청정한 마음이라 서술하고 있는 것이다.

이상의 내용을 종합하여 결론짓는다면 심인은 부처의 성품이며, 보
리심이며, 본래적으로 청정한 마음이라고 하겠다.

2. 심인의 현현

1) 향상문과 심인

앞에서 우리는 심인은 자성청정심임을 살펴보았다. 그렇다면 이러한 자
성청정심인 심인도 앞에서 살펴본 것과 같이 객진번뇌에 의해 더럽혀져
있는가? 즉 심성본정 객진번뇌인가 라고 물을 수 있다. 진각성존의 말씀
속에 그러한 내용을 살펴보자. 『실행론』제2편 교리 제2절에 의하면

---

12) 『菩提心義』(大正藏 46권 p.988 上), "又云 日喩本淨菩提心 卽是毘盧遮那自體 月喩菩提行
白月十五日衆行圓滿 喩成菩提 黑月十五日 衆行皆息 喩般涅槃 中間與時昇降 喩方便善巧
等", 一行 記, 『大日經疏』(大正藏 39권, p.618 中~下) 참조.

"본래 진각심인이 구족한 것이 본각(本覺)이다. 본각을 구족할지라도 깨치지 못하면 범부요, 비록 깨침이 있을지라도 닦지 못하면 또한 범부이다. 비록 본래 금(金)일지라도 백 번이나 풀무에 단련하지 않으면 진금(眞金)이 되지 못하니 한번 진금만 되면 다시 변하지 않는 것과 같다. 우리가 닦아서 본래 안과 밖이 없는 참마음을 이루는 것도 이와 같으니 이것을 시각(始覺)이라고 한다. 본각과 시각이 구경에 둘이 아님을 깨닫는 것을 구경각(究竟覺)이라 하고, 이 위에서 이미 말한 것을 다 깨친 것을 진각(眞覺)이라 한다."[13)

라고 하였다. 이는 분명 『대승기신론』의 내용을 차용하고 있으나, 단순히 그대로 차용하고 있는 것은 아니다. 진각심인은 중생이나 보살이나 부처나 누구나 본래 구족하고 있는 것이다. 부처는 완전히 깨쳐서 현재 드러나고 있는 것이며, 만약에 깨치고 또한 계속 닦고 있다면 보살이며, 깨치지도 못했거나 깨쳤으나 닦지 않고 있으면 범부에 지나지 않는 것이다. 금광석이 금광석인줄 모르거나, 금광석인줄은 알지만 단련하지 않고 있으면 돌맹이에 불과한 것이다. 그러나 금광석인줄 알고 풀무로 단련했을 때에 진금이 나타나며 한번 진금이 된 것은 진금으로서 변하지 않는다고 비유하고 있다. 이를 다시 시각, 본각, 구경각의 과정을 거쳐 진각에 이르러야 한다고 설하고 있다. 비유에서 보여 주듯이, 대종사는 심성에 대해 심성본정이며 객진번뇌라는 사상을 바탕으로 하고서 법을 설하고 있음을 알 수 있다.

또한 대종사가 객진번뇌로서 자주 거론하고 있는 것은 불교에서 자

---

13) 진각성존 종조회당대종사 자증교설, 『실행론』 제2편 제2장 제2절 (가) p.58, 진기 66년(2012) 5월 10일 2판 1쇄.

주 거론되고 있는 것과 같이 탐진치이다. 『진각교전』「응화방편문」의 실행론의 말씀인 지비용 탐진치에 보면

"지혜로써 인(因)을 하고 대비로써 행(行)을 하고
용예(勇銳)로써 혹(惑)을 끊어 탐진치를 단제(斷除)하고
자성중생 제도하여 공덕 널리 회향하고"[14]

라고 하고 있다. 이러한 탐진치를 끊는 방편으로서 대종사는 육행실천을 강조하고 있는데, 그 가운데에서도 회사와 염송을 들고 있다. 특히 염송에 대해서는 매우 중요한 의미를 부여하고 있으며, 이는 대종사의 실증적인 체험에 근거하고 있다. 『진각교전』「교리편」의 실행론의 말씀에 의하면,

"삼밀로써(다라니로) 내 마음에
항상 인을 새겨가져
실상 같이 자심 알아
내 잘못을 깨달아서
지심으로 참회하고
실천함이 정도니라."[15]

라고 하였다. 여기에서 "삼밀로써(다라니)"라고 한 것은 육자진언을 통한 삼밀수행을 말한다. 그러므로 육자진언으로써 내 마음에 항상 인을 새겨 가진다는 것은 곧 육자진언을 항상 염송한다는 의미라 하겠다. 그러한 가

---

14) 『진각교전』, 응화방편문, 도서출판 진각종해인행, p.149 上.
15) 『진각교전』, 제이장 교리편, 도서출판 진각종해인행, p.65 下~p.66 上.

운데 실상같이 자심을 안다는 것은 진언염송을 통해 점차 밝아지는 자심을 나타내며, 점차 밝아지는 자심속에 자신의 잘못은 더욱 드러나게 되는 것이다. 여기서 자신의 잘못이란 바로 탐진치로 물든 가운데 행해온 그리고 행하고 있는 신구의(身口意)의 삼업이라 할 수 있다. 이러한 삼업은 참회를 통해서만이 소멸되는 것이다. 참회는 탐진치 신구의의 삼업에 대한 대치로서 작용하는 것이다. 참회의 방법은 여러 가지가 있을 것이다. 참회를 통해 자심은 더욱 더 밝아지고 계속 나아감으로써 심인을 깨치게 되는 것이다. 이어서 심인이 곧 불심인임을 깨치고 그러한 불심인의 덕성이 드러나는 것이 곧 실천일 것이다. 이러한 실천은 곧 생활속에 정도로써 현세정화의 공능을 가지는 것이다.[16]

위의 내용은 대종사가 실증한 말씀에 따라 심인을 밝히는 과정을 살펴본 것이다. 대종사가 말하고 있는 심인공부는 곧 심인을 밝히는 공부이다. 실행에 임해서 이것은 진언 즉 육자진언의 공덕을 믿고[17] 또한 심인 즉 불심인을 믿고 육자진언 염송을 통하여 내 마음에 새기는 과정일 것이다. 이러한 과정속에 심인, 본심, 불심인은 드러난다고 하겠다. 대종사는 그러한 내용을 잘 보여주고 있다.

> "심인공부를 하기 전에는 심인이 무엇이며 본심이 무엇인지 몰랐으나, 부
> 지불각(不知不覺) 가운데 덕(德)에 젖어 선을 알게 되며 착한 사람이 된
> 다. 대저 만물은 본래 맑은 것이나 그 인연에 따라 선악으로 나누어진

---

16) 김치온(명운), 「心印에 대한 一考察」, 『회당학보』 제8집, p.128.

17) 『진각교전』, 다라니편, 실행론, p.54 "제삼절 육자진언의 공덕, 육자진언염송하면 비로자나부처
     님이 항상비밀한 가운데 모든법을설하여서 무량하고미묘한뜻 자증하게함이니라. 제사절 육자
     진언의 공덕, 옴은단시마는지계 니는인욕반야정진 메는선정훔은지혜 이육행을관행하면 생노병
     사받지않고 잊지말고외우며는 천재만액소멸된다."

다."[18]

이제까지의 내용에서 보면, 대종사는 우선 심인은 심성본정 객진번뇌를 바탕으로 하고 있으며, 객진번뇌 즉 탐진치를 걷어내는 작업으로써 육행실천을 제시하고 있다. 그 가운데에서도 회사와 염송의 실천을 강조하고 있으며, 특히 육자진언 염송속에 드러나는 내 잘못에 대해 참회를 거듭해 나감으로써 심인은 깨쳐지게 된다고 하였다.

2) 향하문과 심인

심인은 어떠한 덕성을 지니고 있는가? 먼저 심인은 본래 자성청정이라는 의미에서 나타나는 덕성을 생각할 수 있을 것이다. 이는 선무외삼장의 『선요(禪要)』에서 설명하고 있는 자성청정의 세 가지 의미에서 살펴볼 수 있다.

> "이 자성청정심은 세 가지 뜻이기 때문에 달에 비유된다. 첫째는 스스로 성품이 청정한 뜻이니 탐욕의 더러움을 떠났기 때문이다. 둘째는 청량의 뜻이니 성냄의 심한 번민을 떠났기 때문이다. 셋째는 광명의 뜻이니 어리석음의 어두움을 떠났기 때문이다."[19]

이는 번뇌로 지목되고 있는 탐·진·치를 떠난 청정·청량·광명을 자

---

18) 진각성존 종조회당대종사 자증교설, 『실행론』 제2편 제4장 제1절 (다) p.64, 진기 66년(2012) 5월 10일 2판 1쇄.

19) 『無畏三藏禪要』(大正藏 18권 p.945 中), "卽此自性淸淨心 以三義故 猶如於月 一者自性淸淨義 離貪慾垢故 二者淸凉義 離瞋熱惱故 三者光明義 離愚癡暗故."

성청정심으로 해석하고 있다.

『실행론』 제2편 교리 제2장 제1절 (라)에 보면, 심인은 일체여래의 금강지혜를 내는 근본성품이라고 설하고 있다.

> "심인은 말과 글로써 가르쳐 줄 수 없다. 석존께서 내증한 일체여래의 금
> 강지혜를 말한다. 심(心)은 불(佛)이며 인(印)은 인증(印證)이니 곧 금강지
> 성(金剛智性)이다."[20]

이러한 불심인의 금강지성에서 행해지는 신구의의 행위는 자비와 광명임에 틀림없다. 대종사는 육자진언으로 밝혀진 심인 즉 자성불은 지혜와 자비와 광명을 발하신다고 설하고 있다.

> "육자진언의 밝은 광명으로 내 마음의 부처를 찾아라. 육자진언은 모든 부
> 처와 보살과 중생들의 본심이다. 이 본심진언으로 나의 본심을 찾자. 나에
> 게 있는 자성불(自性佛)은 자비와 지혜와 광명을 발한다."[21]

경정정사는 이와는 각도를 달리해서 심인은 지·비·용의 삼덕을 머금고 있다고 밝히고 있다. 대종사의 말씀 가운데 "자기 마음 가운데 있는 지·비·용의 주인공을 세우고…"라는 말씀[22]은 대종사가 본각적인 입장에

---

20) 진각성존 종조회당대종사 자증교설, 『실행론』 제2편 제2장 제1절 (라) p.57, 진기 66년(2012) 5
월 10일 2판 1쇄.

21) 진각성존 종조회당대종사 자증교설, 『실행론』 제1편 제2장 제2절 (가) p.43, 진기 66년(2012) 5
월 10일 2판 1쇄.

22) 『종조법어록』, 교화자료용 I, 대한불교진각종 종조법전편찬위원회, 진기 48년, p.146, no.408.

서 설한 것이라고 하면서, 지비용을 심인의 삼덕으로 보고 있다.[23]

하지만 "지혜로써 인을 하고 대비로써 행을 하고 용예(勇銳)로써 혹을 끊어 탐진치를 단제하고 자성중생 제도하여 공덕 널리 회향하고"라는 경구에서 보는 것과 같이, 지비용은 또한 탐진치를 대치하는 덕목으로서 설명되고 있다. 이는 분명 향상문의 입장에서 본다면, 육행실천의 수행 과정에서 지비용이 드러나며, 그 드러나고 있는 지비용은 행자의 탐진치를 대치하는 덕목으로서 작용하는 것이다. 그러나 다시 심인을 깨치고서 드러난 지비용은 청정함과 청량함과 광명으로서 세간을 밝고 맑게 하는 심인 자체의 발현인 것이다. 이러한 심인의 발현은 세간의 탐진치를 정화하는 부처의 사업인 것이다. 그러한 불심인의 작용은 미묘 광대하며 인과법으로 나타난다고 설하고 있다.

> "심인은 곧 불심인이요, 진리는 불심인의 진리를 말함이라. 우리 심중에
> 있는 불심인은 참으로 미묘하고 신통하고 광대 무량한 진리이다. 불심인
> 은 우리의 본심이라. 이 심성진리로 말미암아 일체제복(一切諸福)의 인과
> 를 조성하고 띠끌만치도 어긋남이 없다. 이것은 우리 마음 가운데 부처님
> 이 계시기 때문이다."[24]

심인은 결국 자성청정심으로서 청정, 청량, 광명의 뜻이 있다. 또한 심인은 향상문으로 보면 탐진치를 대치하는 덕목으로서 지비용의 삼덕이 드러나나, 향하문으로서는 현세정화 밀엄정토 구현으로서 지비용의 삼덕

---

23) 김무생(경정), 「悔堂大宗師의 心印思想」, 『밀교학보』 3집, 위덕대학교 밀교문화연구원, p.10.
24) 『종조법어자료집(채택분정리)』, 제3장 수행편 제1절 심인진리 제1항 심인진리 40.j-39-4 p.9, 교법연구자료 V, 교육원 연구실, 진기53년 3월.

이 발현되는 것이다. 이러한 발현은 현상적으로는 인과로서 나타나며 미묘 신통 광대 무량한 것이다.

II. 법의 분류

1. 유위법과 무위법

앞 절에서 심인을 깨치기 위해 나아가는 향상문의 과정이나 심인을 깨치고 그 덕성을 펼쳐가는 향하문의 과정에서도 현상적으로는 인과로서 나타난다고 하였다. 하지만 현상적으로는 인과로서 나타나지만 부처님의 가르침에는 인과로서 나타나는 변화하는 법 이외에 변화하지 않는 진리 그 자체를 또한 설하고 있는데, 그것이 무위법이다. 이와 같이 끊임없이 변화하고 있는 법 가운데에서 인과로서 나타나고 있는 것은 유위법이라 하고, 변화하지 않는 항상하는 법은 무위법이라 하여 법을 유위법과 무위법으로 분류하기도 한다. 그렇다면 유위법과 무위법을 좀 더 살펴보기 전에 법이란 무엇인지부터 살펴보기로 한다.

붓다가 깨달음을 얻고 최초로 다섯 비구들에게 사성제와 팔정도를 설하자, 다섯 비구 가운데 교진여가 가장 먼저 번뇌를 소멸하고 진리를 보는 눈이 맑고 깨끗해졌다고 한다. 이어서 생성하는 것은 무엇이든지 소멸하는 법이라는 연기법을 설하자, 나머지 네 사람도 차례대로 법에 눈을 뜨게 되었다고 하고 있다.[25] 붓다가 열반에 든 후 그의 제자들은 붓다의 말씀을 모으고 해설하는 작업이 이루어졌다. 부처님의 말씀을 모으고

---

25) 여기서 법 즉 dharma는 '지탱하다', '유지하다'라는 의미의 어원 √dhr에서 파생된 것으로 일반적으로는 질서, 법칙, 규범 등을 나타내며, 나아가 도덕, 정의, 습관, 습성, 성질, 진실, 최고의 실재 등을 의미하기도 한다.(櫻部建·上山春平 著, 정호영 옮김, 『아비달마의 철학』(서울: 민족사, 1993), pp.46-47.

해설하는 많은 말씀 가운데에서, 법에 대하여『구사론』권1에 "능히 자상(自相)을 지니기 때문에 법이라 이름한다" 라고 하고 있다.[26] 예컨대 청색의 병은 병이 깨어지더라도 '청'은 없어지지 않는다. 병을 무수히 부수면 최후에는 '극미(極微, paramaṇu)'로 되지만, 청은 그 경우에도 존재성을 상실하지 않는다. 이처럼 다른 것에 의존하지 않고 그 자체로 존재하는 것(svabhava, 自性)을 다르마 즉 법이라 부른다. 여기서 자상이란 청이라는 법의 청색을 말한다. 그러므로 법이란 청색을 지닌 청이 곧 법이라 할 수 있다. 이것은 요소로서의 실재를 가리키는 것으로 단순히 어떤 것, 존재 그 자체가 아니라, 집적되어 존재를 구성하는 것의 '존재의 요소'로 생각되고 있다. 또한 대승불교의 논소에서는 법이란 임지자성 궤생물해(任持自性 軌生物解) 라고 정의하고 있다.[27] 해석하자면 법이란 자성을 지니고 있어서 해당 사물에 대한 앎[解]를 생하게 하는 궤범이라는 것이다.

설일체유부에서는 이러한 실재성을 지닌 법으로 75종을 들고 있으며 대승의 유식종에서는 100종을 들고 있다. 설일체유부는 색법 11종, 심법 1종, 심소법 46종, 심불상응행법 14종 무위법 3종으로 총 75종이다. 대승의 유식종은 심왕법 8종, 심소유법 51종, 색법 11종, 불상응행법 24종, 무위법 6종으로 총 100종이다. 대승 유식종을 바탕으로 살펴보면 심왕법은 마음의 주체를 나타내는 것으로 안이비설신의 전오식과 제6의식, 제7말라식과 제8아뢰야식으로 8종이다. 심소유법은 마음의 작용법으로 변행심소 5종, 별경심소 5종, 선심소 11종, 번뇌심소 6종, 수번뇌심소 20종으로 총 51종이다. 색법은 물질을 나타내는 것으로 5근과 5경 그리고 법처

---

26) 世親 造 玄奘 譯,『阿毘達磨俱舍論』(대정장 29권, p.1中), "能持自相. 故名爲法."
27) 窺基 造,『成唯識論述記』제1권(대정장 43권, p.239下), "法謂軌持 軌謂軌範可生物解 持謂住持不捨自相."

색(法處色)으로 11종이다. 불상응행법은 색법도 심법도 아닌 존재로 24종이다. 이상의 심왕법 8종과 심소유법 51종 그리고 색법 11종과 심불상응행법 24종으로 총 94종은 유위법으로 분류하고 있으며, 나머지 허공, 택멸(擇滅), 비택멸(非擇滅), 부동(不動), 상수멸(想受滅), 진여(眞如) 등 4종은 무위법으로 분류하고 있다.

유위법(有爲法, saṃskṛta-dharma)은 조작되거나 만들어짐이 있는 법으로 무상한 법이다. 반면에 무위법(無爲法, asaṃskṛta-dharma)은 조작되거나 만들어짐이 없는 법으로서 상주하는 법을 가리킨다. 유위법은 다양한 인연관계를 기초로 하여 성립되어 있다면, 무위법은 이러한 인연관계에 의해 만들어지지 않은 법이다. 대승 유식종에서 무위법으로 여섯 종류를 세우고 있지만 모두 진여무위 위에 세워진 것이라고 하고 있다. 그러므로 진여가 유일한 진리이며 하나의 진여를 보는 방식에 따라 여섯 가지로 나눈 것이다.

『성유식론』에 의하면 진여(眞如)의 "진(眞)은 진실이니 허망된 것이 아님을 나타낸다. 여(如)는 평등하게 상주함[如常]을 말하니, 변천이 없는 것을 말한다."고 하였다. 진여는 우주 만유의 보편적인 상주불변의 본체이다. 이것은 진실한 경계로서 오직 성품을 증득한 사람만이 알 수 있다. 진(眞)은 진실의 의미로서 허망된 번뇌의 모든 법을 가려내고, 여(如)는 여상(如常)의 뜻으로 유위 가운데 번뇌가 없는 법을 가려낸다. 이것은 생멸을 떠나 삼세에 환류하지 않고 본래 상주하여 일미로 평등한 것을 의미한다. 이러한 성질은 현상적 존재 즉 유위가 여러 인연으로 만들어지고 생함과 멸함을 거듭하여 무상하며 과거 현재 미래의 삼세 속에서 변화하고 차별되는 모든 성질과 대립한다.

특히 진여가 한 맛으로 평등[一味平等]한 성질이라 것에 주목해야

한다. 우리는 수행을 통해 근본무분별지를 일으켜 진여의 일미평등한 성질을 보아야 한다. 우리는 세계를 주관과 객관의 이분적 사고로 바라보면서 산천이 있고 타자가 있고 자기가 있는 차별의 세계속에서 아타(我他)·피차(彼此)의 대립속에서 고뇌하고 있다. 다종다양한 세계를 만들어내는 감각기관의 작용을 중심으로 탐, 진 등의 정념(情念)이 마음을 오염시키고, 지적(知的)인 언어의 작용이 그 정념에 덧붙여 자기와 타자를 구별한다. 그러나 그것은 미망의 세계이다.

　　이러한 세계관에서 벗어나기 위해 존재의 참된 모습, 즉 일미평등의 진여를 먼저 살짝 엿보고[見道], 그 후 수도위(修道位)에서 정진하여 끊임없이 되풀이 하여 진여를 계속보고, 자기 마음의 근저에 뿌리를 둔 차별관을 하나하나 제거해 나가야 한다. 이러한 실천행이 육바라밀다행이다. 즉 보시하는 자도 받는 자도 보시물도 없이 모든 것은 일미평등으로 존재한다고 끊임없이 확인하고 삼륜청정(三輪淸淨)의 마음으로 나아갈 때 우리 마음속에 자타평등관은 점차 강해진다. 미망의 세계를 타파하고 진실의 세계로 들어가기 위해서는 진여를 보고, 진여에 통달하고, 진여를 성취하는 길 외에 다른 길은 없다.

　　회당대종사는 유위법은 각종 인연 화합하여 조작하고 있는 모든 현상이라 하였고, 무위법은 분별 조작 하나 없이 일[事]이 자연 이루어지는 것을 말한다고 하였다. 이와 함께 유위법은 배워서 알게 되고 무위법은 깨쳐서 알게 된다고 하고 있다.

　　"유위법은 각종 인연 화합하여 조작하고
　　있는 모든 현상이니 배워 일[事]을 알게 되고
　　무위법은 분별 조작 하나 없이 일[事]이 자연

이뤄짐을 말함이니 깨쳐 이치 알게 된다.

학교에는 유위법을 의무로써 가르치고

종교에는 무위법을 자심으로 증득한다."[28]

유위법과 무위법에 대해 수행과 관련하여서는 유위법과 무위법을 이원으로 하여 행해갈 때 장원하게 발전하게 됨을 설하고 있다.

"플러스의 있는 것과 마이너스 없어지는

이원에서 불이 밝고 동력 내는 것과 같이

유무(有無) 두 법 쓸 줄 알면 최고 발전 장원하다.

만약 유위 세력으로 널리 증익 못하거든

무위법에 주하여서 보리심만 관(觀)할지라.

불(佛)이 이에 만행(萬行) 갖춰 정백(淨白)하고 순정(純淨)한 법

만족한다 설하니라."[29]

선법의 유위 세력으로 부족하다면 무위법에 머물러 아뇩다라샴막삼보리심을 관행하면 부처님의 가지력으로 일이 자연 이루어지게 된다는 의미이다.

28) 진각성존 종조회당대종사 자증교설, 『실행론』 제2편 제9장 제2절 (가)-(나) p.100, 진기 66년 (2012) 5월 10일 2판 1쇄.

29) 진각성존 종조회당대종사 자증교설, 『실행론』 제2편 제9장 제2절 (나)-(다) p.100, 진기 66년 (2012) 5월 10일 2판 1쇄.

2. 유루법과 무루법

번뇌를 단제(斷除)하고 열반에 이른다고 하는 것은 불교의 근본 가르침 가운데 하나이다. 유루는 번뇌의 일반적인 명사로 사용되고 있다. 그러한 점에서 유루와 무루의 개념을 명확히 하는 것은 중요한 작업 가운데 하나라고 생각된다.

유루의 원어인 범어는 sasrava이다. asrava를 지닌 것이라는 뜻이다. asrava는 avsru(흘러나오다, 유출되다)라고 하는 동사로부터 파생된 것으로, 초기경전에서 번뇌(klesa) 일반의 별명으로 사용되었다. 이는 육근(六根)으로부터 부정(不淨)한 것이 누출되기 때문이라고 설명되며, 이러한 의미에서 한역자는 루(漏)라고 번역하였다. 그러한 루(漏)가 번뇌의 의미로 사용되고 있는 것을 『중아함경』과 『별역잡아함경』에서 확인할 수 있다.

> "또 비구가 만일 식해탈(息解脫)이 있으면 색(色)을 떠나 무색을 얻고 여기상정(如其像定)을 몸으로 얻어 성취하여 노닐며, 슬기의 관찰로써 번뇌[漏]를 알아 번뇌[漏]를 끊는다. 이렇게 몸 생각하기를 닦아 익히고 이렇게 널리 펴면, 이것을 제12·13·14·15·16·17의 덕이라 하느니라. 또 비구는 마음대로 날아다니는 신통, 하늘귀의 신통, 남의 마음을 아는 지혜, 숙명을 아는 지혜, 나고 죽음을 아는 지혜가 있고, 모든 번뇌[漏]가 이미 다하여 번뇌[漏]가 없는 마음의 해탈과 슬기의 해탈을 얻어, 현재에서 스스로 알고 스스로 깨닫고 스스로 증득해 성취하여 노닐며, 생이 이미 다하고 범행이 이미 서고 할 일을 이미 마쳐, 다시는 후세의 생명을 받지 않는다는 참 모

양을 안다."[30]

"모니의 제자 큰 아라한들은

큰 위덕 지니고 삼명(三明) 갖추며

모든 번뇌[諸漏] 없애고 딴 사람 마음 알고

능히 신변을 나투어 중생 교화하며

이와 같은 성문이 매우 많나니

그러므로 그대는 지금 공경해야 하오."[31]

"담마시여, 그대는 알아야 하나니

그는 온갖 번뇌[諸漏] 이미 없애고

최후의 몸에 머물렀으며

온갖 애욕의 허물들을

모두 다 끊어 없애고

나고 죽음의 바다 건넜네."[32]

위의 경문에서 앞뒤로 전개되고 있는 글의 문맥에서 볼 때 한글 역자가 번뇌라고 번역하고 있는 것과 같이, 루(漏)는 번뇌를 의미한다는 것

30) 『중아함경』(대정장 1권, p.557하), "復次 比丘若有息解脫 離色得無色 如其像定身作證成就 遊 而以慧觀知漏斷漏 如是修習念身如是廣布者 是謂第十二十三十四十五十六十七德 復 次 比丘如意足天耳他心智宿命智生死智 諸漏已盡 得無漏心解脫慧解脫 於現法中自知自 覺 自作證成就遊 生已盡 梵行已立 所作已辦 不更受有 知如眞.", MN. Ⅲ. p.99. 諸漏已盡 (āsavānaṃkhaya).

31) 『별역잡아함경』(대정장 2권, p.413상). "牟尼弟子大羅漢 有大威德具三明 得盡諸漏知他心 能 現神變化群生 如是聲聞甚衆多 是故汝今宜恭敬.", SN. Ⅰ. p.146. 得盡諸漏(khīṇāsava).

32) 『별역잡아함경』(대정장 2권, p.479상). "曇摩汝當知 已盡於諸漏 住於最後身 諸有愛欲過 一切 悉斷除 超渡生死海."

을 알 수 있다. 또한 『중아함경』의 '모든 번뇌[漏]가 이미 다하여'는 한역으로는 '諸漏已盡'이며 니카야에서는 'asavanaṃkhaya'로 표기하고 있으며, 『별역잡아함경』의 '모든 번뇌[諸漏] 없애고'는 한역으로는 '得盡諸漏'이며 니카야에서는 'khiṇasava'로 표기하고 있다.[33] 나아가 『중아함경』의 「루진경(漏盡經)」에서는 루(漏)를 욕루(欲漏), 유루(有漏), 무명루(無明漏)로 나누고, 바르게 사유하여 보고 앎으로써 루(漏) 즉 번뇌를 다할 수 있다고 하고 있다.

> "그 때에 세존께서는 여러 비구들에게 말씀하시었다.
> '앎으로써, 봄으로써 모든 번뇌[諸漏]가 다할 수 있다. 알지 못하는 것이 아니요 보지 못하는 것이 아니다. 어떻게 앎으로써, 봄으로써 모든 번뇌가 다할 수 있는가. 바른 사유와 바르지 않은 사유가 있다. 만일 바르지 않게 사유한다면, 아직 나지 않은 탐욕의 번뇌[欲漏]는 생기고 이미 생긴 것은 곧 더욱 퍼진다. 아직 나지 않은 유루(有漏)와 무명루(無明漏)가 생기고 이미 생긴 유루와 무명루는 더욱 퍼진다. 만일 바르게 사유하면 아직 나지 않은 탐욕의 번뇌[欲漏]는 생기지 않고 이미 생겼더라도 곧 없어진다. 아직 나지 않은 유루와 무명루는 생기지 않고 이미 생겼더라도 곧 없어진다.'"[34]

여기에서도 욕루, 유루, 무명루의 니카야 표기는 욕루(kamasava), 유

---

33) 加藤純章, 「有漏·無漏の規定」, 『印度學佛教學研究』 21권 2호(통권42), p.128.

34) 『중아함경』(대정장 1권, p.431하), "爾時 世尊告諸比丘 以知以見故諸漏得盡 非不知非不見也 云何以知以見故諸漏得盡耶 有正思惟不正思惟 若不正思惟者 未生欲漏而生 已生便增廣 未生有漏無明漏而生 已生便增廣 若正思惟者 未生欲漏而不生 已生便滅 未生有漏·無明漏而不生 已生便滅."

루(bhavasava), 무명루(avijasava)라 하여 루를 asava라고 표기하고 있다.[35]

이어서 경에서는 일곱 가지 법으로 일체의 루(漏)를 끊음으로써 일체의 루(漏)가 다하고 모든 맺힘이 풀려 능히 바른 지혜로써 괴로움의 끝을 얻는다고 하였다.

> "만일 비구로 하여금 유루를 소견을 좇아 끊을 것은 곧 소견으로써 끊고, 유루를 보호로 좇아 끊을 것은 곧 보호로써 끊으며, 유루를 떠남을 좇아 끊을 것은 곧 떠남으로써 끊고, 유루를 씀을 좇아 끊을 것은 유루를 곧 씀으로써 끊으며, 유루를 참음을 좇아 끊을 것은 곧 참음으로써 끊고, 유루를 없앰을 좇아 끊을 것은 곧 없앰으로써 끊으며, 유루를 사유를 좇아 끊을 것은 곧 사유로써 끊게 한다면, 이것을 비구의 일체의 누가 다하고 모든 맺힘이 이미 풀려, 능히 바른 지혜로써 괴로움의 끝을 얻은 것이라 하느니라."[36]

이상에서 보는 것과 같이 원시경전에서는 후의 sasrava의 개념이 아직 생기지는 않았으나, asrava라 하여 그것을 3종 또는 4종으로 분류하고 있다. 그리고 그것을 번뇌의 일반명사로 간주하고 그것을 멸하는 것(khaya, khina)이 열반의 도(道)임을 보여주고 있다.

부파불교에서 부처님의 말씀을 분석하고 종합하는 과정에서 asrava는 번뇌의 다른 이름들 가운데서도 번뇌를 나타내는 가장 대표적인 명칭

---

35) 加藤純章,「有漏・無漏の規定」,『印度學佛教學研究』21권 2호(통권42), p.128. 欲漏(kāmāsava), 有漏(bhavāsava), 無明漏(avijāsava)에 見漏(avijjthāsava)를 추가하기도 한다.

36) 『중아함경』(대정장 1권, p.432하), "若使比丘有漏從見斷則以見斷 有漏從護斷則以護斷 有漏從離斷則以離斷 有漏從用斷則以用斷 有漏從忍斷則以忍斷 有漏從除斷則以除斷 有漏從思惟斷則以思惟斷 是謂比丘一切漏盡諸結已解 能以正智而得苦際."

으로 선택되었다. 그리하여 모든 법을 청정하여 열반에 이르게 하는 것과 그렇지 않은 것으로 크게 분류하여 유루(sasrava)와 무루(ansasrava)라는 술어로 나타난다. 그리고는 유루법에 대하여 정밀하게 규정하고 있는데, 설일체유부의『대비바사론』에서는 유루와 무루에 대하여 다음의 다섯 부분으로 분석을 시도하고 있다.

> "만일 법으로서 모든 유(有)를 자라게 하고 기르며 모든 유를 거두어 이익되게 하며 모든 유를 맡아 지니는[任持] 것이면 유루의 뜻이고 이것과 서로 반대되면 무루의 뜻이다. 또 만일 법으로서 모든 유를 상속하게 하고 생노병사에 유전하며 끊어지지 않게 하면 유루의 뜻이고 이것과 서로 반대되면 무루의 뜻이다. 만일 법으로서 고(苦)와 집(集)에 나아가는 행(行)이며, 그리고 모든 유(有)의 세간의 생노병사에 나아가는 행이면 유루의 뜻이고, 이것과 서로 반대면 무루의 뜻이다. 또 만일 법으로서 유신근(有身見)의 일이며 고제(苦諦)와 집제(集諦)에 포섭된 것이면 유루의 뜻이고, 이것과 서로 반대되면 바로 무루의 뜻이다. 또 만일 루(漏)를 키우고 자라게 하는 법이면 유루의 뜻이고, 모든 누를 손해하고 줄게하는 법이면 무루의 뜻이다."[37]

이상과 같이 다섯 가지로 상세하고 규정하고 있으나, 법승(法勝, Dharmaṣreṣthi)의『아비담심론』에 이르러서는 "만약에 여러 번뇌가 생긴

---

37) 五百大阿羅漢等 造, 三藏法師玄奘 譯,『阿毘達磨大毘婆沙論』(대정장 27권, p.392 중), "問有漏無漏其義云何 答若法能長養諸有 攝益諸有 任持諸有 是有漏義 與此相違是無漏義 復次若法能令諸有相續生老病死流轉不絶是有漏義 與此相違是無漏義 復次若法是趣苦集行 及是趣諸有世間生老病死行是有漏義與此相違是無漏義 復次若法是有身見事 苦集諦攝是有漏義 與此相違是無漏義 復次若法能令諸漏增長是有漏義 若法能令諸漏損減是無漏義."

다면 이것을 성인께서는 유루라고 한다"[38]고 하여 간략하게 표현하고 있다. 그러한 규정은 우파선다(優波扇多, Upasanta)의 『아비담심론경』에서도 이어받고 있다.

"만약 번뇌가 생기는 곳에 처하면
성인은 이것을 유루라고 하시네.
그 루(漏)라는 표현 때문에
지혜있는 사람은 번뇌라고 말하네."[39]

그러나 법구(Dharmatrata)의 『잡아비담심론』에서는 "만약에 여러 번뇌를 증장한다면 성인은 이것을 유루라고 한다"[40]고 하여 유루의 의미를 변경하고 있다. 즉 '번뇌가 생긴다면'에서 '번뇌가 증장한다면'으로 변경하고 있는 것이다. 법구의 규정은 세친의 『구사론』에서 좀 더 명확하게 규정되었다.

"일체의 법을 설함에 있어 간략히 말하면 두 가지 종류가 있으니, 말하자면 유루와 무루가 그것이다. 유루법이란 무엇을 말하는 것인가? 말하자면 도제(道諦)를 제외한 그 밖의 유위법이다. 그 까닭은 무엇인가? 거기에는 온갖 루(漏)가 동등하게 따라 증가[隨增]하기 때문이다. 그리고 멸제(滅諦)와 도제(道諦)를 반연하여서도 온갖 루(漏)는 생겨나지만 따라 증가하

---

38) 尊者 法勝 造, 『阿毘曇心論』(대정장 28권, p.834 중), "問云何是有漏法 答 若生諸煩惱 是聖說有漏 若於法生身見等諸煩惱 如使品說是法說有漏."

39) 法勝論大德優波扇多 釋, 『阿毘曇心論經』(대정장 28권, p.809 중), "若處生煩惱 是聖說有漏 以彼漏名故 慧者說煩惱."

40) 尊者法救 造, 『雜阿毘曇心論』(대정장 28권, p.871 상), "問何相爲有漏行 答 若增諸煩惱 是聖說有漏 以彼漏名故 惠者說煩惱."

지 않기 때문에 유루가 아니다.

택멸, 비택멸, 허공 등의 세 종류의 무위와 도성제(道聖諦)를 무루법이라 한다. 그 까닭은 무엇인가? 거기서는 온갖 루(漏)가 따라 증가하지 않기 때문이다."[41]

이상에서 보는 것과 같이 유루(漏, sasrava)는 온갖 漏(asrava)가 따라서 증가하는 것[隨增]이며, 단순히 루(漏)가 생기는 것은 유루라고 하지 않는다는 것이다. 루(漏, asrava)는 누설의 뜻으로 육근문(六根門)에서 누설되는 것을 뜻한다. 택멸, 비택멸, 허공 등의 멸제와 도제 등의 청정법에 대하여서는 루(漏)가 따라서 증가하지 않으나 염오법을 만나면 루(漏)가 따라서 증가한다. 이와 같이 루(漏)가 따라서 증가하는 원인이 되는 것을 유루 혹은 유루법이라고 한다는 것이다.

유루의 뜻과 반대의 경우를 무루(無漏, anasravah) 또는 무루법(無漏法, anasravah-dharma)이라고 한다. 적극적으로 정의한다면, 번뇌가 끊어진 상태나 번뇌가 끊어지게 하는 작용을 하는 법들을 말한다. 예를 들어, 4성제 중 멸제는 현재 생겨나 있는 번뇌와 미래에 생겨날 수 있는 번뇌가 모두 끊어진 상태라는 의미의 무루이고, 도제는 현재 생겨나 있는 번뇌와 미래에 생겨날 수 있는 번뇌가 끊어지게 하는 길을 가고 있다는 의미의 무루이다. 세간의 정견[世間正見]처럼 번뇌가 약화되게는 하나 번뇌가 끊어지게 하지 못하는 것은 해당 번뇌가 극복된 것, 즉 인(因)이 제거된 것, 즉 마음이 더 이상 해당 번뇌와는 결코 다시는 상응하지 않는 상태

---

41) 尊者世親 造, 『阿毘達磨俱舍論』(대정장 29권, p.1 하), "說一切法略有二種. 謂有漏無漏. 有漏法云何. 謂除道諦餘有爲法. 所以者何. 諸漏於中等隨增故. 緣滅道諦諸漏雖生. 而不隨故故非有漏. 중략 擇非擇滅. 此虛空等三種無爲及道聖諦. 名無漏法. 所以者何. 諸漏於中不隨增故."

가 아니기 때문에, 연(緣)이 갖추어지면 약화되었던 번뇌가 다시 증장할 수 있으므로, 즉 마음이 해당 번뇌와 다시 상응할 수 있으므로 무루가 아닌 유루로 분류한다.

번뇌는 어떤 법을 인연(因緣)으로 하여 생겨나는데, 그 법이 청정법인 경우에는 그 법을 연(緣)으로 하여 수증(隨增), 즉 수순증장(隨順增長)하지 않는다. 반면, 그 법이 염오법인 경우에는 그 법을 연(緣)으로 하여 수증(隨增)한다. 고제와 집제는, 번뇌를 생기게 하는 인(因)이 되기도 하지만, 번뇌를 수증(隨增)하게 하는 연(緣)이 되기 때문에 유루법이다. 반면, 멸제와 도제는 번뇌를 생기게 하는 인(因)이 되기는 하나 수증(隨增)하게 하는 연(緣)이 되지는 않기 때문에 무루법이다.

Ⅲ. 마음의 세 가지 양태와 전환

1. 마음의 세 가지 양태

앞에서 우리는 불교에서 일반적으로 분류하고 있는 법의 분류를 살펴보았다. 불교의 최종 목적이라 할 수 있는 해탈과 열반에 이르기 위해서는, 위의 법의 분류에서 보는 것과 같이 유위법이기는 하지만 번뇌가 따라서 증장하게 하는 연이 되지 않는 법을 행하거나 무위법에 머물러야 한다는 것을 알 수 있다. 유루법과 무루법의 관계에서 본다면, 1차적으로는 법의 분류에서 유루법으로서 번뇌의 마음작용[心所]인 6종과 앞의 번뇌심소 6종에 따라서 일어나는 번뇌의 마음작용인 20종을 행하지 않는 것이다. 그리고 선의 마음작용인 11종을 행하는 것이며, 근본적으로는 무루법을 행하는 것일 것이다. 번뇌의 마음작용 6종이란 탐내는 마음[貪], 성내는 마음[瞋], 오만불손한 마음[慢], 어리석은 마음[癡], 의심하는 마음[疑], 올바르지 않은 견해[惡見] 등을 가리킨다. 번뇌심소 6종을 따라서 일어나는 번뇌의 마음작용 20종이란 때리고 싶을 정도로 화내는 마음[忿], 원망하는 마음[恨], 상대를 헐뜯는 마음[惱], 죄를 감추는 마음[覆], 속이는 마음[誑], 속여 아첨하는 마음[諂], 교만에 도취해 있는 마음[憍], 해치는 마음[害], 질투하는 마음[嫉], 인색한 마음[慳], 부끄럼이 없는 마음[無慚, 無愧], 믿지 않는 마음[不信], 태만한 마음[懈怠], 게으른 마음[放逸], 무겁게 가라앉는 마음[惛沈], 요동하여 뒤숭숭한 마음[掉擧], 사물을 잊는 마음[失念], 착각으로 아는 마음[不正知], 흐트러진 마음[散亂] 등이다. 이들 마음과는 달리 선의 마음작용인 11종은 믿는 마음[信], 정진하는 마음

[精進], 부끄러워하는 마음[慚, 愧], 탐하지 않는 마음[無貪], 화내지 않는 마음[無瞋], 어리석지 않은 마음[無癡], 경쾌하고 편안한 마음[輕安], 게으르지 않는 마음[不放逸], 평등하고 정직한 마음[行捨], 해치지 않는 마음[不害] 등이다.

이와 같이 우리들의 마음이란 번뇌로 인해 괴로움을 담고 있는 마음의 상태에 있기도 하고 또한 기쁨을 담고 있는 선한 마음의 상태에 있기도 하지만, 번뇌의 마음도 선한 마음도 아닌 좀 더 고양된 청정한 무루의 마음상태에 있기도 한다. 이러한 마음의 상태에 대해 불교 유식학에서는 마음의 세 가지 양태로써 설명하고 있다. 그것은 마음의 세 가지 성품을 말하는 것으로, 의타기성(依他起性), 변계소집성(遍計所執性), 원성실성(圓成實性)이 그것이다.

1) 의타기성(paratantra-svabhava)

의타기성(paratantra-svabhava)은 para(他)와 tantra(~에 관련하는), 그리고 svabhava(自性, 性質, 特性)가 결합된 말로, '다른 것에 관련하는 자성(自性)' 또는 '다른 것에 의존하는 자성'을 의미한다. 스체르바스키(Stchervatsky)는 이것을 'the interdependent aspect'[42], Kochumuttom은 'the other dependent natare'[43], Friedmann은 'causally dependent natare'[44], 복부정명(服部

---

42) Stcherbaksy, TH. Madhyānta-Vibhānga, p.37, Discouse on Discrimination between Middle and Extremes, Bibliotheca Buddhica, ⅹⅹⅹ, 1936, 1977, printed in Japen.

43) Kochumuttom. Thomas A. A Buddhist Doctrine of Experience, p.ⅩⅥ, A New Translation and interpretation of the works of Vasubandhu the Yogacarin, Motilal Banarsidass, patna, 1983.

44) Friedmann, Madhyānta-Vibhāga-ṭīkā, p.26, Amsterdam, 1937.

正明)은 '타(他)에 의존하는 존재형태'[45], 장미아인(長尾雅人)은 '타(他)에 의존하는 것'[46] 등으로 번역하고 있다. 진제는 이것을 '依存性'으로 한역하였고, 현장은 '依他起性'으로 한역하였다. '起'자는 범문에는 없지만, 이 문자가 첨가되어도 범문의 의미는 크게 달라지지 않고, paratantra-svabhava의 의미를 더 명확히 해주고 있다. 그래서 안혜는 "依他(paratantra)란 타(他)에 따르는 것이다. 인(hetu)과 연(pratyaya)의 결합에 의해서 생하기 때문이다.[47] 다른 여러 가지 인과 연에 의존하는 것이 의타(依他, patantra)이다. 또 그것은 생기(udpadyate)한다는 의미이다"[48]라고 해석하고 있다. 따라서 paratantra(依他)에는 para-tantra-udpadyata(依他起)의 의미가 함축되어 있음을 알 수 있다. 『해심밀경』에서는 "의타기성(相)이란 (다른 것을) 연하여 생하는 자성이다. 이것이 있으므로 저것이 있고, 이것이 생하므로 저것이 생한다"[49]라고 하여, 근본불교의 연기론을 언급하고 있다. 『중변분별론(中邊分別論)』에서는 허망분별 또는 난식(亂識)으로 불린다.

"abhutaparikalpaḥparatantraḥsvabhavaḥ"[50] (허망분별은 의타기성이다)

"依他性者 謂唯亂識有非實故 猶如幻物"[51]

"依止虛妄分別性故 說有依他起自性"[52]

---

45) 服部正明, 上山春平, 『認識と超越(唯識)』, 佛教の思想.4, p.139, 角川書店, 1970年.

46) 長尾雅人外 共著, 大乘佛典15, 『世親論輯』, p.193, 中央公論社, 昭和58年.

47) M. Sylvain Levi, Susumu Yamaguchi, Sthiramati; Madhyānta-Vibhāga-Ṭīkā, p.22. 12~13, Nagoya, Libraire Hajinkaku, 1934.

48) Levi, Triṃśikā, p.39, 26.

49) 『解深密經』(大正藏16권, p.693 上).

50) 박인성 역, 『中과 邊을 구별하기』, p.23, 주민출판사.

51) 眞諦 譯, 『中邊分別論』(大正藏 31권, p.451 下).

52) 玄奘 譯, 『辯中邊論』(大正藏 31권, p.465 上).

이는『중변분별론』「상품(相品)」제3게에서 허망분별의 자상으로 소취, 능취의 두 가지 대상으로 사현(似現)하는 사현의 당체로서 허망분별이 바로 의타기성임을 언명하는 것이다. 특히 진제는 '猶如幻物'이라는 증보어를 덧붙이고 있다. 이 문구는 실재로는 무(無)인 것을 유(有)로 나타내는 허망분별의 특성을 나타내고 있다. 구체적으로 미륵은『대승장엄경론송』에서 "이와 같은 허망분별은 환(幻, maya)과 같다"[53]고 설한다. 진제는 허망분별인 의타기를 난식(亂識) 그리고 난식변이(亂識變異)라고 한역하고 있다. 이는 순수한 연기체로서의 의타기가 일상적인 범부의 생활에서는 주객분별의 산란의 원인으로써 난식(亂識) 또는 난식변이(亂識變異)의 변계소집에로 전환됨을 일컫는 것이다. 그러나 의타기성 또는 허망분별의 난식으로서의 측면은 무명에 가리워진 범부의 세계에서 그렇게 나타날 뿐이다. 각자(覺者)의 세계에서 의타기는 주객분별의 난성(亂性)이 사라져, 사태자체를 여실하게 직관하는 정식(淨識) 또는 원성실성으로 전환한다. 이러한 의타기의 양면적 특징은『섭대승론』에서 의타기의 염정이분설(染淨二分說)로 나타난다.[54]『중변분별론』에서도 의타기는 순수한 연기체로서의 청정세계의 경계임을 설하는 문구가 있다.

> "의타기성이란 분별된 것이 아니고, 연에 의해서 생한 것이며, 또 어떤 모습으로도 설명할 수 없다. 청정한 세간의 경계이기 때문이다"[55]

물론 이 문구는 미륵이나 세친의 설이 아닌 안혜의 복주(復註)에 있

---

53) Syivain Levi, Mahāyānasūtrālaṃkāra, p.59(Bibliotheque de l'Ecole des Houles Etudes, t159), paris, 1907.

54) 安井廣濟,「依他起性における雜染と淸淨の問題」,『印度學佛教學硏究』第三卷 第一號, 昭和 29年.

55) Levi, Yamaguchi, Madhyānta-vibhāga-Ṭīkā, p.22, 14~25.

는 것이다. 하지만 이 구문은 허망분별의 섭상(攝相)을 설명하는 「상품 (相品)」 제5게에 대한 주석이다. 허망분별의 섭상(攝相)이란 허망분별인 의타기를 중심으로 하여 변계소집과 원성실을 내포하는 전환적 양상을 드리우고 있음을 알 수 있다.

2) 변계소집성(parikalpita svabhava)

변계소집성(parikalpita-svabhava)은 접두사 'pari'와 과거수동분사 'kalpita', 그리고 svabhava가 결합된 말이다. kalpita는 동사원형 vkip(창조하다. 산출 하다)[56]의 사역형 kalpayati(to make, to bring about)가 과거수동분사화한 것 으로 '가정된', '상상된' 등의 의미가 있다. 'pari'는 '충분히, 단지, 오로지' 라는 뜻으로 'parikalpita'라고 할 때, '오로지 가정(假定)된', '오로지 상상 (想像)된' 등의 의미로 해석될 수 있지만, 적원운래(荻原雲來)는 parikalpi- ta의 'pari'의 의미를 염두해 두지 않고 'kalpita'와 동일한 뜻으로 번역하 고 있다. 또한 여러 논서에서도 parikalpita와 kalpita를 동일한 의미로 사용 하고 있음을 볼 수 있다. 이 parikalpita에 svabhava가 결합되어 '가정된 자 성' 또는 '상상된 자성'을 의미하게 된다. Stchevatsky는 이것을 'the thing imagned', Kochumuttom은 'the imagined nature', Friedmann은 'imputed as- pect', 복부정명(服部正明)은 '가상(假想)된 존재형태', 장미아인(長尾雅 人)은 '망상된 것' 혹은 '구상(構想)되어 있는 실재' 등으로 번역하고 있으 며, 진제와 현장은 각각 '分別性', '遍計所執性'으로 한역하고 있다.

『삼성론게』 제2송에서는 "(주객의 집착의 대상)으로 현현케 하는 그

---

56) 荻原雲來, 『梵和大辭典』, p.376.

자체는 의타기이고, 현현하는 모습은 변계소집이다"라고 언명하고 있다. 그 현현하는, 또는 현현된 모습은 아(我, atma; 主觀), 법(法, dharma; 客觀)으로, 그 아와 법은 실재로서 존재하는 것이 아니라, 식(識, vijñana)의 전변(轉變, pariṇama; 變化)으로서 나타난 가설 내지 개념에 불과하다.

개념으로서 아와 법은 『중변분별론』과 『대승장엄경론』에서는 소취, 능취로 분별된 대상으로 표현하고 있으며, 허망분별에 근거한 것이라고 보고 있다. 『대승장엄경론』에서는 소취, 능취로 분별된 사물이 우리의 의식속에서 만들어 낸 허구적 산물임을 비유로서 이렇게 표현하고 있다.

> "비유하면 환(幻, maya)에 의해서 나타난 것은, 그 환(幻)에 있어서 코끼리(象, hasty), 말(馬, asva), 금덩이(金, suvarnady) 등의 형상이 그 사물(物, bhava)로서 사현(似現)됨과 같이, 그처럼 그 허망분별 중에 둘의 산란(dva-ya-bhranti)이 소취, 능취로 사현된 것이 변계소집의 모습(行相, akara)이다."[57]

소취, 능취로 사현된 것이란 『중변분별론』에서 말하고 있는 경(境, artha), 유정(有情, satva), 아(我, atma), 요별(了別, vijñapti) 등의 네 가지 대상이다. 안혜의 復註에 의거할 것 같으면, 4종 대상은 다음과 같이 설명되고 있다.

> "대상(artha)은 실로 변계소집성이라고 한다. 대상은 이 경우에 있어서 색(色) 등(의 外境), 안(眼) 등(의 有情), 아(我) 그리고 요별(了別)이다. 또한 그 (대상)은 분별된 것[所分別, kalpita]의 자성으로서 허망분별 중에는

---

57) Levi, Mahāyāna Sūtrālaṃkāra, p.205.

존재하지 않기 때문에, 없는 것[無]이기 때문에 변계소집성으로 불려진
다."[58]

여기에서 안혜는 소취, 능취의 4종 대상을 변계소집성이라고 말하
고 있다. 『해심밀경』에서는 "모든 법(法)은 명칭으로 자성과 차별을 임시
로 안립한 것[假安立]이며 나아가 언설을 따라서 일어나게 한다"[59]라고
하며, 이러한 사실이 변계소집의 특성이라고 하고 있다.

『대승장엄경론』「술구품(述求品)」 제36 에서는 이러한 사실을 다음
과 같이 서술하고 있다.

"언어(jalpa)와 같이, 대상(義, artha)과 상상(想, saṃjña)의 모습(相, nimitta),
그러한 습기(vasana) 그리고 그러한 것으로 부터의 사현(似現, vikhyana)이
변계소집상(遍計所執相)이다."[60]

대상(義, artha)이란 일반의 사물, 상상(想, saṃjña)은 언설과 사물에
대한 개념을 말한다. "『반야경』이래, 분별은 언어표현에 의한 것이며, 분
별되어 언어로 표현된 것은 허구로 실체성이 없다고 주장되어 왔다. 이
사실은, 반면에 범부는 분별된 배후에 실재물을 상정하며, 그것에 집착하
고 있다는 의미를 동반하고 있다."[61]

그러므로 현실적인 우리들의 일상생활은 언어를 매개로 한 대상으

---

58) Levi, Yamaguchi, Madhyānta-Vibhāga-Ṭīkā, pp.22~23.

59) 『解深密經』(大正藏 16권, p.693 上).

60) Levi, Mahāyāna Sūtrālaṃkāra, p.46.

61) 勝呂信靜, 「唯識說の體系の成立」, 講座大乘佛教 8, 『唯識思想』, p.94, 春秋社. 東京, 昭和57
年.

198 · 진각밀교의 교리와 신행 연구 · 하

로서의 세계이며, 그러한 세계는 실재하지 않는 변계소집성이다. 그러한 대상세계는 구체적으로 말해서 자기(我, atma)라는 내적존재와 산천초목 등의 외적 존재물(法, dharma)이며, 소취, 능취의 분별물이다.

3) 원성실성(parinispanna svabhava)

원성실성(parinispanna-svabhava)은 접두사 'pari'와 과거수동분사 'nispanna' 그리고 'svabhava'가 결합된 말이다. 'nispanna'는 동사원형 vpad(~에 도달 하다, 취득하다)에서 파생된 과거수동분사로 '성(成)', '성취(成就)', '원 성(圓成)', '원성실(圓成實)', '진실(眞實)' 등을 의미한다. 여기에 접두사 pari(원만히)와 svabhava가 결합되어 형성된 것이 parinispanna이다. 그러므 로 parinispanna-svabhava는 '원만히 성취된 자성'을 의미한다. 이를 Scher-batsky와 Frindmann은 'the inffable(不可言說) nature', 복부정명(服部正明) 은 '완성된 존재형태', 장미아인(長尾雅人)은 '완전히 성취된 것' 그리고 Scherbatsky는 다른 구문에서 'the absolute reality'로 번역하고 있으며, 진제 와 현장은 각각 '眞實性', '圓成實性'으로 한역하고 있다.

　『해심밀경』에서는 원성실성을 "일체평등진여이다. 진리에 따라서 생각하며 전도되지 않는 사유이다"라고 정의하고 있다. 즉 대상을 주객의 분별대립물로서 파악하지 않고, 주객의 분별을 떠나서 사태자체를 여실 하게 직관하는 지혜이다. 그래서 미륵은 『중변분별론송』「상품(相品)」 제 5게에서, 원성실성을 불이(不二)로 정의한다. 이(二)란 소취, 능취의 이분 대립물이다. 이러한 소취, 능취를 떠난 것이 원성실성이다. 즉,

　　"grahya-grahakabhavaḥparinispannaḥsvabhavaḥ(所取, 能取의 無, (그것이) 圓

成實性이다."[62]

"眞實性者 謂能取所取二無所有"[63]

"依止所取能取空故 說有圓成實自性"[64]

소취, 능취란 분별물, 분별된 대상을 말한다. 원성실성은 이러한 소취, 능취로 분별된 대상(변계소집성)을 떠난 것이다. 그래서 『유식삼십송』에서는 "의타기에 있어서 변계소집을 멀리 떠난 상태가 원성실성이다"[65]라고 정의하고 있으며, 『삼성론』에서는 "(소취, 능취)로 현현된 모습이 항상 존재하지 않는 무이법성(無二法性)이 원성실성이다"라고 정의하고 있다.

『대승장엄경론』에서는 원성실성의 식표상(識表象)으로서 사물[物]을 떠난 상태를 승의제(勝義諦)로 표현하고 있다.

여기에서 주목해야 할 점은 의타기 자체가 부정되지 않고, 소취, 능취로 분별된 변계소집만이 부정된다는 사실이다. 즉 의타기란 순수한 연기체로서 사물의 진상(眞相)을 나타내는 유(有)로서의 존재이다. 다만 그것이 무명에 가린 범부의 의식속에서는 소취, 능취로 분별하는 당체로 바뀌어 변계소집된 대상물로 집착되어 나타날 뿐이다. 따라서 의타기는 성자의 생활에서는 소취, 능취의 생활을 떠난 순수한 연기체로서의 원성실성으로 전환한다. 이러한 의미에서 의타기와 원성실은 불일불이(不一不異)적 관계를 이루고 있다. 의타기와 원성실의 불일불이적 관계는 『유식

---

62) 박인성 역, 『中과 邊을 구별하기』, p.23, 주민출판사.

63) 『中邊分別論』(大正藏 31권, p.451 下).

64) 『辯中邊論』(大正藏 31권, p.465, 上).

65) 山口益, Trisvabhāva nirdeśa, 第3揭.

삼십송』에서 다음과 같이 서술하고 있다.

> "항상 그것[依他起]에 있어서 전의 것[遍計所執]을 멀리 떠난 상태가 원
> 성실[圓成實]이다. 그러므로 그것[圓成實]은 의타기와 실로 다르지 않고
> [非異], 다르지 않은 것도 아니다[非不異]."[66]

이와 같이 원성실성은 모든 인간들에게 공통으로 들어 있는 의타기
로서의 유(有)이다. 다만 그 의타기로서의 유(有)가 소취, 능취의 집착을
떠날 때, 의타기의 본연의 모습인 원성실성으로 전환한다. 원성실성은 최
고로 완성된 모습이다. 그래서 안혜는 원성실성의 특징을 "불변이(不變
異, avikara), 불전도(不顚倒, aviparyasa)로서 원만성취된 것"[67]이라고 말하
고 있다. 불변이(不變異)는 존재로서의 진실재 즉 불변부동의 진여이고,
불전도(不顚倒)는 인식으로서의 진실재 즉 인식대상을 착오없이 여실하
게 파악하는 무분별지이다. 어쨌든 존재론적이든 인식론적이든 간에 최
고로 완성 성취된 것이 원성실성이다.

2. 마음의 전환

의타기성(依他起性), 변계소집성(遍計所執性), 원성실정(圓成實性)의
세 가지 성품은 마음에 나타난 세계의 세 가지 존재방식을 설명해 주는

---

66) Levi, Triṃśatikā, 第21揭, 第22揭.
67) Levi, Yamaguchi, Madhyānta-Vibhāga-Ṭīkā, p.23. 8~9.

개념이라 할 수 있다. 하지만 삼성의 세계는 각기 개별적으로 존재하는 것이 아니라, 동일한 세계가 세 가지 측면으로 보일 뿐이다. 그 동일한 세계란 인연에 따라 움직이고 있는 연기성으로의 순수한 의타기를 기반으로 한 세계이다. 그러한 의타기의 세계가 일단 범부의 눈에 들어오는 순간 의타기는 변계소집의 허망분별된 세계로 이끄는 현상세계의 동인(動因)이 됨과 동시에 현상세계 그 자체(변계소집의 세계)로 전개되며, 각자(覺者)의 목전에서는 변계소집된 물(物)의 세계가 탈각되어 순수한 의타기로서의 원성실의 세계로 전환한다. 이러한 양상을 『섭대승론』에서는 변계소집성을 의타기성의 잡염분(雜染分)이라 부르고 원성실성은 의타기성의 청정분(淸淨分)으로 부르고 있다.[68] 즉 삼성의 의타기를 중심으로 전환적인 구조를 보이고 있다. 따라서 의타기란 윤회의 세계로 부터 해탈의 세계로 이끄는 기체인 것이다. 『중변분별론』「상품」 제5게에서는 삼성을 허망분별을 중심으로 설명하고 있다. 즉 허망분별의 섭상(攝相, saṃgraha-lakṣaṇa)으로서 삼성을 정의하기를,

"단지 소집(所執, kalpita)과 의타기(依他起, paratantra)와 원성실(圓成實, pariniṣpanna)이란, 대상(artha)이기 때문에, 허망분별(abhutakalpa)이기 때문에, (所取, 能取의) 둘의 무(無, dvayabhava)이기 때문이라고 설해진다."[69]

소집(所執, kalpita)이란 'pari'가 생략된 변계소집(parikalpita)이며, 그것의 대상(artha; 物)이기 때문이라고 하고 있다. 이는 바로 소취, 능취로

---

68) 無着菩薩 造, 玄奘 譯, 『攝大乘論本』(大正藏 31권, p.140 下).

69) Gadjin, M. Nagao, Madhyānta vibhāga-Bhāṣya, p.19. 18-19. Kyoto Univ, Tokyo, 1964.

집착된 물(物)로서의 대상세계를 일컫는다. 의타기(paratantra)는 허망분별(abhutakalpa), 즉 비실(非實)의 허망분별로 소취, 능취의 집착된 분별로 이끄는 당체이다. 그래서 진제는 허망분별을 난식(亂識)으로 해석하고 있다. 원성실(pariniṣpanna)은 그러한 소취, 능취에로 집착된 물(物)을 떠난 둘의 무(無)이다. 따라서 여기에서는 허망분별인 의타기를 중심으로 그것이 범부의 눈에서는 변계소집에로의 경향성과 각자(覺者)의 목전에서는 둘의 무(無)로 나타나는 원성실성에로의 전환적 양상을 보여주고 있다.

허망분별은 소취, 능취의 분별의 당체인 점에서 소취, 능취로 분별된 대상들도 허망분별에 포섭되며, 또한 허망분별이 소취, 능취의 분별을 떠날 때 공(空)으로 전환하므로 공(空) 자체도 허망분별에 포섭되어 있다. 이러한 의미에서 허망분별은 부정될 수 없는 의타기성이고, 분별된 대상들은 변계소집성이며, 그리고 허망분별의 공(空)으로서의 복귀는 원성실성이다.

이와 같이 허망분별은 그 자체 속에서 空으로 전환하는 내면적 계기도 또한 지니고 있다. 앞에서 말한 것과 같이 『중변분별론』에서는 이러한 전환이 허망분별의 空에로의 복귀로 표현되어 있다. 즉 허망분별이 소취, 능취로 분별하는 지향성을 떨쳐버리면, 식표상(識表象)의 무(無)인 공(空)으로서 살아 숨쉬게 된다. 이러할 때 출세간지(出世間智)가 현증(現證)하며, 사태자체를 여실하게 직관하게 된다. 허망분별의 공(空)에로의 전환은 유식철학에서는 전의(轉依)로써 표현한다. 전의란 우리들 의식(識)의 질적인 전환이다. 식론적(識論的) 의미에서 난식(亂識)을 끊고 정식(淨識)을 얻는 내면적인 일대 대전환이다. 『중변분별론』, 미륵송(彌勒頌)과 세친석(世親釋)에서는 정식(淨識)이라는 개념이 나타나지 않지만 해탈한 상태를 나타내는 마음을 심성본정(心性本淨, 自心淸淨)으로 표현한 점으로 보아 전의를 간접적으로 표명했다고 볼 수 있다.

다시 말하자면 우리의 일상적인 지각 및 인식, 사유작용은 그 생성의 본질에 있어서는 의타기적 연기적이지만, 이와 같은 인식·지각작용에 관련되는 대상을 외계에 실재하는 사물로 집착하게 될 때, 그것은 변계소집의 세계인 것이다. 그러나 이러한 실재성에로의 집착을 철저하게 배제하고 사물 그 자체를 여실하게 보게 될 때 의타기적인 것이 그대로 본래적인 원성실성인 것이다. 즉 인간의 그릇된 집착, 아의식(我意識) 등이 '사물 그 자체'(vastu-rupa)의 '있는 그대로'(如性; tathata)를 파악치 못하게 하는 것이다. 그런데 이 최초의 지각 즉 허망분별(虛妄分別)이 의타기성이라고 성격지워지는 까닭은 그것이 인연들에 의해 생기하며 따라서 식(識)의 전환(轉換)이라고 이해되기 때문이다.[70]

진각성존 회당대종사는 이러한 관점에서 의타기로 일어나는 변계소집의 심상을 육바라밀을 통하여 원성실로 전환할 수 있음을 보이고 있다.

"세간 사람 누구라도 간탐하는 마음 있고
악독스런 마음 있고 성을 내는 마음 있고
게으른 마음 있고 어지러운 마음 있고
어리석은 마음 있어 계박(繫縛)되고 전도(顚倒)되니
단시로써 도탐(盜貪)하고 인색(吝嗇)함을 다스리고
정계로써 추잡하고 악마 행동 다스리고
안인으로 성을 내고 원수짐을 다스리고
정진으로 게으르고 방일(放逸)함을 다스리고

---

70) 『中邊分別論』「相品」 제3게와 「眞實品」에서는 각각 허망분별이 의타기성임과 그리고 이러한 의타기의 전환적 구조가 잘 설해져 있다.

정려로써 어지러운 허망(虛妄) 번뇌(煩惱) 다스리고

지혜로써 어리석고 미련함을 다스리면

모든 고통 물러가고 구경해탈 되느니라."[71]

세간 사람들이 사물을 접하고서 분별하여 집착함[변계소집]으로써 일어나는 고통을 담지하는 마음들을 육바라밀의 방편으로 다스림으로써 마음을 전환하여 구경해탈로 나아가게 한다는 것이다. 육바라밀로서 단시, 정계, 안인, 정진, 정려, 지혜를 보이고 있으나, 또한 희사, 계행, 하심, 용맹, 염송, 지혜로 제시하여 좀 더 쉽게 나아갈 수 있게 하였다.[72] 특히 염송은 육자진언 옴마니반메훔 염송을 의미한다. 이러한 육자진언은 육바라밀의 실천수행과 다르지 않음을 밝히고 있는데, 그것은 육자진언의 각 자는 육바라밀의 각각에 배대되어 있기 때문이다.

"옴은 단시 마는 지계 니는 인욕

반은 정진 메는 선정 훔은 지혜.

이 육행을 관행하면 생로병사 받지 않고

잊지 말고 외우면 천재 만액 소멸된다."[73]

육자진언의 염송은 육행을 관행하는 것이고 나아가서는 육바라밀을 실천하는 것이 된다. 그러므로 육자진언의 염송을 통하여 원성실의 성품

---

71) 진각성존종조회당대종사 자증교설, 『실행론』 제3편 수행, 제6장 육행불공 제1절 육행결과, pp.149-150.

72) 진각성존종조회당대종사 자증교설, 『실행론』 서문 「대한불교진각종을 세우는 뜻」, p.8.

73) 진각성존종조회당대종사 자증교설, 『실행론』 제1편 다라니, 제3장 육자진언의 공덕 제2절 육자진언의 공덕, p.45.

즉 불심인을 깨치는 것임을 밝히고 있다.

> "내 자성을 밝히고 내 허물을 깨치고 모든 것을 성취하게 되는 것은 육자
> 진언이 아니고서는 할 수 없다. 이 자성불은 참으로 미묘하여 과거의 모든
> 죄업과 현재에 짓는 것도 분명히 안다. 내 마음의 불심인(佛心印)과 내 허
> 물을 깨친다. 불심인이 내 마음의 주인공이 되어 자리 잡고 있으면 중생
> 심은 도망간다. 육자진언은 본심을 밝혀 심인진리를 깨닫게 하는 진리이
> 다." [74]

중생들은 누구라도 인연에 따라 일어나는 마음에서 분별하고 집착
하는 마음을 일으켜 번뇌의 마음작용, 즉 간탐하는 마음, 악독스런 마음,
성내는 마음, 게으른 마음, 어지러운 마음, 어리석은 마음이 있다고 하였
다. 그러나 이러한 마음이 일어나더라도 육자진언의 염송을 통하여 육행
을 실천하게 되면 원성실의 마음 즉 불심인, 본심으로 나아가게 된다는
것이다.

그렇다면 중생들의 마음작용은 어떻게 작용하길래 분별하고 집착하
는 마음으로 나아가기도 하고, 육행실천으로 원성실의 마음 즉 불심인의
마음으로 나아가게 되는 것일까? 이에 대해서는 다음 장에서 살펴보고자
한다.

---

74) 진각성존종조회당대종사 자증교설, 『실행론』 제1편 다라니, 제2장 육자진언 제2절 육자진언과
자성불, pp.43-44.

Ⅳ. 마음과 마음작용의 상응

1. 마음과 마음작용의 상응

불교 유식학에서는 마음을 여덟 가지로 나누고 있으며, 밀교에서는 여덟 가지 마음에 한 가지를 더 보태어 아홉 가지로 나누고 있다. 즉 안식(眼識), 이식(耳識), 비식(鼻識), 설식(舌識), 신식(身識), 의식(意識), 말나식(末那識), 아뢰야식(阿賴耶識), 아마라식(阿摩羅識) 등이다. 유식학에서 앞의 여덟 가지 식들은 마음 가운데에서도 중심이 되기 때문에 심왕(心王)이라고 한다. 심왕에는 많은 권속이 따르는데 이 권속을 심소(心所)라고 하며 자세히는 심소유법이라 한다. 심왕은 중심적인 마음이며, 심소는 그 심왕과 동시에 작용하는 갖가지 미세한 마음의 작용을 말한다.

우리가 어느 한 대상을 눈으로 볼 때, 시각이라는 하나의 심작용(心作用)만이 작용한다고 생각하지만 실제로는 그렇지 않다. 하나의 심왕[안식]과 그것에 상응하는 여러 심소로 이루어진 복합체이다. 이 가운데 심왕은 대상의 총체적인 모습을 인식하고, 심소는 대상의 총체적인 모습에 추가하여 세밀한 모습을 인식한다. 양자의 작용의 차이를 그림을 그리는 스승과 제자의 관계를 통해 비유해보면, 스승이 모범을 보여 그림의 대체적인 도형을 그린다. 그러면 거기에 제자가 색칠을 하고 그림을 완성시킨다. 이 경우 스승이 심왕, 제자가 심소에 비유된다. 그림이 좋거나 나쁘게 되는 것은 오로지 제자가 어떠한 타입과 색채로 능숙하게 묘사하느냐에 달려 있다. 마찬가지로 마음이 선한 것인지 악한 것인지는 그 심왕과 함께 작용하는 심소에 달려 있다고 하겠다.

2. 마음작용의 양태

마음작용의 양태는 기본적으로 심왕과 심소가 상응하는 상응의 마음작용을 들 수 있다. 이와 함께 상응의 마음작용을 기본으로 하면서 연속하는 마음작용과 대치하는 마음작용을 들 수 있다. 이에 대해서 좀 더 상세하게 설명해보자.

1) 상응의 마음작용

위에서 살펴본 것과 같이 심왕과 심소의 관계는 일차적으로 상응(相應)이라는 관점에서 살펴볼 수 있다. 상응이란 심왕과 심소가 서로 대응하여 작용하는 것을 말한다. 즉 A라는 하나의 심왕이 일어나면 어떠한 a, b, c라는 심소가 서로 대응하면서 생기는 것을 말한다.

예를 들면 나의 눈은 외계의 사상(事象)을 있는 그대로 받아들이고 있다고 생각하지만, 구체적으로 파악된 사상은 결코 있는 그대로의 사상이 아니다. 오히려 시각과 더불어 작용하는 a, b, c…라는 심리작용의 영향 아래 작용하는 '채색된 사상(事象)'이라 할 수 있다. 인식대상을 채색한 것, 그것이 상응의 심소이다. 우리의 마음이 오염되었다거나 깨끗하다고 하는 것은 심왕과 함께 작용하는 심소의 존재방식 여하에 따른다는 것을 알 수 있다.

즉 불선(不善)으로 오염된 번뇌와 수번뇌가 일어나면 그들과 함께 작용하는 심왕과 심소(변행심소, 별경심소, 부정심소 어느 쪽이든)도 불선으로 오염된다. 또한 신(信) 등의 선의 심소가 작용할 때에는 그들과 함께 상응하는 심왕과 심소도 선이 된다. 또한 번뇌 심소, 수번뇌심소, 선의 심소 어느 쪽에도 상응하지 않고 일어나는 심왕 심소는 선도 불선도 아닌 무기(無記)가 된다. 따라서 시각이나 사고 혹은 집중력 등 그것 자체는 선도 악도 아니다. 시각이나 사고 혹은 집중력이 선이 되느냐 악이 되느냐는 그들에게 어떠한 선악의 마음이 수반되어 작용하는가에 달려 있다.

이와 관련하여 회당대종사는 인간은 마음의 지배를 받고 있다고 하면서 착한 마음은 착한 행을, 악한 마음은 악한 행을 하게 한다고 하였다. 이와 함께 마음의 번뇌는 허망과 애착에서 일어나므로 지혜로 제도해야 한다고 하고 있다.

> "마음의 번뇌는 허망과 애착에서 일어나므로 지혜로 제도해야 한다. 인간은 마음의 지배를 받고 있다. 착한 마음은 착한 행을, 악한 마음은 악한 행을 하게 한다. 하늘의 저 달도 보는 사람의 마음이 슬프면 슬프게 보이고 기쁘면 아름답고 황홀하게 보인다. 마음의 차이로 열 사람 천 사람에게 다르게 보이는 것이다."[75]

더 나아가 사바세계도 극락세계도 내 마음 가운데 있으며, 부처와 중생도 마음에 있다고 설하고 있다.

> "사바세계도 내 마음 가운데 있고 극락도 내 마음 가운데 있다. 중간생략 내 마음에 번뇌가 있으면 일체 법에 어둡고 내 마음에 용맹이 서면 자성이 일어나서 일체 법에 밝게 된다. 화와 복이 마음 가운데 있고 고와 낙이 마

---

75) 진각성존종조회당대종사 자증교설, 『실행론』 제4편 실행, 제4장 육행의 실제 제3절 육행의 실제 (나), p.250.

음에 있다. 부처와 중생도 마음에 있다."[76]

2) 연속의 마음작용

연속의 마음작용이란 A라는 마음이 일어날 경우, 그 결과로서 뒤이어 어떠한 B라는 마음이 생기는가 라는 관점이다. 더욱이 B에서 C, C에서 D로 나아갈 때 어떠한 마음의 계기가 되는가 하는 관점이다.

다시 말하면, 예전에 경험한 일을 명확하게 기억하여 잊지 않는 마음[念]이 일어나면 바로 이어서 삼매[定]의 마음이 일어나고 이어서 혜(慧)의 마음이 일어나는 것과 같다.

이와 같이 념(念)의 마음작용이 일어나면 정(定)의 마음작용이 결과로 일어나고 정의 마음작용에서 혜의 마음작용이 생기듯이 념⇒정⇒혜라는 순서로 마음이 일어난다고 관찰하는 입장이다. 무명에서 시작해서 생(生) 노사(老死)로 끝나는 12인연설의 발견도 이러한 관찰에서 얻어진 것이라 할 수 있다. 특히 자기 향상을 목표로 수행할 때에는 이러한 시각이 매우 중요하게 된다.

왜냐하면 A⇒B⇒C로 계기하는 마음이 만약 자동적이고 필연적으로 일어난다면, A라는 선심(善心)을 일으키기만 하면 뒤는 자동적으로 자기 향상의 걸음을 걷기 때문이다.

---

76) 진각성존종조회당대종사 자증교설, 『실행론』제3편 수행, 제3장 육자관행 제6절 마음과 극락 (나), p.128.

3) 대치의 마음작용

대치의 마음작용은 A라는 마음을 없애기 위해서는 어떠한 마음을 일으켜야 하는가라는 관점에서 마음의 생기(生起)를 파악해가는 입장이다. 예를 들면 탐욕의 번뇌를 없애기 위해서는 그 반대인 무탐(無貪)을 일으키면 좋다. 이 경우 탐욕은 대치되는 것[所對治]이고 무탐욕은 대치하는 것[能對治]이라고 한다. 불교에서는 악심(惡心; A의 마음)을 멸한 뒤에 선심(善心; 非 A의 마음)이 생긴다고 생각하지 않는다. 빛을 비추면 어둠이 사리지는 것과 같이 선심을 일으키면 악심이 소멸한다고 생각한다. 악심을 대치하는 마음작용과 대치되는 번뇌의 마음작용을 살펴보면 다음과 같다.

대치하는 마음작용	대치되는 마음작용
신(信)	불신(不信)
참(慚)	무참(無慚)
괴(愧)	무괴(無愧)
무탐(無貪)	탐(貪)
무진(無瞋)	진(瞋)
무치(無癡)	치(癡)
근(勤)	해태(懈怠)
경안(輕安)	혼침(惛沈)
불방일(不放逸)	방일(放逸)
행사(行捨)	도거(掉擧)
불해(不害)	해(害)

악심을 멸하기 보다는 선심을 일으켜야 한다는 뜻에서, 회당대종사는 사도(邪道)를 없애고 정도(正道)를 세우려하지 말고 정도를 세우면 사도는 없어진다고 하였다.

> "미신을 없애려 하기보다 정신(正信)으로 나아가면 자연히 미신이 없어진다. 사도(邪道)를 없애 정도(正道)를 세우려 하지 말고 정도를 세우면 저절로 사도가 없어진다. 이것이 지혜있는 사람의 방편이다. 간탐심을 없애려 하기보다 희사행을 실천하게 되면 자연히 간탐심이 없어진다. 이것이 곧 지혜있는 사람의 방편이다."[77]

또한 탐진치를 없애려고 하지 말고 육바라밀을 행하여 지비용을 일으키라고 하고 있다.

> "이전에는 탐진치 없애기를 주장하였지만 지금은 육바라밀을 행하는 것이 보살의 사명이다. 참회의 길은 지비용을 일으켜서 십악참회하는 것이다. '옴마니반메훔'을 이삼 년 염송하면 화복의 근원을 알게 되고, 나아가 육바라밀행을 실천하면 더 큰 복의 길이 있다. 나 중심에서 중생 중심으로 나아가야 한다."[78]

종국에는 부처가 되는 길도 중생의 길도 마음에 달렸으니, 중생의 길인 탐진치를 없애려고 애쓰지 말고 부처의 길인 육행을 실천하라는 것

---

77) 진각성존종조회당대종사 자증교설, 『실행론』 제4편 실행, 제3장 현정파사 제4절 정과 사 (다), pp.227-228.

78) 진각성존종조회당대종사 자증교설, 『실행론』 제4편 수행, 제4장 육행의 실제 제1절 육행실천 (라), p.247.

이다. 육행은 희사, 계행, 하심, 용맹, 염송, 지혜 등이다. 이들 육행이 바라밀행이 되도록 까지 실행했을 때 어둠은 사라지고 지혜와 자비로움이 가득한 광명의 부처의 길이 가까이에 있게 된다.

참고문헌

『佛性論』(대정장 31권).

『成唯識論』(대정장 31권).

『菩提心義』(대정장 46권).

『無畏三藏禪要』(대정장 18권).

『阿毘達磨俱舍論』(대정장 29권).

『成唯識論述記』(대정장 43권).

『중아함경』(대정장 1권).

『별역잡아함경』(대정장 2권).

『阿毘達磨大毘婆沙論』(대정장 27권).

『阿毘曇心論』(대정장 28권).

『阿毘曇心論經』(대정장 28권).

『雜阿毘曇心論』(대정장 28권).

『解深密經』(대정장16권).

『中邊分別論』(대정장 31권).

『辯中邊論』(대정장 31권).

『攝大乘論本』(대정장 31권).

荻原雲來, 『梵和大辭典』.

『진각교전』, 도서출판 진각종해인행.

진각성존 종조회당대종사 자증교설, 『실행론』, 진기 66년(2012) 5월 10일 2판 1쇄.

『종조법어자료집(채택분정리)』, 교법연구자료 V, 교육원 연구실, 진기53년 3월.

『종조법어록』, 교화자료용 I, 대한불교진각종 종조법전편찬위원회, 진기 48년.

김무생(경정), 「悔堂大宗師의 心印思想」, 『밀교학보』 3집, 위덕대학교 밀교문화연
　　　구원.

김치온(명운), 「心印에 대한 一考察」, 『회당학보』 제8집.

박인성 역,『中과 邊을 구별하기』, 주민출판사.

加藤純章,「有漏·無漏の規定」,『印度學佛教學硏究』 21권 2호(통권42).

服部正明, 上山春平,『認識と超越(唯識)』, 佛敎の思想.4, 角川書店, 1970年.

長尾雅人外 共著, 大乘佛典15,『世親論輯』, 中央公論社, 昭和58年.

安井廣濟,「依他起性における雜染と淸淨の問題」,『印度學佛敎學硏究』第三卷
　　　第一號, 昭和29年.

勝呂信靜,「唯識說の體系の成立」, 講座大乘佛敎 8,『唯識思想』, 春秋社. 東京, 昭
　　　和57年.

山口益, Trisvabhāva nirdeśa, 第3揭.

Syivain Levi, Mahāyāna Sūtrālaṃkāra.

Levi, Yamaguchi, Madhyānta-vibhāga-Ṭīkā.

Levi, Mahāyānasūtrālaṃkāra(Bibliotheque de l'Ecole des Houles Etudes).

M. Sylvain Levi, Susumu Yamaguchi, Sthiramati; Madhyānta-Vibhāga-Ṭīkā, Nagoya, Libraire
　　　Hajinkaku, 1934.

Levi, Triṃśikā.

Friedmann, Madhyānta-Vibhāga-ṭīkā, p.26, Amsterdam, 1937.

Stcherbaksy, TH. Madhyānta-Vibhānga, p.37, Discouse on Discrimination between Middle
　　　and Extremes, Bibliotheca Buddhica, X X X, 1936, 1977, printed in Japen.

Kochumuttom. Thomas A. A Buddhist Doctrine of Experience, p. X VI, A New Translation
　　　and interpretation of the works of Vasubandhu the Yogacarin, Motilal Banarsidass,
　　　patna, 1983.

Gadjin, M. Nagao, Madhyānta vibhāga-Bhāṣya, Kyoto Univ, Tokyo, 1964.

제 6 장

진각밀교의 신행과 활동

정동현(선운) 실상심인당 주교

머리말

심(心)은 곧 불(佛)이요, 불은 곧 심이므로 불법(佛法)은 심의 법이다. 불법은 체(體)요, 세간법(世間法)은 그림자가 되므로 체가 곧으면 그림자도 곧고, 체가 굽으면 그림자도 굽는다. 그러므로 불법과 세간법이 본래 다르지 않아 불법이 바르게 서고 흥하는 데 국가도 바르게 서고 흥왕(興旺)하는 것이다. 우리나라의 역사를 살펴보면 불교가 흥왕하던 때는 국가도 장원(長遠)하게 흥왕하였고, 불교가 쇠퇴(衰退)하던 때는 국가도 곧 쇠퇴하였던 것이다."…"불교는 삼천 년 간 전통을 이어 왔고, 한정 없는 미래에도 변함없이 계승될 것이다.

그러나 시대와 사회의 변천에 따라 이원주의로 전환한 이십 세기 오늘날에는 법신비로자나불의 진리와 언행을 바로 가르쳐서 현세를 교화하기 위해 이원(二元)방법을 세워서 일원(一元)에 병든 것을 바르게 하는 새 불교가 이 세상에 출현할 것을 바라보고 계승해 왔던 것이다." …"현세를 교화하려고 새로 창종한 진각종은 교종(敎宗)과 본심진언(本心眞言)을 주로 하고 불타(佛陀)의 중생교화의 본뜻을 바로 가르쳐서 다신다불(多神多佛)을 세우지 않는다. 또한 안으로 나에게 있는 심인보살님[自性法身]과 밖으로 삼계에 두루 찬 법계진각님[法界法身]을 깨쳐서 동서 문화가 크게 교류하는 세계적 대변혁기에 순응하여 자주가 아닌 의뢰적 방편, 교민화속(敎民化俗)이 아닌 독선적 방편을 탈각하게 한다."…"서양에는 하나님교, 동양에는 불교, 다시 이것이 하나님교에서는 천주교와 예수교, 불교에서는 삼보사불(三寶事佛)을 주로 하는 사찰과 삼신이불(三身理佛)을 주로 하는 진각종등 종파로 분교가 되어 그 이원의 근본이 바로서는 데 오백년 동안 일원주의의 전제 하에서 병든 불교가 바르게 서게 될 것이다."…"만일 종교가 자율을 잃고 의식을 주장하고 형식화되면 시기 질투 당파가 일어나서 집도 없어지고 나라도 없어지며 세계도 멸망의 길로 들어가게 되는 것이다. 그러므로 민주주의로 남북이 통일되자면 종교의 자율이 있어야 한다. 이제는 마땅히 자율이 있는 이원 종교가 일어나야 할 때이다."[1]

위의 글은 진각종을 창종하신 진각성존 회당대종사의(이하 대종사라 칭한다)의 자증교설인 『실행론(實行論)』의 서문 대한불교진각종을 세우는 뜻(진기7년 8월24일)에 있는 일부내용을 발췌한 것이다. 위의 글에서 보듯이 대종사는 기존의 한국전통불교가 추구하는 가치와 다른 새로운 불교를 지향하고 있다.

진각종은 우리나라에서 발생한 불교종단이면서 전통적 불교 관점에서 보면 외형상으로는 불교적 색채가 옅으면서 내면적으로는 한국불교의 신행과 모습에 신선한 충격을 주면서 출발했다. 단청으로 화려하게 꾸민 목조양식(樣式)의 사찰(寺刹)도 없으며, 불단에는 예불 대상인 불상(佛像)도 없다. 삭발염의의 승려도 없으며 복잡한 의식의례(儀式儀禮)가 없다.[2] 그야말로 전통적으로 내려오던 불교적인 외형 모습이 거의 없다. 그래서 외형을 중시하는 이에게는 이질감과 거부감을 느끼게도 한다. 진각종은 종지(宗旨)에서 시대에 맞는 교화와 창교(創敎)[3]이념으로 생활불교를 내세워 혁신불교를 표방했다. 또한 계율 중심에서 깨달음 중심으로,

---

1) 대한불교진각종 교법결집회의, 『실행론』(대한불교진각종 도서출판 해인행, 2012), pp.5-11.

2) 김무생, 『회당사상과 진각밀교』(위덕대학교 출판부, 2002), p.26.

3) 진각종에서는 심인불교의 새로운 가르침을 열었다는 것에 의미를 두고 창교에 주안점을 둔다. 개종(開宗)의미로 창종(創宗)이라 부른다.

의례의식 위주에서 실천 중심으로, 불상 중심에서 무상(無相)진리 중심으로, 내세기복의 타력에서 현세안락의 자력(自力) 불교로 산중 불교를 탈피하여 일상생활 가운데에서 이 몸 이대로 성불하는 밀교의 즉신성불(卽身成佛)을 실현하기위해 불교적 삶을 강조하였다.[4]

이와 같이 "진각종은 교리와 수행, 의례의식과 교단의 조직과 교화 형식 등은 전통적인 이웃 종파와 상이한 점을 매우 많이 지니고 있다. 그러나 종단의 기본 정신과 실천 방식은 오히려 부처님 가르침의 본질에 더욱 가까이 있다."[5]

그렇다면 진각밀교의 신행에서 진각밀교가 무엇인지 종단을 창교하신 대종사께서 기존의 전통불교 종파와 다르게 새로운 신행 형태로 전환하는 과정의 핵심에는 무엇이 있는가를 살펴보면 필자는 교리적인 입장에서 심인불교, 심인공부, 심인진리의 '심인(心印)'이 가장 중심적이며, 수행적인 면에서는 '희사(喜捨)'와 '육자진언 염송(念誦)'이 으뜸이라고 여겨진다. 그래서 본고에서는 진각종 신교도가 신행 생활을 함에 있어서 근본이 되는 심인과 실제하고 있는 희사와 염송수행 또한 이 두 가지를 바탕으로 대사회적 신행 활동이 어떻게 회향되고 있는지에 대해 알아보고자 한다.

---

4) 우리사상·정책연구소, 『현대한국 밀교안내서』(도서출판만다라, 1994), p16.
5) 경정 김무생, 「진각종의 창교 이념과 종풍」, 『진각밀교의 교학체계』(도서출판 해인행, 2013), p.28.

Ⅰ.진각밀교의 신행

1. 진각밀교

진각밀교는 진각과 밀교를 합한 용어이다. 더 구체적으로 진각종식 밀교이다. 진각은 참된 깨달음이며 진각종 신교도가 추구하는 이상으로 부처와 합일이다. 밀교는 인도에서 대승불교 이후 나타난 그 시대의 대중들이 요구한 불교의 가르침이다. 여기에서는 밀교의 유래, 성립, 발달, 의례 등은 생략하고 진각종에서 어떻게 이러한 용어를 쓰게 되었는지 만을 밝히고자 한다. 진각종이 자기 정체성을 가진 불교종단으로 성립되고 교세가 날로 커져가면서 대종사는 외견상으로 기존 불교와 달리 이교처럼 보이는 종단의 특수성을 불교역사의 보편적인 교리에서 그 근거를 찾고자 하였다.

그리하여 지금까지 접하여온 불교문헌과 특히 당시에 만난 밀교의 경론과 문헌에서 비로자나불을 설주(說主)로 하는 법신불 사상, 보리심 사상, 실천행으로 삼밀수행에 크게 감명과 관심을 가졌다. 그것은 심인과 보리심, 진각님과 법신부처님, 육자진언과 염송과 삼밀관행의 상관성이 신통스럽게 맞았기 때문이다. 즉 참회·심인·진각·육자진언의 개념들을 밀교교리와 통하여 체계화하려 한 것이다.

나아가 대종사는 심인을 보편적인 하나의 원리이면서 일체중생에 내재되어있는 마음인 동시에 다라니의 공능(功能)을 가지고 있는 마음으로 본 것이다. 그리하여 육자진언을 염송함으로서 염송 상태의 마음으로 심인을 밝힐 수가 있는 것이다.

그리고 법계진각님의 개념을 밀교의 비로자나불에 포섭시켰다. 즉 심인이 원만한 상태를 진각이라고 하고 이를 인격적으로 '진각님'이라하였다. 그리고 일체 존재에 내재되어있는 진각님을 전인적인 인격으로 '법계진각님'이라 하였다. 따라서 대종사는 그동안 법계의성(性), 하나님, 하나부처님, 법계부처님 등으로 불러오던 보편적 원리는 법신비로자나불의 개념으로 포섭하였다. 한편으로 심인의 원만상이 비로자나불이고 심인을 내포한 진언이 육자진언이므로 비로자나불과 육자진언은 목적과 수단이 된다. 즉 육자진언은 심인의 원만상인 비로자나불을 상징하는 구체적 모습이면서 동시에 비로자나불을 체험하는 신행의 직접적인 대상(對相)이 되는 것이다. 그리하여 육자진언을 비로자나불의 진언으로서 진각종 교학의 교주인 법신비로자나불과 종교 이상으로 진각을 실현하여가는 신행의 본존으로 삼은 것이다.

또한 밀교교리를 수용하여 육자관행(의밀意密) 육자염송(구밀口密) 금강지권의 결인(신밀身密)을 체계화하여 밀교의 삼밀수행의 하나로 육자관법(六字觀法)을 세워(1957) 밀교종단으로 자리매김하고자 하였다. 그러나 "비로자나불 세계를 상징하는 다양한 만다라도의 수용(受用)과 상징 양식으로서 복잡한 수행 의식을 종단에 수용하는데 있어서 큰 어려움을 만난다.[6]

그리하여 심인당(心印堂)[7] 전면에 금강계만다라 성신회의 삼십칠존(三十七尊) 불보살과 중앙에 본존 육자진언을 문자로 세로로 새겨놓아 예참하게 하였다. 이것은 밀교의 기본교리는 수용하되 표현하는 상

---

6) 김무생, 앞의 책, pp.245-247.

7) 대한불교진각종 수행도량의 이름. 본존으로 등상불(等像佛)을 모신 현교(顯敎)의 절寺에 상대하여 상(像)이 없고 육자대명왕진언의 문자(文字)가 신행의 본존이다.

징 양식과 의식은 선별하여 수용하고자 하는 의도로 보여주고 있다. "종단의 명칭도 비밀불교(1968), 다라니불교(1959), 다라니밀교·밀교금강승(1960~1)로 개칭하면서 종단의 밀교적 성격을 밝히고 있다."[8]

대종사는 밀교의 정신과 기본교리는 수용하지만 상징으로 체계화된 의식과 양식은 선택적으로 수용 또는 배제하였다. 그렇기 때문에 진각종은 보리심, 비로자나불, 만다라, 삼밀관등의 밀교의 기본 개념과 즉사이진(卽事而眞) 등 밀교 정신을 독창적으로 수용하면서도 복잡한 밀교 의례의식과는 거리를 두어 간결하고 단순한 형태를 가지고 있다. 즉 내면적 교학은 밀교적이면서 외형적 양식은 전통적 입장에서 밀교적, 불교적이지 않은 점을 가지고 있다.[9]

진각종의 불사의식에서 밀교적 요소가 간결한 예(例)는 매 불사의 시작과 마칠 때 삼종참회문에 밀교의 세계관인 육대·사만·삼밀을 송(誦)하여 참회하며, 진언행자의 일체서원도 현교의 사홍서원이 아닌 대일여래의 본원인 오대서원을 한다. 첫째 시간에는 먼저 밀교의 사종수법인 식재·증익·항복·경애법의 진호국가기도를 하며, 불사 중간 육자진언염송을 삼밀로서 육자관으로 삼매에 들어간다. 또한 밀교 종단이라는 것을 진각종요(宗要) "진각종은 불교의 심수(心髓)인 밀교(密敎)정신을 본지(本旨)로 하고 밀교의 법맥을 심인으로 전수한 회당대종사의 자증교설(自證敎說)을 종지로 삼아서 교법을 세우고 종문을 열어서 시대에 맞는 교화이념과 방편을 펴는 불교종단이다."[10]와 종지(宗旨) "진각종은 시방삼

8)   김무생, 앞의 책, p.248.
9)   경정 김무생, 「종조의 사상과 진각종의 성립」, 앞의 책, p.372.
10)   대한불교진각종 교법결집회의, 앞의 책, p.3.

세 하나로 계시는 법신 비로자나부처님을 교주(敎主)로 하고 부처와 종조의 정전(正傳)심인(心印)인 '옴마니반메훔'을 신행(信行)의 본존(本尊)으로 받들어 육자관행(六字觀行)으로 즉신성불(卽身成佛)하고 현세정화(現世淨化) 함을 종지(宗旨)로 한다."[11]에서도 밀교정신,밀교법맥, 법신비로자나불, 육자관행, 즉신성불의 밀교적 용어를 사용하고 있으며, 소의경전으로는 『대일경』,『금강정경』,『대승장엄보왕경』,『보리심론』,『진각교전』,『실행론』 밀교경전이 있다. 이와 같이 대종사는 심인불교와 진각종 창종을 통하여 새롭게 창조한 불교를 전통밀교와 차별화하여 진각밀교라 일컫는 것이다.

2. 진각밀교 신행의 근본

진각밀교의 신행에서 진각종 신교도가 신행 생활을 하는데 있어서 가장 중심이 되는 용어가 '심인'이다. 심인을 신행의 중심에 놓고 진각종의 종파성과 자기주장으로 하여 새로운 불교종파를 세웠다. 때문에 심인을 빼면 종단의 성립 존재 가치가 사라진다.[12] 대종사는 "진각은 심인을 분명히 알아서 생활 중에 깨닫고 참회하고 실천하는 것이다"[13]라고 하였다. 심인에 대한 이해가 없으면 진각밀교 신행은 그 생명력을 잃고 만다. 진각종의 진언행자 신교도는 심인이 살아있도록 수행하고 생활하는 것이다. 그

---

11) 대한불교진각종 교법결집회의, 앞의 책, p.3.
12) 김무생, 「悔堂大宗師의 心印思想」, 『密敎學報』 第3輯, 密敎文化研究院(위덕대학교 출판부, 2001), p.22.
13) 대한불교진각종 교법결집회의, 앞의 책, p.63.

러면 여기에서 대종사의 심인에 대한 교설을 통해서 진각밀교 신행에서 심인의 중요성을 살펴보고자한다.

1) 심인진리

대종사는 창교와 더불어 초기교화가 급속히 확장되는 과정에서 참회원에 이어서 심인불교로 교명을 변경하였다. 그것은 교화의 중심이 참회에서 심인으로 심화시킨 것이다. 즉 신행의 중심이 참회에서 심인으로 변화된 것이다. 이 심인은 "옛날에는 의발(衣鉢)을 전했고, 이제는 심인법(心印法)을 전한다…."[14]라는 대종사의 마지막 유교(遺敎)까지 중요한 가치임을 보여주고 있다. 이러한 심인법은 심인이 곧 진리 그 자체라 하였고 마음 밝히는 수행, 마음 고치는 수행, 즉 심인(마음)공부를 대단히 강조하였다. 그래서 진각종 교화자는 "심인진리를 깨쳐서 전수(傳授)하는 스승이어야 한다."[15]고 하였으며 따라서 진각종 신교도는 심인을 깨치는 것이 수행의 근본인 것이다. 그리고 심인을 깨치는 도량이라 하여 현교의 법당에 상대(相對)하여 심인당이라 정했다. 그러면 대종사는 심인에 대해서 어떤 말씀을 하셨는지에 대해서 그 의미를 분석해보면 신행 생활에서 심인이 왜 중요한지와 심인공부가 왜 필요한지 알 수 있을 것이다.

---

14) 지현(장용철), 『佛法은 體요 世間法은 그림자라』(도서출판 진각종 해인행, 1999), p.423.

15) 손규상, 『법불교』(해인행, 1960), p.17.

(1) 심인에 대한 교설

『실행론』 교리 편에

> "내 자성이 법신임을 깨달아야 대도(大道)를 얻게 된다. 마음 가운데 두고
> 말하자면 심인이며 밖에다 두고 말하자면 도솔천이다. 우주에 진리가 전
> 기의 성품과 같이 충만하여 있으니, 전파가 있더라도 수신기가 있어야만
> 방송을 들을 수 있는 것과 같이 심인상도(心印常道)가 있더라도 심인진리
> 를 활용하지 않으면 인증을 할 수 없고 활용을 못한다."[16]

> "나와 심인과 비로자나부처님은 한 덩어리가 되어 대(對)가 없는 것을 알
> 아야 한다. 내가 서 있는 곳이 바로 중심이다."[17]

심인은 나의 중심이요 이 세계가 법신비로자나불로 가득 차 있으니
내 몸이 그 법신을 만든 요소인 화신이며 그 화신의 중심에 나의 심인이
있는 것을 알아야 한다는 것이다.

> "심인은 곧 불심인(佛心印)이요, 진리는 불심인의 진리를 말한다. 우리 심
> 중에 있는 불심인은 참으로 미묘하고 신통하고 광대 무량한 진리이다. 불
> 심인은 우리의 본심이며 마음 가운데 있는 부처님이며 일체 죄와 복의 인
> 과를 티끌만치도 어긋남이 없이 깨닫게 한다.…"[18]

---

16) 대한불교진각종 교법결집회의, 앞의 책, pp.53-54.
17) 앞의 책, p.54.
18) 앞의 책, p.56.

"심인진리는 다른 종교와 같이 어떤 신(神)을 대상으로 믿는 것이 아니라 청정한 자기 본심을 대상으로 깨닫고 지혜와 자비로 행하는 진리이며, 깨쳐서 고치고 고쳐서 행하는 진리이다.…"[19]

여기서 대종사는 심인은 우리의 본래 마음이며, 마음부처님이며, 청정하고, 깨치면 지혜와 자비로 행하고, 참된 인과이치를 깨닫게 하는 마음이다. 라고 하고 있다.

"심인은 나에게 있는 마음의 부처를 말함이요, 진리란 과거나 현재나 미래를 통하여 언제나 있는 것이다. 심(心)은 곧 불(佛)이요, 불은 곧 심이므로 방송의 수신과 발신같이 심인진리도 변함이 없다."[20]

"심인은 말과 글로써 가르쳐 줄 수 없다. 석존께서 내증(內證)한 일체여래의 금강지혜를 말한다. 심(心)은 불(佛)이며 인(印)은 인증(印證)이니 곧 금강지성(金剛智性)이다. 심인은 나에게 있는 부처님의 이름이다. 진리는 변함없는 것이다. 심인은 하늘에 있으면 가득 차서 온 우주를 덮고 땅에 있으면 부드럽고 강한 것이며, 사람에게 있으면 어질고 옳은 것이다. 심인은 참되고 바른 진리이며 진정한 이치이다. 심인진리는 이전에 잘못한 것을 알아서 마음으로 고치는 것이다."[21]

여기서는 심인은 마음부처요, 형상을 가지고 있지 않는 금강지혜요, 온 우주에 가득 찬 무상의 비로자나부처님이요, 내 마음속에 있으면서 그

---

19) 앞의 책, p.56.
20) 앞의 책, p.57.
21) 앞의 책, p.57-58.

자체가 바로진리이고 이치이다. 라고 우리들에게 말하고 있다. 이상을 종합해보면 심인은 나의 본심, 진리, 나의 마음 부처님, 우주충만, 비로자나부처님, 무형상, 금강지혜와 자비를 동일시하고 있는 대종사의 깨달음을 엿볼 수 있다. 『진각교전』교리 편 자성법신에서 "비로자나부처님은 시방삼세하나이라 온 우주에 충만하여 없는 곳이 없으므로 가까이 곧 내 마음에 있는 것을 먼저알라."[22]라고 하고 있다. 여기에서 내 마음에 있는 것이 곧 심인이고 부처이니 부처를 밖에서 찾지 말고 안을 밝히면 내 마음속 심인에 부처의 지혜와 자비가 완전히 구족되어있으므로 이제부터는 기복적인 신행에서 벗어나 본래 부처님의 가르침인 본심 찾는 공부, 마음 밝히는 공부, 마음고치는 공부인 심인공부로 가야한다고 주장하셨다.

2) 심인공부

"심인불교는 심인공부(心印工夫)이니 육자진언으로써 심인을 깨치는 것이다."[23]

"심인공부는 본심을 찾는 것이니 곧 육자진언으로써 심인을 밝히는 것이다."[24]

"심인공부는 내가 짓고 받는 것을 확실히 깨닫는 것이다."[25]

---

22) 眞覺聖尊 悔堂 大宗師, 『진각교전』(도서출판 眞覺宗 海印行 1999.5.15), p.65.
23) 대한불교진각종 교법결집회의, 앞의 책, p.64.
24) 앞의 책, p.64.
25) 앞의 책, p.65.

"심인은 육바라밀을 하나로 잡은 것이다."[26]

"사람은 심인의 가상(假像)이다. 심식(心識)의 곤란은 심인을 깨치지 못한 때문이다."[27]

이상은 『실행론』 교리 편 심인공부에 있는 글이다.

진각밀교 신행에서 대종사께서는 심인공부를 한다는 것은 육자진언 염송으로써 심인을 깨치고 밝히는 것이며, 인과법을 확실히 아는 것이며, 심인을 깨치고 밝히면 육행실천이 이루어지고, 심인을 깨치면 잘못된 인식으로 인한 괴로움이 없다고 말씀하고 계신다. 무릇 사람들은 불교라고 하면 현세를 뜬구름과 같이 보고 내세극락 가는 것을 추구하고 불상 앞에 음식을 공양하고 예배하는 것만이 불공이라 한다. 불상을 부처만 부처인 줄 알고 사찰만이 불교인줄 알고 중생이 본래 어리석어 죄업을 닦아내야만 한다고 한다면 불교를 단편적으로 잘못 알고 있는 것이다.[28]

진각밀교의 신행은 시방삼세부처님이 항상 계신다는 것을 알고 육자진언으로써 심인을 밝히어 마음의 평안과 현실 생활에서 풍요와 행복을 느끼며 살아가는 것이다. 심인은 형상이 있어 눈에 보이는 것도 아니다. 『진각교전』 교리 편 심인진리에 다음과 같은 말씀이 있다.

"심인은 곧 다라니를 내 마음에 새겨있는 불심인인 삼매왕(三昧王)을 말함이요. 진리는 곧 만유실체본성이라 실상같이 자심 알아 내 잘못을 깨달

26) 앞의 책, p.67.
27) 앞의 책, p.67.
28) 김무생, 앞의 책, p.11.

아서 지심으로 참회하고 실천함이 정도니라."[29]

여기서 심인은 곧 다라니 즉 육자진언, 육자다라니 '옴마니반메훔'을 말한다. 대종사께서는 이 육자의 다라니는 부처와 및 제보살과 중생들의 본심이라고 했습니다. 그래서 이 여섯 글자를 늘 내 마음에 품고 있으면 자기의 심인을 밝히게 되어 어떠한 경계에 부딪혀도 두렵거나 삼악업에 치우치지 않으며 마음이 흩어 지지 않는다. 그래서 육자진언을 늘 염송하면 법신부처님의 설법을 듣게 되어서 자신의 잘못된 말과 행위를 알아차리게 되고 결국은 그것의 출발인 잘못된 마음을 고치게 하는 것이 진각밀교 신행의 특장이다.

3. 진각밀교 신행의 생활화

진각밀교 신행은 심인공부가 기본이다. 심인공부는 심인을 깨닫는 것이다. 심인을 깨닫는 것은 심인을 알고 밝히는 것이다. 심인을 알고 밝히기 위해 행하는 방법이 수행법이다. 진각밀교에서 진각종의 수행법은 희사법과 염송법(육자관)이다. 진언행자는 희사를 통해 자비심을 기르고 염송을 통해 지혜를 가진다. 희사는 복덕을 쌓고 염송은 공덕을 쌓는다. 그래서 복지구족 신행이다. 신행 생활에서 희사와 염송은 수레의 두 바퀴처럼 항상 같이 이루어지는 불과분의 관계다. 그래서 염송시작 전에 희사를 먼저 한다.

---

29) 眞覺聖尊 悔堂 大宗師, 앞의 책, pp.65-66.

『진각교전』응화방편문 계행 편과 아내의 도리 편의 "상대자(相對者)의 저 허물은 내 허물의 그림자라 탐욕화(貪欲火)가 진에(嗔恚)되니 희사하여 인욕하자."[30]와 "상대 허물 보지 말고 내 허물을 고칠지니 나에게도 무시이래(無始以來) 몸과 입과 뜻으로서 지어 모은 큰 허물이…내가 먼저 희사하고…내허 물이 없어질 때 저이 허물 없어진다."[31]에서는 희사를 통해 탐·진·치를 제거하고 지·비·용(智·悲·勇)을 실천하는 보살로 상대의 삼업을 먼저 고치려 하지 말고 상대를 위해 내가 먼저 희사하고 삼밀행을 하기 위해 진언행자로서 반드시 실천해야 하는 계행이라고 강조하고 있다,

또한 『진각교전』응화방편문 유위와 무위 편의 "시방삼세 나타나는 일체 모든 사실(事實)들과 내가 체험 하고 있는 좋고 나쁜 모든 일은 법신불의 당체로서 활동하는 설법이라 밀(密)은 색(色)을 이(理)로 하여 일체세간 일체세간현상대로 불(佛)의 법(法)과 일치하게 체득함이 교리이니…"[32]에서는 진각밀교는 현상(色)이 곧 진리(理)요, 진리가 곧 현상이라는 법신불의 가르침(當體說法)[33]을 육자관 수행을 통해 심인으로 현상을 인식(當體法門)[34]하게 되어 진언행자들은 자심을 알아차리고 과거와 현재의 잘못을 알아 지금부터는 그 잘못을 반복하지 않겠다고 참회하고 서원하며 뜻(마음)과 입(말)과 몸(행위)을 바루고 일상생활에서 육행을 실천

---

30) 앞의 책, p.150.

31) 앞의 책, p.200.

32) 앞의 책, p.109.

33) 육대·사만의 삼라만상이 곧 법신불 그 자체. 무시무종의 무상설법. 연기법의 진각밀교식의이름이라고도 한다.

34) 삼밀행자 입장에서 현상을 전부 진리로 받아들임. 일어나는 모든 일을 나로 인한 연기법으로 증득함. 심인불교에서는 상대의 허물을 보는 것이 법문이 아니라 그 허물(현상)을 보고 내 허물(경계)로 받아들이는 것이 법문이다.

하는 것이 진언행자의 생활이라고 대종사는 말씀하고 있다.

다음은 진각종의 신교도들이 생활 속에서 구체적으로 어떤 모습으로 신행 생활을 하는지에 대해 알아보자

1) 희사법(喜捨法)

진각종에 입문하여 일정기간 수행하면 진각밀교식의 수계관정(受戒灌頂)을 받는 의식(儀式)을 행하여 진언행자가 된다. 수계란 불자로서 완전한 진언행자가 되겠다는 맹서(盟誓)가 되며, 관정이란 법신비로자나부처님께서 맹서를 하는 중생에게 완전한 진언행자가 되는 것을 허가하는 것이다.[35] "밀교에서의 계는 삼매야계로 보리심을 일으키고 지키겠다는 것이 계체이다. 진각종의 계는 일체 처에 자심이 부끄럼 없게 하는 심인계(心印戒)이며, 계체(戒體)는 심인이다."[36] 계상(戒相)은 밀교의 보살십중계이다.

이와 같이 진각밀교의 수계와 관정을 받은 진언행자는 근기에 맞게 매일 가정에서 일정 금액을 기쁘게 나누고 자비심을 기르는 희사를 신행 생활에서 수행의 한 축으로 삼았다. 비유하자면 대승보살의 실천덕목인 '상구보리 하화중생'에서 보시와 희사는 하화중생에 해당되며 일체 중생을 위해 내 소중한 것을 나누는 자비심을 키우는 삶이요, 육바라밀의 첫 번째 보시바라밀을 행동으로 옮기는 보살행인 것이다. 불교에서 희사란 삼보에게 공양하는 것을 말한다. 진각밀교에서는 보시라는 용어보다 기

---

35) 우리사상·정책연구소, 『현대한국 밀교안내서』(도서출판 만다라, 1994), pp.92-93.
36) 경정 김무생, 앞의 책, p.261.

쁜 마음으로 공양하는 것의 '희사'라는 용어를 쓴다. 희사법에는 삼종시
(三種施)와 절량희사(節量喜捨)가 있다.

(1) 삼종시[37]

가. 단시(檀施)

단시는 불보(법신불)에게 공양하는 희사를 말한다. 단시에는 십일단시,
무상단시, 정시, 차시가 있다.

> ① 십일단시(十一檀施) : 물질(금전)에 대한 제독의 의미로 수입액
> 의 1/10을 희사하는 것을 말한다. 물질은 회전하는 가운데 온갖
> 탐심을 일으키게 되므로, 정화해서 써야한다. 제독이 되면 복지
> 증장도 자연히 일어난다.
> ② 무상단시(無相檀施) : 보통 서원 정진할 때 하는 희사를 말한다.
> 특히 서원의 대상을 특정하지 않는다고 하여 무상희사라고 칭한
> 다.
> ③ 정시(定施) : 자신의 근기에 따라 스스로 일정 금액을 정해서 매
> 일 빠짐없이 희사하는 것을 말한다.
> ⑤ 차시(差施) : 생활중에 서원할 일이 생겼을 때나 자비심이 일어
> 날 때 마다 수시로 하는 희사를 말한다. 차별희사라고도 한다.

---

37) 우리사상·정책연구소, 앞의 책, pp.69-71.

나. 경시(經施)

경시는 법보(가르침)에게 공양하는 것을 말한다. 모든 일에 지혜가 밝아지기를 위해 서원 정진할 때 경시용지에 이름과 금액을 적어 희사한다.

다. 제시(濟施)

제시는 승보(스승)에게 공양하는 것을 말한다. 모든 일이 뜻과 같이 이루어지고 자손이 창성하고 가난을 해탈하기위해 서원 정진할 때, 그리고 명절과 제사나 기쁘고 좋은 일이 있을 때 제시용지에 이름과 금액을 적어 희사한다.

(2) 절량희사

매 끼니 식사를 지을 때마다 부처님과 일체중생들의 은혜를 생각하면서, 공기그릇으로 한 공기 정도의 생미(生米)를 희사한다. 이렇게 모아진 절량미를 자성일(自性日)[38]에 심인당에 설치된 절량고(節量庫)에 희사한다. 절량희사는 생미의 낱알 수만큼 많은 묘과가 있다 하여 조상강도나 학업성취불공에 널리 실천된다.

---

38) 진각종에서만 부르는 일요일의 다른 명칭이다.

2) 불공법[39]

진각종에서는 시간·장소에 구애받지 않는 시시(時時)불공 처처(處處)불공 사사(事事)불공의 법을 설하고 있다. 가정·직장 언제 어디에서든지 육자관을 수행하여 심인을 밝히고 사대(四大)은혜[40] 속에서 행복하게 살아가는 개인불공(심공)[41]법을 제시하고 있다. 그러나 공식불공은 심인당에 나와서 다 같이 동참하는 것을 표준으로 삼고 있다.

(1) 공식불공

스승(정사·전수)과 신교도가 심인당에서 법요순서에 따라 한 시간 혹은 두 시간 불공을 올리는 것을 말한다.

가. 자성일불공(自性日佛供)[42]

『진각교전』의 신심 편 "법신불은 태양 같고 화신불은 만월 같다 밀교본신 양(陽)인 고로 일요 자성날을 한다. 그러므로 일요일은 비로자나불일이라."[43]는 말씀과 같이 칠일 가운데 엿새는 현실적인 일을 하는 날이고 자성일(일요일)은 진언행자가 자신의 성품을 밝히는 날이다.

---

39) 우리사상·정책연구소, 『현대한국 밀교안내서』(도서출판 만다라, 1994), pp.69-71.
40) 부모, 중생, 국가, 삼보의 은혜.
41) 진각종에서는 불공을 심인(마음)공부하는 '심공'이라고도 한다.
42) 우리사상·정책연구소, 앞의 책, pp.73-73.
43) 眞覺聖尊 悔堂 大宗師, 앞의 책, p.128.

과학의 발달로 사람들의 심성이 물질에 전도되어 있으니 이를 바로 잡아 심과 물이 균형을 이루어야만 이원에서 자유평등 해질 수 있으므로 자성일이 중요한 날이 된다. 사람이 성장하는 과정에 있어서 신체에만 영양을 공급해서는 안 되며, 정신이 함께 성숙되도록 마음에도 영양을 공급해야 인격완성이 되듯이 우리 인간사회에도 물과 심의 이원상대로 세워가야되는 것이다.

따라서 7일 가운데 하루는 심의 날로서 성품을 밝히는데 주력하여야 자신과 가정과 사회와 나라가 일체 병폐 없이 장원하게 발전할 수 있는 법이다. 그러므로 칠일 중에 행복함은 자성일에 빠짐없이 불공 정진함에 있는 것이다.

나. 정례불공(定例佛供)[44]

정기적으로 기간을 정해서 올리는 불공을 말한다. 그러나 스승은 특별한 일이 없는 평일에는 신교도의 참석여부와 상관없이 낮 불공은 오전 10시부터 12시까지, 저녁불공은 계절에 따라 정해진 저녁시간(보통 6시~7시까지)에 한 시간 동안 행한다. 종단에서 정기적으로 정해놓은 불공은 세 가지가 있다. 월초불공은 매월 첫째주 1주간, 새해대서원불공은 매년 1월 첫째주 1주간, 새해49일불공은 새해대서원불공이 끝나고 일주간 뒤부터 7주간 행한다.

※ 3정진과 7정진 : 진언행자가 3시간 또는 7시간동안 한자리에

---

44) 우리사상·정책연구소, 앞의 책, p.75.

서 육자관행을 행하는 고도의 수행법을 말한다. 주로 새해대서원불공, 월초불공, 49일불공회향할 때와 개인적으로 특별한 서원이 있을 때 실행한다. 환희하게 하는데 묘과가 나타난다.

다. 공식불공(불사)순서[45]

① 낮 불공

오전 10시 첫째 시간	1.교리참회
	2.강도발원
	3.오대서원
	4.경전봉독 및 설법
	5.육자관행 10분
	6.경전봉독 및 설법
	7.육자관행 10분
	8.37존중 오불예참
	9.회향참회
오전 11시 둘째 시간	10.서원가
	11.경전봉독 및 설법
	12.육자관행 10분

---

45) 앞의 책, p.78.

	13.경전봉독 및 설법
	14.육자관행10분
	15.37존중 4보살예참
	16.반야심경봉독
	17.회향발원
	18.실천참회
	19.산회가

② 저녁 불공

오전불공의 첫째시간 불공순서와 같다.

(2) 개인불공

가. 정송법(定誦法)

진언행자가 매일 각자의 근기에 따라 어떠한 경우라도 간궐하지 않고 즐겁게 할 수 있는 일정한 시간을 정해서 염송을 하는 법이다. 되도록 아침 일찍 일어나 하루 일을 시작하기 전에 가정의 해인경(海印經)과 희사고(喜捨庫) 앞에서 행하는 것이 좋다.

이른 아침 해가 떠오르며 어둠에서 밝음으로 가는 시간에 하므로 개명(開明)심공, 개명정진이라 한다, 보통 새벽 3시에서 5시 사이에 하는 것을 권한다. 매일매일 평생 궐하지 않고 정진을 잘하는데 공덕이 쌓이고 삼고가 물러나며 복덕이 증익된다. 진언행자는 마땅히 이법을 실천해야 하며, 정성을 들여 꾸준히 하면 심인이 증득되어 지혜와 자비심이 증장되고 현실 생활의 서원이 성취된다.

나. 무시항송법(無時恒誦法)

무시항송법은 시간을 정하지 않고 행주좌와어묵동정(行住坐臥語黙動靜) 항상 어느 때든지 본심진언 '옴마니반메훔'을 끊임없이 염송하여 언제나 삿된 마음이 없게 하는 수행법이다. 항상 끊어지지 않게 외우면 저절로 습관이 되어서 자나 깨나 스스로 염염불망(念念不忘)하게 된다. 이렇게 되면 본심이 일어나서 망심(妄心)이 사라지고 사악취선(捨惡就善)하는 마음을 가지게 된다.

다. 시간정진법(時間精進法)

진언행자가 서원이 있을 때 시간을 정해서 정진하는 불공법이다. 시간정진법은 삼밀관행을 시작해서 마칠 때까지 어떠한 경우라도 결인을 풀거나 말을 해서는 안 된다. 이렇게 지심으로 정성을 모아 하는데 그 공덕이 커서 부처님의 가지력(加持力)을 입게 되는 것이다.

라. 기일정진법(期日精進法)

7일, 49일, 100일 등 어느 기간이나 기일을 정하여 그 기간 동안 시종일관 정진하는 불공법으로서, 불공공덕을 성취하기위해서는 무엇보다 정한시간을 잘 지켜야 한다. 탐하는 마음과 성내는 마음과 어리석은 마음을 끊어 없애고, 또 몸으로 악한 행동과 입으로 악한 말과 뜻으로 악한마음을 제어하여, 인격을 완성하는 공부가 되게 한다. 불공기간 중에는 평소에 하지 않던 일을 삼가고, 몸이 아프거나 재산에 손해가 되거나 마음에 공포와 감정이 상하는 일이 있어도 그것을 달게 받고 퇴전하지 말아야 한다. 기쁜 일에는 너무 들뜨지 말고 오직 신심과 용맹으로써 정진해나가야 한다. 이와 같은 수행은 행자로 하여금 번뇌와 애착을 끊게 하고, 마음을 단련되게 하여 실지묘과를 이루는 근본이다.

3) 염송법(念誦法)

(1) 삼밀과 육자관법

대종사는 심성정화를 위하여 종문을 열었다. 성품을 깨닫는 종교(覺性宗敎)는 곧 자성불(自性佛)이 있음을 자각하는 것이다. 자성불의 자각은 참회를 시작으로 심인을 밝히고 진각의 성취로 완성된다. 심인공부의 종점에 진각님이 있으며 진각님은 자성법신으로 법계진각님은 법신비로자나불로 교리적 개념을 정립하였다. 그리고 참회원으로 시작한 진각밀교의 중심에 수행법을 육자진언염송으로 삼았다. 또한 육자진언염송을 삼밀행으로 수행하기위하여 인계(印契)를 정하고 관법을 마련하였다. 관행의 대상은 육자관념도(六字觀念圖)이며, 관념도는 오불(五佛)의 상징으로서 육자진언을 관행하는 것이다. 그래서 진각종의 삼밀수행은 육자관이다.[46]

---

46) 앞의 책, p.182.

인간의 활동은 다음 세 가지에 전부 포섭된다. 즉 신체적 활동(몸, 행위), 언어적 활동(입, 말), 정신적 활동(뜻, 마음)이다. 이 세 가지 활동을 현교에서는 삼업이라고 하는데 이 세 가지가 악업을 짓기 때문이다. 그러나 밀교에서는 이 세 가지 활동은 인간의 자기계발을 위한 기본활동이며 무한한 능력과 잠재적 가치를 실현하므로 삼밀이라 한다.[47]

그러면 진각종의 삼밀수행 육자관법은 어떻게 하는가? 먼저 신밀행으로 금강지권(金剛指拳) 또는 금강권(金剛拳)을 결인하고, 구밀(어語)행은 본존 육자대명왕진언 '옴마니반메훔'를 송(誦)하고, 의밀행은 뜻으로 본존 육자진언의 소리와 글자와 의미를 관하는 것이다. 즉 신·구(어)·의 세 가지 영역의 활동을 조화시켜 본래활동을 나타내기 위한 관행법으로써 전인적이고 입체적인 수행법이다. 진각밀교의 신행에서 수행은 진언행자는 위의 이세가지를 동시에 하므로 삼밀행, 삼밀관행, 유가삼밀, 육자관법, 육자심인, 육자관행이라 하며 간단히 줄여서 염송이라 한다. 이와 같이 일정한 형식을 띠고 하는 삼밀을 유상(有相)삼밀이라 하고 일상생활 가운데에서 신·구·의로 삼밀이 되게 행하는 모든 것을 무상(無相)삼밀이라 한다. 그리고 중생의 삼밀과 불(佛)의 삼밀이 일치되었을 때 삼삼평등이 된다. 부처님의 삼밀과 나의삼밀이 서로 상응하게 되면 삼밀가지가 되어 나의생활이 곧 부처님의생활이 되는 즉신성불을 이루게 되는 것이다.

육자관과 삼밀을 도식화하면 다음과 같다.

---

47) 우리사상·정책연구소, 앞의 책 p.55.

육자관의 체계[48)]

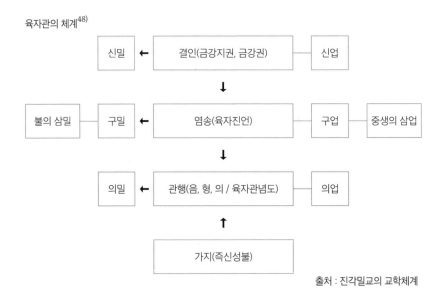

출처 : 진각밀교의 교학체계

(2) 육자관행하는 법

육자관행법은 첫째 몸(손)으로 비로자나부처님의 결인인 금강지권 또는 금강권을 결하고(신밀), 둘째 입(말)으로 육자대명왕진언 '옴마니반메훔'을 송하고(구밀), 셋째 뜻으로 본존 육자진언을 관하는 것이다(의밀), 육자관행을 행하는 중에는 절대 자리를 이동하거나 결인을 풀거나 얼굴을 만지거나 다른 행동을 말아야하며 '옴마니반메훔' 이외의 다른 말을 해서도 안 되며 자성법신과 법계법신불이 하나가 되도록 육자심인에 집중해야한다.

---

48) 경정 김무생, 앞의 책, p.183.

가. 좌법(坐法)[49]

▷ 앉는 방석은 둥글고 두터운 것이 좋다.

▷ 다리는 반가부좌로 하여앉고 아랫배를 약간 앞으로 내민다.

　(반가부좌 시 결인은 금강지권 또는 금강권, 의자에 앉아 가부좌
　를 하지 않을 시는 금강권으로 할 것을 권장한다.)

▷ 귀와 어깨가 평행하고 바르게 되도록 어깨를 낮춘다.

▷ 턱은 앞으로 나가지 않게 한다.

▷ 코와 배꼽은 일직선이 되게 한다.

▷ 두 눈은 반만 뜨고 코끝을 보는 것같이 한다.

　(눈을 뜨면 마음이 산란해지고 감으면 졸리는 까닭이다.)

▷ 허리는 너무 뒤로 젖히지 말고 편안하게 앉는다.

▷ 몸을 좌우로 가볍게 흔들어보고 고통이 없을만하게 한다.

나. 육자관행의 순서[50]

① 공식불공

　ㄱ. 육자대명왕진언 '옴마니반메훔'을 두 번 봉독한다.

　ㄴ. 내 몸에 오불과 보살을 포자한다.

　ㄷ. 손으로 금강지권 또는 금강권을 결인한다.

　ㄹ. 입으로 진언을 염송하면서 본존을 관상한다.

---

49)　眞覺聖尊 悔堂 大宗師, 앞의 책, p.90.

50)　우리사상·정책연구소, 『현대한국 밀교안내서』(위덕대출판부, 1998), p.65.

ㅁ. 마칠 때는 금강합장 한다.

② 개인적으로 시간을 정하여 하는 불공

ㄱ. 금강합장을 하고 교리참회를 외운다.

ㄴ. 내 몸에 오불과 보살을 포자한다.

ㄷ. 손으로 금강지권 또는 금강권을 결인한다.

ㄹ. 입으로 진언을 염송하면서 본존을 관상한다.

ㅁ. 마칠 때는 금강합장하고 회향참회를 외운다.

(3) 육자관행의 실수

가. 포자(布子)[51]

좌법에 따라 자리에 앉아 염송을 하기 전에 자기 몸의 배꼽을 포함한 여섯 부분을 오불과 보살에 대비시켜 오른손 끝으로 각 부분을 짚으면서 오불과 보살의 명호를 부르면서 내 몸에 모시는 의례이다. 신체의 중앙배꼽을 짚으면서 '옴 비로자나불'을 부르고, 동쪽에 해당하는 왼쪽옆구리를 짚으면서 '마 아축불'을 부르고, 남쪽의 명문을 짚으면서 '니 보생불'을 부르고, 서쪽의 오른 옆구리를 짚으면서 '반 아미타불'를 부르고, 북쪽의 단전을 짚으면서 '메 불공성취불'을 부르고, 사우(四隅)[52]에 해당하는 인후를 짚으면서 '훔 금강보살'을 부른다.

---

51) 진각밀교에 있어서 '육자대명왕진언'의 여섯 글자를 수행자의 신체에 배치하는 것
52) 육자관법의 六子觀念圖에서 五佛이 만나는 지점. 4방위가 만나는 3차원 지점.

나. 결인(結印)[53]

포자가 끝나면 금강권과 금강지권을 한다. 금강권은 의자에 앉아 가부좌를 할 수 없을 때나 행사시 일어서서 염송을 할 경우, 갓 입문한 신교도나 어린아이를 돌보는 경우에 한에 하는 결인이며, 금강지권은 반가부좌하여하는 결인이다.

① 금강권하는 법
    ㄱ. 오른손 엄지손가락을 셋째와 넷째손가락 사이의 셋째마디에 놓은 후, 셋째, 넷째, 다섯째손가락으로 감싸면서 둘째손가락 끝을 구부려서 엄지손가락의 첫째마디에 붙여놓는 결인을 말한다.
    ㄴ. 금강권을 한 오른손을 단전위에 갖다놓은 후 왼손바닥으로 포개어 덮는다.
    ▷ 금강권은 법신비로자나 부처님의 금강 같은 지혜를 뜻한다.

④ 금강지권하는 법
    ㄱ. 우선 왼손으로 금강권을한 후 둘째손가락을 위로 세운다.
    ㄴ. 오른손 엄지손가락을 셋째와 넷째 손가락 사이의 셋째 마디에 놓은 후 왼손의 둘째 손가락을 오른손 엄지손가락에 연결시킨다.
    ㄷ. 오른손의 셋, 넷, 다섯째 손가락으로 감싸면서 오른손의 둘째

---

53) 우리사상·정책연구소, 앞의 책, pp.67-68.

손가락 끝을 구부려서 엄지손가락의 첫마디에 갖다 대는 결인을 말한다.

ㄹ. 금강지권을 한 왼손을 명문위에 갖다놓는다. 금강지권의 오른손과 가슴 사이는 약 10㎝ 간격을 유지해야 한다. 이때 왼팔꿈치는 직각이 되게 하고 무릎에 닿지 않도록 한다.

▷ 금강지권은 행자(왼손)와 비로자나부처님(오른손)의 삼밀가지, 삼밀상응을 뜻한다.

다. 염송(念誦)

뜻으로 본존을 관념(觀念)하고, 소리(입)로 본존을 암송(諳誦)하는 것을 염송이라 한다. 즉 진언을 반복적으로 기억하고기억하고 외우고 외우는 것이다. 결인이 다 되었으면 먼저 호흡을 세 번하여 몸속의 악기(惡氣)를 없앤 후 본존 '옴마니반메훔'을 반복해서 외운다.

염송법에는 사분정진법과 4종 염송법이 있다.

① 사분(四分)정진법[54]

▷ 개명(開明)정진 : 인시(寅時 새벽 3~5시)에 시작하는 염송을 말한다.

▷ 오전(午前)정진 : 낮 중 오전에 하는 염송을 말한다.

▷ 오후(午後)정진 : 낮 중 오후에 하는 염송을 말한다.

▷ 저녁 정진 : 해가 진 저녁에 하는 염송을 말한다.

---

54) 앞의 책, p.69.

② 사종염송법(四種念誦法)[55]

▷ 항마염송(降魔) : '옴마니반메훔'을 크게 소리 내어 하는 염송법으로, 여러 명이 모여서 하는 경우는 소리를 맞추어서 한다. 특히'훔'자를 분명하게 소리 내어 모든 마군을 항복받고 지혜를 일으키게 하는 염송이다.

▷ 연화염송(蓮花) : '옴마니반메훔'을 자기 귀에 만 들리도록 역력분명하게 소리 내어 하는 염송법으로서 번뇌와 수마를 없애고 선정에 들게 한다. 이는 다른 이에게 방해를 주지 않고자 할 때 하는 염송법이다.

▷ 금강염송(金剛) : 소리 없이 혀로만 '옴마니반메훔'을 송하는 염송법이다. 때와 장소를 가리지 않고 남에게 표시나지 않도록 할 때하는 염송법이다. 진각종의 표준 염송법이다,

▷ 삼마지염송(三摩地) : 입을 다물고 혀를 입속천정에 붙여서 뜻으로만 '옴마니반메훔'을 송하는 염송법이다. 이는 상근상지의 염송법이다.

진각밀교는 자기의 성품을 깨닫는 종교, 스스로 본성이 심인이고 불(佛)임을 깨닫는 종교이다, 대종사께서는 자신의 본성이 심인이고 부처임을 깨닫게 하기위해 육자진언의 묘리를 깨닫고 육자관의 수행법을 완성했다. 특히 법신비로자나불의 교리를 중심으로 하는 밀교의 교학을 만나면서 자신이 체득한 수행과 동질성이 있음을 확인하고, 육자진언이 제불보살과 중생들의 본심이고 심인이라는 이치를 체득하여 육자진언이 곧

---

55)　앞의 책, pp.69-70.

육자심인으로 관세음보살진언을 뛰어넘어 비로자나불의 상징과 진언으로 수행하게 하는 육자관법을 세우신 것이다. 따라서 진언행자가 육자관법 실수를 여법하게 행하면 참회와 심인과 진각을 원만하게 성취할 수 있을 것이다.

II. 진각밀교의 신행 활동

진각종에서는 남녀노소 누구나 인연되어 진각밀교를 신행하는 신교도가 되면 진언행자, 삼밀행자, 진각행자라 부른다. 행자는 본인이 다니는 심인당에 교적(敎籍)을 두고 스승님에게 신행상담은 물론이고 개인불공(心供)및 공식불공의 불사참석 외에 각 연령대와 자기 인연에 맞는 신행 단체에 가입하여 활동을 하게 된다. 여기에서는 실제 삼밀행자들이 주로 대내(對內)적인 활동을 하는 심인당과 대외(對外)적인 교구와 종단으로 신행 활동이 어떻게 이루어지는지를 기술하고자 한다.

1. 대내 활동

1) 심인당

① 금강회

삼밀행자 중 청년회 학생회 자성학교 학생을 제외한 심인당신교도들의 모임 조직을 금강회(金剛會)라 한다. 금강회는 전국의 각 심인당에 공통으로 OO심인당금강회라는 이름으로 조직되어있다. 크게 각자님(남자신교도)모임과 보살님(여자신교도)들의 모임으로 구성되어있으며, 각자님과 보살님의 모임 속에는 인원에 따라 조(組) 또는 반(班)으로 세분화되어 있는 곳도 있다. 금강회는 진각종 교화의 실질적인 최 일선 신행단체로서 지역별 교구

금강회의 소속이면서 심인당내 최대 신행조직으로 각종 행사에 회원들이 적극 참여 한다.

② 자성학교

자성학교(自性學校)는 신교도 자녀들이 중심이 된 유치원 및 초등학생들이 자성일마다 스승님 또는 지도교사의 지도아래 불공과 교리공부, 경전공부 월간자성동이에서 보급하는 프로그램 실습과 각종 외부체험 활동을 하면서 어릴 적부터 불교 및 진각밀교와 심인당 사이를 친숙하게 하는 역할을 하고 있다. 진각종은 진기7(1953)년에 어린이 불교학교인 자성 찾는 자성학교를 불교계에서는 처음으로 개설한 후 전국 심인당으로 확대되어 어린이 (자성동이)포교의 중추적 역할을 담당하고 있다.

③ 학생회·청년회

자성학교를 졸업한 자성동이들은 청소년시기 중고등학생과 대학생 또 결혼하기 전에 청년들의 신행조직이다. 자성학생과 성인들의 신행단체인 금강회까지의 중간단계의 신행조직으로 심인당 규모에 따라 심인당내 자체적 봉사문화동아리활동과 지역 교구청 산하 사단법인비로자나청소년협회 학생회, 대학생회, 청년단에 소속되어 친목과 봉사 국내국제문화탐방을 하여 신심을 증장하며 종단 내 각종행사에 자원봉사활동으로 종교성과 애종심을 기르고 있다.

④ 합창단

진기38(1984)년 8월15일 창단된 서울교구소속 심인당 보살님들이 연합으로 연화합창단을 창단한 것으로 부터 역사가 시작되었다가 그 후 다시 진각합창단으로 재 창단되었다. 일부교구는 연합합창단을 운영하고 있으며, 진기72(2018)년 현재 개별 심인당 단독으로 합창단을 창단하여 활동하는 곳은 밀각 참소리, 탑주 마하, 행원, 유가진여, 장엄, 실상, 남부 깨치미, 밀엄, 홍원반야, 정지, 보원합창단 등 규모가 어느 정도 되는 심인당에서 내부행사는 물론 지역 교계 법회, 교구청, 종단, 전국불교합창단행사에 적극적으로 참여하여 법음포교를 하고 있다.[56]

⑤ 다도회·복지회

진각차(茶)문화협회로 출범하여 사단법인화 하여 달오름음악회와 차인대회등에서 여러 차례 다례시연하면서 종단의 위상을 더 높였다. 다도회는 현재는 심인당별로 차를 좋아하는 삼밀행자들이 모여 차담과 불교수행의 접목, 예절교육등으로 심인당 포교활동과 교구청 또는 불교계행사 등에 적극 참여하여 신행 활동을 활발히 전개하고 있으며, 현재 밀각심인당다도회, 황경심인당다도회, 시경심인당다도회등이 활발히 활동하고 있다.[57] 복지회는 각 심인당금강회 산하로 조직되어 도반 진언행자와 관할지역 이웃들의 어려움을 손수 보살피는 봉사단으로 재정적 후원, 자비

---

56) 성제정사, 「불교인구300만 감소에 따른 대한불교진각종 전환기 교화전략」, 『전환기한국불교』 (사단법인 한국교수불자연합회자료집, 2017), p.56.
57) 앞의 책, pp.56-57.

나눔 바자회, 연탄 나눔, 김장 나눔, 노후집수리 등등으로 지역사회와 함께 하고 있다.

⑥ 방문불사

심인당 신행 활동의 특장(特長)중 하나로 가정과 사업장등 신교도들이 원하는 곳을 스승님 또는 스승님과 일부신교도가 같이 방문하여 그 가정과 사업장을 위해 불공과 서원성취불공을 해준다. 방문불사의 역사는 2천6백여년전 석가모니 부처님 때부터 시작했다. 당시 부처님께서 국왕과 장자, 백성들의 간청에 의해 왕궁과 가정 등을 직접 방문하여 그들의 고민을 상담하고 해소하며 가르침을 직접 전해주었다. 대종사도 부처님처럼 가정과 사업장등을 방문하면서 신교도분들의 사생활을 보장하면서 마음(心)과 가난(物質)해탈을 하는데 법을 전했다. 현재는 이전에 비해 독신 및 소(小) 가족, 아파트생활, 바쁜 경제활동, IT기술발달로 소통방식의 변화 등으로 인해 이웃과 외부인의 출입이 번거롭고 개인의 사생활을 중요시하는 시절이라 방문불사를 소홀이 하고 있으나 지금부터라도 이웃종파에서 부러워하는 진각밀교 전통인 방문불사가 이전처럼 아무런 거리낌 없이 자연스러운 현상이 될 때 스승과 신교도 상호간에 신뢰가 쌓이고 부처와 대종사의 가르침인 심인법이 일대일(一對一)로 전해져 교화가 더욱 활성화 될 것이다.

2) 교구

① 연합합창단

교구(敎區)별 연합합창단은 각 심인당에서 서원가(誓願歌)을 통한 음성포교에 뜻이 있는 신교도들이 모여서 교구청(敎區廳)지원으로 창단 운영되고 있다. 대구금강합창단, 대전심인합창단, 부산유가합창단, 포항마니주합창단이 대표적이다. 매년정기발표회와 교구 및 종단행사, 교계행사, 기타법회에 초청되어 음성공양을 하고 있으며, 진기51(1997)년12월1일 창종 50주년기념 교성곡(敎聲曲)[58]회당 발표회와 진기53(1999)년2월27일 국악 교성곡 혜초(慧超) 편과 진기69년 심인문화제 창작서원가 발표회와 각 교구별 기념합창제 개최로 활발한 활동을 하고 있다.

② 한마음체육대회

신교도와 각 심인당이 서로 친목과 화합을 도모하며, 교구포교 역량을 강화하고 개인장기를 뽐낼 수 있는 다양한 프로그램으로 교구별로 매년 또는 격년제로 열리고 있다. 자성동이부터 청소년 청년 중장년 장로까지 골고루 참여할 수 있는 명랑운동회 게임, 족구, 축구, 피구, 달리기 등 체육경기와 노래자랑 등 명칭그대로 삼밀행자로서 한마음한가족임을 일깨워주는 연중 최대 신교도 주관행사이다.

---

58) 칸타타(Cantata)의 번역어이다. 아리아·레치타티보·중창·합창 등으로 이루어진 대규모 성악곡의 형식.

③ 금강복지회·산악회

금강복지회는 총금강회 산하조직으로 교구청 지원과 각 심인당 후원으로 지역사회의 어려운 이웃을 위해 심인당에서 배운 불교의 가르침인 자비심을 실천하기위해 금강회 임원들이 참여하여 교구특성에 맞게 자비의 쌀 나누기, 김장·떡국 나눔, 연탄 나눔, 하천청소, 독거노인 및 소년소녀가장 후원, 바자회행사 등을 기획하여 지역사회에 회향하고 있다. 산악회는 각 심인당에서 산(山)을 좋아하는 보살님과 각자님들이 모여 만든 신행단체로 회원회비와 교구청후원을 받아 매달 또는 격월에 한번 씩 모여 산행과 트레킹으로 심신단련은 물론 화합과 친목을 다지고 있다. 현재 대구 금강 산악회, 대전심인산악회, 경주 반야 산악회. 포항 참나 찾는 둘레지기, 부산 진각 산악회가 활발히 활동하며 지역포교 외에도 교구와 종단홍보에도 크게 기여하고 있다.

④ 교구금강회·총금강회

각 심인당의 금강회는 심인당이 있는 지역 교구 금강회에 소속되어 있다. 지역별 교구 금강회 조직은 각 심인당의 임원들이 모여 교구 금강회 임원을 선출하며 주로 개별 심인당에서 하기 어려운 사업을 기획하여 교구청과 협의하여 연중사업계획을 수립하고 교구행사를 주관하는 교구 최대 신행단체이다. 현재 서울 대전 대구 부산 경주 포항 전라교구 금강회가 있다. 또 지역별 교구금강회가 모여서 종단의 승인을 받아 조직하는 총(總)금강회

2. 대외 활동

진각종은 포교·교육·복지를 3대 종행정지표로 삼아 교화활동을 하고 있다. 그 중 포교와 복지가 가장 큰 대외적 교화활동이다. 신교도들의 신심증대와 자긍심함양으로 시대에 맞는 새로운 진각문화를 만들기 위해 종단의 대외활동에 신행단체와 신교도들의 적극적 참여로 문화포교와 사단법인비로자나청소년협회의 청소년포교, 해외포교, 사회복지법인진각복지재단을 통한 복지포교로 크게 나눌 수 있다. 진각밀교수행을 통한 마음공부의 대(對)사회적 회향이 신교들의 자발적 신행 활동을 견인하기 위한 신행문화형성과 진각복지재단의 3대 복지를 통한 종단차원의 교화는 궁극적으로 진각문화를 창조하는 것으로 구체적인 활동사례를 보고자한다.

1) 진각문화

① 심인문화제

심인문화제는 지역교화 활성화를 위해 진언행자와 일반대중이 함께하는 축제마당으로 꾸미면서 새롭게 선보이고 있는 문화포교불사의 하나로서 교구중심의 문화제이다. 첫해인 진기

68(2014)년 대구에서 창작 국악교성곡 회당을 12년 만에 다시 무대에 올려 새로운 감동을 선사했으며 69(2015)년에는 창작서원가 경연대회 형식으로 문화제를 개최하여 서원가의 저변확대와 종단의 문화 인프라구축을 위한 새로운 시도를 했다.[60]

② 회당문화축제

종단의 진호국가불사의 의미축제, 진각청년자원봉사자 중심축제, 울릉도군민의 자율 참여축제, 전 국민 독도사랑과 관심유도 축제로 진기55(2001)년 회당대종사 탄생100주년 기념축제로 시작하여 울릉도와 종단의 최대 대표문화축제로 자리 잡았다. 진기 71(2017)년에는 총인원성역화불사의 하나인 진각문화전승원 헌공불사에서 전국신교도 화합의장으로, 진기72(2018)년도에는 삼국통일의 중심 신라의 수도 경주첨성대특설무대에서 약1300여 년전 신라문무왕 때 당나라를 물리치기위해 행한 밀교의 문두루 비법[61]을 최초로 시연하여 한국불교사에 밀교문화발굴과 종단의 위상을 더 높였다.

③ 연등회·봉축행사

매년 부처님오신날을 맞아 불교종단협의회와 전국 각 지역 불교연합회에서 4.8봉축위원회를 구성하여 무형문화제(제122호)인

60) 성제정사, 「불교인구300만 감소에 따른 대한불교진각종 전환기 교화전략」, 『전환기한국불교』 (사단법인 한국교수불자연합회자료집, 2017), pp.57-58.

61) 신라와 고려시대에 행했던 밀교의식, 문두루는 범어 무드라(mudra)의 음사(音寫)로 신인(神印) 으로 번역된다.

연등회와 각종 봉축행사에 종단과 교구차원에서 전국신교도가 적극 참여하여 진각밀교를 홍보하고 있으며 연등회를 향한 시민들과 외국인의 관심이 점점 커져 이미 세계적인 대한민국대표축제로 자리 잡았다. 종단은 진기55(2001)년 바이로자나등(燈)연구원을 설립하여 매년 새로운 장엄등(莊嚴燈)[62]을 제작하여 서울과 전국교구에 공급하고 있다. 특히 진각 장엄등은 단순히 불(燈)만을 밝히는 것이 아니라 첨단기계기술과 전기전자제어기술을 적용하여 살아서 움직이는 것과 같은 등(燈)을 선보이며 교계에서 등 제작문화를 선도하고 있으며 각종축제에 초청되고 있다. 또한 봉축 연희단을 구성하여 거리율동과 행진, 기념품 배부, 봉축 체험부스운영 등으로 매년 우수단체로 선정되어 한국불교와 종단을 홍보하고 있다.

④ 보컬밴드

진각밀교 청년 불자들의 음성공양중창단으로 출발하여 12년의 역사를 자랑하고 있는 서원가요보컬밴드 JnB(Jingak New Buddist vocal band)는 진각청년문화 신행의 첨병이다. 주로 군부대, 교도소, 종립학교, 복지관등에서 공연봉사와 음악포교활동을 하며 종단과 불교계의 문화행사에 초청되어 왕성한 활동을 이어오고 있다. JnB는 진기72(2018)년5월19일 부처님오신날 봉축행사의 하나로 열린 제2회 찬불가경연대회에서 최우수상과 응원상을 동시에 수상하며 그 실력을 인정받고 있으며 진각종단 청년신행의

---

62) 부처님에게 올리기 위하여 아름답게 꾸민 각종 모양의 등(燈).

대표적 단체이다.[63]

⑤ 월곡달빛축제

진기71(2017)년부터 매년10월 총인원(總印院)[64]과 주변 월곡동
일대에서 '월곡달빛축제'가 열린다. 종단과 성북문화재단, 동덕
여대, 월곡1·2동주민자치위원회가 공동으로 함께하는 성북구지
역축제로 성장하고 있다. 축제당일 월곡동지역주민들이 함께 만
든 약500여개의 갖가지 전통한지 달(月)모양 등(燈)이 점등식을
하면 길거리를 환하게 밝힌다. 축제를 위해 약2개월 전부터 서울
시민 예술대학 전통한지등(燈)학교를 개설 시민작가를 배출하고
성북문화재단 여성이주센터, 월곡 종합사회복지관 성북외국인
근로자센터, VIYA서포터즈의 특별제작강의와 플리마켓, 야단법
석무대와 다양한 프로그램으로 지역민과 함께하는 새로운 진각
문화를 열어가고 있다.

⑥ 미디어

종단의 미디어포교 신행 활동은 밀교신문, 도서출판 진각종해인
행, 진각iTV가 언론, 출판, 영상부분의 역할을 담당하고 있다.[65]
밀교신문은 진기27(1973)년1월1일자로 창간호를 내면서 45년의
역사를 자랑하는 불교계 언론사로서 종단홍보의 선도자역할을

담당하고 있으며, 도서출판 진각종해인행은 종단의 각종출판물을 인쇄하는 출판사로『진각교전』『실행론』을 비롯한 각종경전과 스승님과 신교도들의 글을 전문으로 수록하는 월간지 법의향기, 학술세미나자료, 회당학회지, 각종 단행본의 출판을 담당하고 있으며, 진각iTV는 진각위클리 뉴스를 중심으로 종단의 각종소식을 SNS와 인터넷으로 신세대들에게 신속보도하고 또 미디어홍보제작에 진각의 젊은 청년 불자들이 참여하고 있다.

2) 진각청소년

① 비로자나청소년협회

청소년은 미래의 큰 희망이자 큰 태양이라는 의미(Virocana Youth Association)로 진기54(2000)년8월24일 출범했다. 21세기 대한민국미래의 주체인 청소년들이 불교이념으로 창조적 생활을 향유해 대안(代案)문화를 창출하고 유지함으로써 개인의 발전은 물론 조국과 인류공영에 이바지할 수 있는 청소년을 육성하는 것이 설립목적이다. 삼밀수행과 육행실천 나아가 자기성찰을 통한 참다운 청년상을 구현하고, 청소년 문화의 제도권 내 대중적수용을 통해 올바른 청소년문화를 창출하고, 국제화시대에 청소년의 인격과 능력을 배양하기위한 다양한 프로그램을 제공하고, 이를 통해 청소년교류의 세계화의 장을 열어간다. 불교교리 사상을 현대화하고 이를 청소년 문화속에서 새로이 구현하고 청소년 스스로의 의식 속에 민족문화의 우수성을 확립하고 국가와 사회의 발전을 통해 청소년문화의 토대를 마련한다. 주요 활동으로는 건전한 청소년 육성, 지도자육성, 청소년관련시설 운영사업, 청소년 연구·출판·교육·상담 및 조사사업 국제청소년 교류 사업을 위해 전국심인당의 자성동이, 학생회, 청년회를 위해 진호국가캠프, 스키캠프, 국내국제문화탐방과 자원봉사등 다양한 프로그램 개발로 진각밀교의 신행 활동을 지원하고 있다.[66]

3) 해외포교

JGO(JinGak Order 또는 the Joy of Genuine Oneness)정신으로 대표되는 국제 활동은 진각종과 진정으로 하나 되는 즐거움이라는 슬로건과 명칭으로 진각밀교 해외포교의 정신이다. 미국 LA 불광심인당과 국제구호, 교류불사의 원력으로 탄생한 스리랑카 카루나포교소와 네팔 반야포교소는 현지인을 채용해 종단교육기관에서 국제포교사를 직접 도제 양성하여 육자진언삼밀수행과 불사의식으로 현지인을 교화하고 있다.[67] 포교소운영외에도 어학당 개설, 컴퓨터 교육, 게스트하우스 운영, 회당 국제학교설립등 현지 교육여건개선으로 인재양성과 더불어 진각청소년과 청년 불자들의 국제자원봉사와 문화탐방의 기회를 제공하고 있다.

---

66) http://www.viya.or.kr(검색일자:2018.12.14).
67) 성제정사, 앞의 책, pp.58-59.

4) 진각복지재단

(1) 설립배경 및 의의

창종 이래 대종사의 대(對)사회 구휼사업을 이어받아 신교도별 심인당별, 교구별로 간헐적으로 해오던 사회사업을 종단차원에서 집중적, 체계적, 전문적, 대규모로 회향하기위해 설립되었다. 진각밀교 창종50주년을 계기로 복지법인 설립 작업을 결정하기 전부터 종단에서는 30여개소의 유치원운영과 종립회당학원의 교육사업, 퇴임스승 요양시설 기로원(耆老院), 신교도 양로원인 금강수도원을 설립 운영해 경험을 축적하였고 종립 위덕대학교에 사회복지학과를 신설하여 인재양성에도 일익을 담당하였다.[68] 진기52(1998)년2월18일 보건복지부로부터 전국규모인 사회복지법인 진각복지재단(당시 진각복지회)을 설립하게 되었다. 이는 불교계의 조계종에 이어 두 번째로 진각밀교 신교도의 원력을 모아 전국에 걸쳐 복지사업을 전개할 수 있는 지원 법인으로 명실 공히 자비종단, 보살종단[69], 복지종단이라는 새로운 도약의 전기를 마련했다.

(2) 창립이념 및 운영

"진각복지재단의 창립이념은 종교와 사상·이념에 상관없이 가난하고 소외된 인간에게 부처님의 자비와 현세정화의 원력으로 국민사회 복지진흥

---

68) 장용철, 「진각사회복지현황과 과제」, 『密教學報』 第8輯, 密教文化研究院(위덕대학교 출판부, 2006), p.297.

69) 상구보리 하화중생의 종단이라는 뜻. 진각종은 초기에 보살회 명칭을 사용했다.

지원에 그 일익을 담당한다."[70] 이와 같은 창립이념에 따라 국가, 지역, 연령, 성별에 구분하지 않고 차별 없이 전(全) 연령대를 아우르는 복지사업을 펼치고 있으며, 창립20주년을 맞은 진기72(2018)년 현재 아동복지기관23개소(어린이집 및 지역아동센터), 달빛둥지(미혼모자립가정), 선재누리(父子시설), 장애인시설2개소(자립작업장), 종합사회복지관4개소, 16개의 노인복지시설(노인종합복지관, 실버복지센터), 일자리창출지원센터, 노인요양원등 서울, 경기, 충청, 경상지역에 총47곳의 사회복지시설을 운영하고 있다.[71]

　　해외사업으로는 진기53(1999)년7월 한국국제협력단(KOICA)에 NGO로 등록하여 국제구호활동을 체계적이고 전문적으로 추진했다. JGO스리랑카, JGO네팔센터를 운영하여 진각밀교포교와 사회복지교육서비스를 시작으로 진기56(2002)년 JGO스리랑카직업훈련센터 한국홍보관, 부설유치원, 회당국제학교 지원 사업에 참여하고 있다.[72]

(3) 진각복지재단의 특화사업

"2000년대의 우리나라 사회복지환경은 저 출산과 고령화, 부의 양극화, 아동권리와 인권문제, 해외구호지원 필요성증대, 복지기관의 증가, 기부인식의 변화 등등으로 인해 급변하기 시작하였다."[73] 이에 재단에서는 다양한 복지사업전개를 위해 능동적이고 적극적인 대응으로 종단의 보조만

---

70)　진각복지재단, 「20주년기념책자」(진각복지재단, 2018), p.18.
71)　앞의 책, p.18.
72)　장용철, 앞의 책, p.307.
73)　진각복지재단, 앞의 책, p.13.

을 의지하지 않는 재정적 후원모금 전략으로 '만월회(萬月會)'를 계획하여 진각밀교신교도를 중심으로 지역사회 후원자 모집활동을 전개하였다. 이는 20주년이 된 현재에 다양한 복지사업을 전개하는데 든든한 원동력이 되고 있다. 진기64(2010)년부터는 진각복지기금마련을 위한 '만월'콘서트, 2015~8년에는 진각자비 나눔 축제 '희망주차장' 사업에 이르기까지 기금마련행사는 꾸준히 이어져오고 있다.

진각복지재단은 시대변화의 흐름을 따라 다양한 복지사업을 수행하였다. (사)열린 의사회와 함께 울릉도무료의료봉사, 진각종과 함께 문화복지연대를 발족하고, 성북 노인복지관 개관5주년기념세미나 '고령사회의 노인의 성(性) 어떻게 할 것인가?' 등 다각적인 사업으로 지역사회와 시대의 문제를 함께 논의하고 열악한 지역에 찾아 가는 복지서비스를 진행하였다.[74]

(4) 3대 복지사업 전개

① 문화복지

진기58(2004)년 '수락산봄꽃축제'를 시작으로 지역사회와 문화가 함께하는 문화 복지 사업을 펼쳐왔다. 진기59(2005)년부터는 문화 복지연대를 중심으로 폐사지(廢寺地)에 대한 관심과 보존 대책수립을 위한 산사음악회 양주'회암사지음악회'를 시작으로 제2회부터는 전국 폐사지투어콘서트로확대 여주'고달사지달오름음악회' 진기61(2007)년 제3회 경주'황룡사지달오름음

---

74) 앞의 책, p.13.

악회' 진기62(2008)년 제4회 부여'정림사지달오름음악회' 진기 63(2009)년 제5회 익산'미륵사지달오름음악회'를 개최하였고, 진기61(2007)년에는 제1회 '월곡동이야기'로 성북지역문화행사 를 시작하였으며, 진기62(2008)년 문화소외계층 공연지원 사업 등 문화를 매개체로 한 복지사업을 진행했다.[75]

이와 같은 결과로 진기62(2008)년 문화재청문화재활용 우수공 모사업으로 선정되었으며, 진기63(2009)년 서울시 시정참여사 업 외부공모에 선정되는 등의 성과를 거두었다. 또 2015~16년에 는 문화재환수 및 문화재바로알기를 주제로 진기69(2015)년 대 국민캠페인 I LOVE KOREA, 진기70(2016)년 I LOVE KOREA 전 국대학생문화유산원정대를 조직 서울 대구 부산 경주 다시서울 로 전국규모캠페인을 전개했다.[76]

② 교육복지

변화하는 시대와 복지환경에 적응하고 대처하기위해 종사자의 역량강화교육이 시급했다. 전문성과 효율성을 키우고 효과적인 복지사업을 위해 우수 인재와 전문 인력 양성의 교육복지사업 을 전개했다. 진기52(1998)년 제1회 진각자원봉사단 교육, 진기 53(1999)년 경희의료원자원봉사자교육, 제1회 진각복지회 산하 시설직원연수, 어린이집교사 연수를 시작으로 종사자 및 자원봉

---

75) 앞의 책, p.14.
76) 앞의 책, p.14.

사자 교육에 힘썼다.[77]

진기54(2000)년 이후 재단의 설립이념과 진각밀교에 대한 이해
와 신심, 소속감 강화를 위한 신입직원연수가 지속적으로 실시되
었고 선진복지학습을 위해 진기64(2010)년 산하시설장 해외연
수, JGO스리랑카센터'회당국제학교개원식' 참가연수와 일본의
지역 포괄 케어 학습을 위한 연수를 진행하여 종사자 역량강화
에 힘써왔다. 또 내부역량강화를 위해 진각복지재단 모금 전문가
양성 아카데미, 회계아카데미, 머니쇼 참가 등의 폭넓은 교육을
실시했다. 최근에는 종사자 Healing Up 연수 프로그램으로 해외
연수(스페인, 필리핀, 베트남, 태국 등)를 장려하여 견문을 넓히
고 종사자간 인연관계성, 팀웍 강화로 업무효율성을 높이고 있
으며 직원들의 동아리활동도 적극지원하고 있다.[78]

③ 포교복지

진각복지재단은 대표적인 불교사회복지기관으로 발돋움하기위
해서 종립복지법인으로 진각밀교의 홍포를 위해서 다양한 포교
복지사업을 진행해왔다.

설립초기부터 복지사각지대의 긴급지원을 위한 '진각복지119'
사업을 기획하여 진기54(2000)년도에 처음으로 기금마련을 119
저금통을 배포했다. 진기60(2006)년에는 급성 림프성 백혈병을
앓고 있는 학생에게 100번째 치료비지원을 했다. 진기69(2015)

---

77) 진각복지재단, 앞의 책, pp.14-15.
78) 앞의 책, p.15.

년에는 성북구지역산하시설(성북노인종합복지관,월곡종합사회복지관, 석관실버센터, 장위실버센터, 진각노인요양센터, 진각재가노인지원센터, 진각홈케어, 본심어린이집, 달빛둥지 등)의 실무자들이 모여 사각지대발굴과 사례관리네트워크를 위한 협약식도 거행했다. 실질적인 복지사각지대발굴,통합사례관리, 긴급지원를 위해 본 네트워크를 '진각복지119' 1차 심의기관으로 지정하였다. 진각종단의 총인원이 위치한 성북구 지역을 지역 기반형 긴급지원제도로 지역에 정착했으며 현재20여개 민관기관이 함께 통합사례회의와 관리를 진행해서 그 성과를 내고 있다.[79]

또한 진기52(1998)년부터 진각자원봉사단교육으로 시작했던 자원봉사자양성사업은 진기68(2014)년 진각행복디자이너(Jingak Volunteer Coordinator)의 발족으로 결실을 피웠다. 진기69(2015) 제1차 JVC양성교육을 시작으로 진기72(2018)년 3차까지 JVC와 함께하는 희망주차장, 봄(春)김장나누기, 자비의 쌀 나눔, 사랑의 장바구니 행사까지 다방면에서 소외계층을 위한 다양한 포교복지 사업을 전개했다.

이러한 사업들은 각 심인당에서 지역 포교를 위해 행사하는 데에서 그 아이디어를 얻어서 진기57(2003)년과 진기60(2006) 년 구로지부가을햇살바자회 행사는 복지재단과 심인당신교도들이 진각밀교가 복지종단임을 지역시민들에게 알리는 중요한 행사였었다. 이후 복지재단의 홍보사업은 그 영역을 넓혀 진기 57(2003)년에는 온라인 포교를 위해 '진각파워블로거 홍보교육'

---

79) 앞의 책, p.16.

을 실시해 법인홈페이지와 SNS로 적극적인 홍보를 하고 있다.[80]

---

80) 진각복지재단, 앞의 책, p.17.

Ⅲ. 진각밀교 신행 생활의 방향

진각밀교는 생활불교 실천불교이다. 가정에서 심인당에서 희사와 염송으로 시작하는 내 삶에 살아있는 불교이다. 매일 정시·정송과 자성일 불공, 월초불공은 그 자체로 급변하는 과학시대에 심성을 정화하는 생활이다. 대종사께서는 자증교설『실행론』에 "깨달음이란 무엇을 깨닫는 것인가? 첫째는 일체유심조(一切唯心造)를 깨달음이요, 둘째는 심즉불(心卽佛)을 깨달음이요, 셋째는 법계법신불(法界法身佛)과 자성법신(自性法身)이 하나임을 깨달음이니라."[81]했다. 그러므로 심(心)은 심인(心印)이요 무상불인 법신부처님과 내가 다르지 않는 다는 것, 법신의 심인과 나의 심인이 하나요, 나도 부처의 마음을 가지고 있는 존재라는 확신을 가져야한다. 현재를 중생으로 산다면 미래의 부처도 기약할 수 없다. 현재를 부처로 사는 것, 부처의 마음을 얻는 것, 부처의 행동인 육행을 실천 하는 것이 진정한 진각행자의 자세이다. 또한 대종사는 "진각종은 현밀이교(顯密二敎)를 일교(一敎)로 하니 교종(敎宗)이다."[82]라고 하셨다. 그러므로 항상 경전을 가까이하고 독경, 사경등 현교의 가르침과 밀교경의 소의경전 종단의『진각교전』『실행론』등 교학공부를 게을리 하지 말아야 한다. 심인공부는 경전공부가 뒷받침 되었을 때 수레의 양 바퀴(覺과 行)가 되어 개인의 인격완성과 종단도 장원하게 발전하는 것이다.

진각밀교의 신행 생활에서 진각종의 수계관정을 받은 교도가 된다

---

81) 대한불교진각종 교법결집회의, 앞의 책, p.59.
82) 앞의 책, p.82.

는 것은 수계이후에는 일체처(一切處)에 자심이 부끄럽지 않은 계행인 심인계(心印戒)를 지키고 매일 가정에서 정한 희사와 정한 염송을 하는 생활, 심인당의 정기불공을 지키며 금강회 회원으로서의 의무를 다하고 자기와 인연 맞는 심인당내 신행단체모임에도 적극 가입하여 참여하는 것이 진정한 생활불교의 가르침을 실천하는 것이다. 특히 신교도들은 이웃종파가 부러워하는 진각종만의 특장(特長)인 가정방문불사에도 적극 요청하여 심인진리의 가르침이 스승에서 신교도에게 이어져야한다. 이렇게 되었을 때 가족과 이웃의 교화로 이어지는 것이다. 그리고 대외적으로는 진각복지재단의 봉사활동과 비야 청소년포교에 심인당과 신교도개인차원에서 관심과 참여로 자비행을 할 때 진각밀교의 현세정화이다. 그리고 종단은 시대에 맞는 신행문화 발굴과 유아부터 성인까지의 신행단체에 대한 아낌없는 지원과 적극적 투자를 해야 한다. 그래서 진각밀교는 더 젊어지고 국민에 찾아가는 가까운 불교여야 한다. 35세의 석가모니부처님도, 45세의 회당대종사도 성도(成道)와 대각(大覺)후 앉아서 제자들과 신교도들이 찾아오기를 기다리지 않았다. 스스로 녹야원과 이송정(二松亭)[83]으로 길을 떠났다. 교화스승이 새로운 신교도를 찾아내고 항상 자비로 다가갈 때 진각밀교의 흥왕과 진각종의 위상이 향상되어 대종사의 개종이념을 실현되는 청년진각, 진각복지, 진각밀교의 완성이 되는 것이다.

---

83) 경상북도 포항시 기계면 계전리에 있는 회당대종사의 문중 정자(亭子) 이름.

맺는 말

진각밀교는 기존 불교의 전통을 시대에 맞게 창조적으로 계승하고 교화하는 불교종파이다. 창조적 계승이란 부처님의 가르침인 근본 가르침은 충실히 계승하면서 드러나는 것은 전통을 혁신하여 새로운 방편을 창안하여 펴는 것이다. 그래서 신행의 내면은 지극히 기존 불교의 전통을 잘 계승하면서 외면은 파격적인 마치 이교적인 느낌도 있어서 새 불교, 혁신불교, 프로테스탄트불교를 보이기도 한다. 그래서 한국불교사에 혁신의 한 획을 그었다. 이 모든 것을 합하면 72년 전통의 심인불교이며 현재의 진각밀교이다.

진각밀교가 왜 전통을 잘 계승하고 있는가를 알 수 있는 것이 개종이념과 교화이념에 잘 나타나있다. "개종이념은 크게 네 가지로 밀교중흥, 생활불교, 현세정화, 심인구현이다. 이 네 가지 중 앞의 세 가지는 심인구현이라는 이념에 포섭되는데 이는 진각밀교 신행의 중심인 심인(心印)이 곧 진리(眞理)이기 때문이다."[84] 또 구체적 "교화이념은 무상불과 불교의 생활화 생활의 불교화이다."[85] 내 마음속의 부처님 마음인 무상(無相)의 심인을 밝히기 위해 매일 생활 속에서 정송법으로 육자진언을 마음속에 외우고 기억하고 새기는 것이다. 기존의 전통불교는 고려 조선 시대를 거치며 은둔(隱遁)불교, 산중(山中)불교, 도인(道人)불교로 본래 불교의 모습인 내 생활과 함께하는 가르침이라는 것과는 거리가 있었다.

---

84) 우리사상·정책연구소, 『현대한국 밀교안내서』(위덕대출판부, 1998), p105.
85) 경정 김무생, 앞의 책, p.32.

여래 십호 중 명행족은 지혜(明), 실천(行)을 두루 갖추진 분(足)이라 한다. 곧 지혜(明)란 실천(行)을 의미하는 것이었다. 진각밀교는 실천을 생활화한다. 그래서 매일 매일을 염송수행과 희사수행으로 바른 마음, 바른 말, 바른 행동을 하려고 다짐하며 삼밀관행으로 하루를 시작한다. 진각밀교는 세상과 떨어져 세상을 관조하는 불교가 아니다. 항상 인간생활과 함께하며 현세를 이롭게 바꾸는 불교본래의 모습을 찾는 불교이다. 생각으로서, 관념으로서, 깨달음만을 추구하는 불교가 아니라 깨달음과 실천이 동행하는 종파로서 내가 곧 비로자나불의 화신이라고 자각하고 살아가는 종교이다.

참고문헌

眞覺聖尊 悔堂 大宗師, 『진각교전』, 도서출판 眞覺宗 海印行, 1999.

대한불교진각종 교법결집회의, 『실행론』, 대한불교진각종 도서출판 해인행, 2012.

손규상, 『법불교』, 해인행, 1960.

지현(장용철), 『佛法은 體요 世間法은 그림자라』, 도서출판 진각종 해인행, 1999.

우리사상·정책연구소, 『현대한국 밀교안내서』, 도서출판만다라, 1994.

우리사상·정책연구소, 『현대한국 밀교안내서』, 위덕대출판부, 1998.

김무생 , 「悔堂大宗師의 心印思想」, 『密敎學報』第3輯, 密敎文化硏究院, 위덕대학
          교 출판부, 2001.

김무생, 『회당사상과 진각밀교』, 위덕대학교 출판부, 2002.

김무생, 「진각종의 창교 이념과 종풍」, 『진각밀교의 교학체계』, 도서출판 해인행,
          2013.

진각복지재단, 「20주년기념책자」, 진각복지재단, 2018.

장용철, 「진각사회복지현황과 과제」, 『密敎學報』第8輯, 密敎文化硏究院 위덕대학
          교 출판부, 2006.

성제정사, 「불교인구300만 감소에 따른 대한불교진각종 전환기 교화전략」, 『전환기
          한국불교』, 사단법인 한국교수불자연합회자료집, 2017.

http://www.viya.or.kr.

제 7 장

자기관음밀주관념도의 현대적 전개

강대현 위덕대 연구교수

Ⅰ. 들어가는 글

본문으로 들어가기 전에, '懺悔園' 시절, 정확하게는 1948(진기2)년부터
회당 대종사님과 함께 했던 강복수(운범) 선생님이 『밀교학보』 창간호
(1999)에 쓴 「悔堂 大宗師에 대한 회고-진각종의 초기교화이념」의 일부
를 소개하고자 한다.

> "초기의 육자진언은 '관세음보살(관자재보살) 본심미묘 육자대명왕진언',
> '천수천안 관재보살 본심미묘 육자대명왕진언'이라는 이름에서 '육자대명
> 왕진언'으로 나아가게 되었다. 내가 입교한 1948년 초봄 처음으로 대종사
> 님을 뵙고 관심을 가지게 된 것이 육자대명왕진언 '옴마니반메훔'이었다.
> 이 진언으로 대종사께서 대각을 이루게 되었으며, 따라서 진각종의 절대
> 적인 가치이며 본존이 바로 '옴마니반메훔'인 것이다. 즉 진각종의 제일가
> 는 근원은 이러한 육자진언에 의한 깨달음에 있는 것이다. 대종사님의 대
> 각은 결코 경전에 의한 것이 아니라 육자진언 염송만 100일 동안 함으로
> 써 깨달음에 이르렀으며, 그 결과 마음이 환하게 열리면서 자기 자신이 밝
> 아지고 나서 자연스럽게 사람들을 교화하기 시작한 것이다. 대종사님께서
> 는 죽비를 들고 염송 사이에 법문을 하기도 하였는데, '은혜가, 참회가, 보
> 시가 어떻다'라는 등의 내용이었다. 이러한 말씀을 체험으로 육화하여 말
> 씀하였고, 그 바탕에는 육자진언의 비밀이 깔려 있다고 할 수 있다."[1]

---

1) 이 내용은 '육자진언의 비밀'이라는 장에서 언급되고 있는 자신과 회당 대종사와의 인연을 회고
하면서 쓴 글을 필자가 요약한 것이다. 강복수(운범), 1999, 「悔堂 大宗師에 대한 회고-진각종
의 초기교화이념」, 『밀교학보』 창간호, 220-223쪽 요약.

이상의 강복수(운범) 선생님의 회고에서 보는 바와 같이 육자진언은 대한불교진각종의 가장 중요한 진언이다. 더욱이 창교 초기부터 회당 대종사님과 더불어 진각종의 역사를 함께 하면서 종단의 체계를 갖추기 위해 많은 노력[2]을 기울였던 인물의 紙上 매세지이기에 더욱 그러하다고 생각된다. 필자는 본 종단 산하 위덕대학교 밀교문화연구원에서 동아시아의 悉曇章을 비롯한 한국의 밀교문화를 연구하는 초보 밀교학자로서, 육자진언을 매개로 하여 自內證의 과정을 나타내고 있는 '六字觀念圖'의 圖像解釋學的[3] 원리를 분석할 수 있는 기회를 준 선지식께 감사드린다.

게다가 필자는 '한국밀교총람사업'의 '한국전통밀교' 분과에서 밀교

---

2) 회당대종사님의 노력 가운데 교전편찬과 관련해서 살펴보면, 가장 먼저 『법만다라』를 인쇄하였다(1957.11.25). 교사는 "삼십칠존의 법만다라를 대소 4종으로 인쇄할 계획을 하고 우선 대형을 제일차로 인쇄하여 일차에 소속되는 심인당에 발송하였다."라고 밝히고 있다. 그 이후 『법만다라와 예참문』을 인쇄하였다(1957.12.27). 『법만다라와 예참문』은 소책자로서 내용은 '자기관음관념도'를 비롯해 '삼십오 불명 예참문', '금강정유가 삼십칠존 예', '최상승교에서 받는 발보리심 심계와 참회문', '우리 밀교의 참회문'으로 구성되어 있다. 그리고 『법만다라와 예참문』은 '우리 밀교의 참회문'을 제외하고 그대로 『총지법장』에 포함되었다. 이처럼 대종사는 교법의 체계를 잡아가면서 종단 교법의 기본 신행서로서 『총지법장』을 출판하여 반포하였다(1958.4.20). 이 『총지법장』은 그동안 교법수립의 결과를 총정리한 성격이 있었다. 『총지법장』의 제삼장의 '다라니 본심진언'은 『육자대명신주경』 중에서 육자진언의 유래와 공덕 그리고 육자의 관법을 옮기고 있다. 이러한 『총지법장』에 이어서 『응화성전』을 출판하고 반포불사를 하였다(1958.6.15). 『응화성전』은 교화[응화]의 다양한 방편을 위해서 마련하였다. 『응화성전』에 이어서 종단에서 공식적으로 출판한 문헌이 『대한비밀불교진각종지』이다(1958.11.17). 『대한비밀불교진각종지』의 내용은 '총설', '본교의 교의', '본교수행의 진리관', '본교 수행 실천의 요목', 그리고 '餘辯'으로 구성되어 있다. 이 중 '본교의 수행실천 요목'에서 자기관음관념도를 풀어서 설명하고 육자진언의 육행에 비유하고 있다[경정(김무생), 2016.06.01., '(교법체계의 새로운 지평을 열다)일화로 본 회당사상 33'; 2016.07.01., '(법설의 출판과 홍포에 정진하다)일화로 본 회당사상 34'를 요약하였다.].

3) 시각 예술을 해석하는 가장 기초적인 방법은 도상학(Iconography)에서 발견할 수 있다. 도상학은 미술작품의 이미지들에 근거하여 그 양식적 유형을 파악하고 그 주제와 의미를 해석하고자 한 방법론이다. 도상학의 최종적인 목표는 작품에 내포하는 종합적인 내용들을 다각인 고찰을 통하여 밝히는 것이었으며 이러한 최종적 해석을 도상해석학(Iconology)이라고 명명하였다(김민규, 2012, 「도상학과 기호학을 활용한 미술 작품의 해석에 관한 연구」, 박사학위논문, 홍익대학교대학원, 1-2쪽).

고문서의 수집(pdf화와 제책) 및 해제 작업의 실무를 담당하면서 조선후기에 집중적으로 간행되었던 각종 불교의식집에서 적지 않은 도상이 나타나고 있음을 발견하였고, 이를 DB하면서 『六字大明王陀羅尼經』에서 나타나고 있는 '自己觀音密呪觀念圖(이하 자기관념도로 약칭)'와 진각종 '육자관념도'의 깊은 연관성을 도상해석학적으로 분석해보기로 마음먹었다. 평소 상징적인 문자와 언어 및 비언어의 기호체계에 대한 관심이 많던 필자는, 선행된 연구에서 육자진언의 불교학적 위치 내지 역할 등의 이론적 연구와 이들 두 가지 도상의 연관성에 대한 연구는 이미 마무리단계에 와있음을 알았다.[4] 하지만 이들 이론적 연구에 비해 각각의 도상에 대한 분석은 아직 심도있게 이루어지고 있지 않고 있음을 알고 본고를 쓰기로 마음먹었다. 그렇다고 해서 이 분야에 대한 연구가 전혀 없었던 것은 아니다. 앞서 회당 대종사님과의 회고를 통해 보았던 강복수(운범) 선생님은 『진각밀교의 정도는 실행론에 있다』(2007.6.20., 실행론 연구자료)에서 이미 어느 정도 밝혀놓고 있었다.

　이에 본고에서는 육자진언의 실담범자 6자[정확하게는 6자의 소리(聲)]를 자신의 몸에 포자시키고, 그 바탕에는 周易과 陰陽五行, 그리고 十二地支와의 관련성을 드러내어 있으며, 이를 도상화한 진각종 육자관념도의 원리를 분석해 보고자 한다. 먼저 육자관념도의 연원이라고 할 수 있는『육자대명왕다라니경』자기관념도의 원리를 파악하고, 이러한 원리를 통하여 자기관념도를 현대적으로 유일하게 수용하고 있는 진각종의 육자관념도에 전승된 부분과 새롭게 추가된 것이 무엇인지를 살펴본다.

---

4)　육자진언에 대한 교학 내지 사상적 연원 및 전개에 대해서 이미 많은 선행의 연구가 있다. 선행 연구의 목록은 생략한다.

이로써 자기관념도가 육자관념도의 근본적인 토대를 마련하였고, 여기에 밀교적 도상으로 새롭게 재조명되어 현재의 육자관념도로 정착된 것은 진각종의 교학 내지 사상은 물론 수행적 측면에서도 객관성과 타당성을 지니는 매우 중요한 도상적 의의를 지닌다고 할 것이다.[5]

---

5) 본고에서는 주로 도상해석학적 입장에서 논의를 전개할 것이다. 즉 도상을 구성하고 있는 요소의 근거에 대한 주변 철학·사상과의 관계성 분석을 위주로 나갈 것이다. 그러므로 육자관념도와 불교의 교학적·수행적 입장의 연원 및 그 원리에 대해서는 다른 지면을 통해 밝힐 것이다.

II. 자기관음밀주관념도의 출현

1908년에 간행된 『六字大明王陀羅尼經』, 『高王觀世音千手陀羅尼』에
는 '自己觀音密呪觀念圖', '쟈긔관음밀주관념도'라는 명칭의 육자진언과
관련된 도상이 나타나고 있다. 이 도상은 '옴', '마', '니', '반', '메', '훔'의
6자를 동남서북의 원과 간방에 배치하여 도시한 관념도로서, 觀想(bhava-
na)[6]의 대상으로서 만다라[7]는 관상법이라고 일컬으며 수행자가 선정에
들었을 때, 자신의 내면에 佛의 영상을 사념하는 관법을 내적인 만다라,
즉 관상의 만다라라고 하는데[8] 비해 자기관념도는 일종의 관상 만다라이
지만, 자신의 식이 轉識得智되는 과정을 그대로 그려낸 관념의 흐름도라
고 할 수 있다. 이러한 관상에 대한 觀念(anusmṛti)[9]이라는 개념은 anu[10]와

---

6) forming in the mind, conception, apprehension, imagination, supposition, thought, meditation 등.

7) 후기밀교 문헌에서 만다라는 크게 '그려진 만다라(lekhyamaṇḍala)'와 '관상 만다라
(bhāvyamaṇḍala)'두 가지로 구분된다. 이러한 구분은 아바야까라굽따(Abhayākaragupta)의 밀교의
궤서 『니슈빤나요가발리(Niṣpannayogāvali)』에서 이미 언급되고 있는데, 후기밀교에서 만다라는
이처럼 의례를 위한 외적인 만다라와 관상을 위한 내적인 만다라를 의미한다(森 雅秀, 2005,
「アバヤーカラグプタの密教儀軌三部作と『阿闍梨所作集成』」, 『インド後期密教 上』, 209쪽,
한국불교학회·위덕대 밀교문화연구원 공동주최, 2015, 동계워크숍 "밀교·만다라의 의미", 김영
덕, 『후기밀교 만다라의 특징과 의미』에 대한 강향숙의 논평문, 39쪽, 재인용). '관상 만다라'에
대해 '그려진 만다라'는 밀교행자가 갖춰진 지면 위에 먹줄로서 결계를 치고, 흙으로 된 단을 쌓
고, 안료 등으로 불보살을 그린다. 그러므로 관정수계시에 제작되는 만다라는 외적인 만다라이
며 의례를 위한 만다라라고 할 수 있다.

8) 森雅秀, 1992, 「觀想上のマンダラと儀礼のためのマンダラ」, 『日本仏教学会年報』 57, 73쪽 참조.

9) '觀念'은 불교의 명상법의 하나이다. 정신을 집중하여 佛과 정토의 모양, 불교의 진리 등
을 마음에 생각하여 묘사하고 사념하는 것이다. 유사한 의미를 가진 '槪念'이 있지만 '개념'
은 동일한 성질을 지니는 사물에 공통하는 의미내용의 뜻을 나타내지만, 이에 대한 '관념'
은 한 사물을 의식하여 사고할 때에 주관적인 의식내용을 나타낸다(https://www.weblio.jp/
content/%E8%A7%80%E5%BF%B5 참조). 산스크리트의 '관념'은 'anusmṛti'이지만 '隨念'도 또
한 같은 단어를 쓴다.

10) (동사와 명사 앞에서 전치사로서)after, along, near to, under, with 등으로 쓰인다.

smṛti[11]를 합쳐 놓은 한자어이다. 곧 내가 어떤 대상을 보고 그 대상의 비언어체계를 분석하는 것이 아니라 그 대상과 나 자신이 일체가 되는 것을 말한다. 따라서 대상이 곧 나인 것이며 수행자가 제반의 수행 중에 전식득지의 과정[자리]과 지혜와 자비의 실천[이타]을 도상으로 구현해 놓은 것이 자기관념도라고 할 수 있다.

1. 육자관념법과 자기관음밀주관념설

우선 『육자대명왕다라니경』에 자기관념도가 도시되기에 앞서 「육자관념법」이 먼저 기술되고 있는데, 이를 정리하면 다음의 표와 같다.

[표 1. 육자관념법]

옴	마	니	반	메	훔
念천도중 生種決파괴	念수라도중 生種決파괴	念인도중 生種決파괴	念축생도중 生種決파괴	念아귀도중 生種決파괴	念지옥도중 生種決파괴
염천도문決閉	염수라도문決閉	염인도문決閉	염축생도문決閉	염아귀도문決閉	염지옥도문決閉
염천도불생	염수라도불생	염인도불생	염축생도불생	염아귀도불생	염지옥도불생
염決破 천도生苦	염決破 수라도生苦	염決破 인도生苦	염決破 축생도生苦	염決破 아귀도生苦	염決破 지옥도生苦
염보시바라밀 성취	염지계바라밀 성취	염인욕바라밀 성취	염정진바라밀 성취	염선정바라밀 성취	염지혜바라밀 성취

---

11)   recollection, settled recollection, mind, consciousness 등.

염후세득 비로자나불 국토中生	염후세득 아축불 국토中生	염후세득 보생불 국토中生	염후세득 아미타불 국토中生	염후세득 성취불 국토中生	염후세득 금강저보살 국토中生
염후세득 비로자나불身	염후세득 아축불身	염후세득 보생불身	염후세득 아미타불身	염후세득 성취불身	염후세득 금강저보살身
염비로자나 불국중성도	염아축 불국중성도	염보생 불국중성도	염아미타 불국중성도	염성취 불국중성도	염금강저 보살국중성도
염후세득 身檀內 십지보살 根前설법	염후세득 淸淨檀內 십지보살 근전설법	염후세득 공덕단내 십지보살 근전설법	염후세득 語檀內 십지보살 근전설법	염후세득 작법단내 십지보살 근전설법	염후세득 意檀內 십지보살 근전설법
염변 帝釋身爲 천신설법	염변 支多羅王爲 수라설법	염변人王 석가모니불 화인간설법	염변 獸中王爲 축생설법	염변 餤口鬼王爲 아귀설법	염변 지옥위 중생설법

이상의 「육자관념법」(8-11쪽)을 살펴보면, '옴'은 천도, '마'는 수라도, '니'는 인도, '반'은 축생도, '메'는 아귀도, '훔'은 지옥도와 관련된 각각의 태어날 종자의 파괴와 무량의 공덕, 즉 일체 악도의 문이 닫히고 갖가지 길상의 문을 성취하며, 팔만사천의 모든 바라밀을 성취하여 한량없는 지혜와 신통과 변재로 시방국토에 인연 따라 중생을 제도할 수 있다고 하였다. 특히 진언 6자는 각각의 6바라밀을 현세에서 성취함으로써 후세에 비로자나불 등 5불과 금강저보살의 국토에서 태어나고, 각각의 佛身과 보살의 몸을 받아 성도에 이르러 身檀 등의 단에서 십지보살 앞에서 불법을 강의하고, 제석신이 천신을 위하여 설법하고 내지 지옥에서 중생을 위하여 설법한다고 하였다.

이러한 「육자관념법」 다음으로 자기관념도가 나타나고 있고, 그 다음으로 「자기관음밀주관념설」이 나오는데 여기서 간과해서는 안 될 부분이 있다. 필자도 본고를 쓰면서 진언 6자에 대하여 '옴'자 내지 '훔'자 등으로 호칭하고 있지만, 적어도 자기관념도를 언급하면서 그 안에서 운행하고 있는 진언 6자에 대한 호칭은 '옴'자 내지 '훔'자 등의 표현은 지양되어야 한다. 단적으로 말한다면 자기관념도의 진언 6자는 관상의 대상으로서의 글자가 아니다. 진언 6자는 다름 아닌 (音)聲이기 때문이다. 이를 잘 보여주고 있는 부분이 바로 『육자대명왕다라니경』의 「자기관음밀주관념설」에 나타나고 있다.

> 제1성은 중방에서 옴을 발성하여 내 몸에 비로자나불을 불러들인다.
> 제2성은 동방에서 마를 발성하여 내 몸에 부동존불을 불러들인다.
> 제3성은 남방에서 니를 발성하여 내 몸에 보생불을 불러들인다.
> 제4성은 서방에서 반을 발성하여 내 몸에 무량수불을 불러들인다.
> 제5성은 북방에서 메를 발성하여 내 몸에 불공성취불을 불러들인다.
> 제6성은 다시 위로 돌아와 인후에서 훔음을 발성하면 내 몸에 대세지금강을 불러들이는 것이다.[12]

이처럼 진언 6자 모두 글자가 아닌 음성으로 간주하고, 먼저 방위를 정하고 진언 6자의 각각을 발성함으로써 내 몸에 제존의 體·相·用이 逮得되는 것이다. 즉 진언 6자를 관(상)하는 것이 아니라 진언 6자를 마음속으로 (관)념하면서 한 자 한 자의 공덕을 내 몸에 포치시키고 종국에

---

12) "弟一聲中而唵之乃以呼吾身毘盧遮那佛也 弟二聲東而嘛之乃以呼吾身不動尊佛也 弟三聲南而呢之乃以呼吾身寶生佛也 弟四聲西而叭之乃以呼吾身無量壽佛也 弟五聲北而迷之乃以呼吾身不空成就佛也 弟六聲復上還於喉而作吽音者乃以呼吾身大勢至金剛也(12-13쪽)."

는 진언 5자 음의 力用을 통하여 비로자나불의 자내증을 모두 갖추었지만 본원으로서의 이타적 실천자로 3세간에 대세지금강으로 남는 것이다. 여기서 중요한 것은 중앙의 비로자나불을 불러들이는 '옴'은 어디에도 치우치지 않는 굳건한 자리인 중앙에 있으면서 向上門 내지 向下門[從因向果 내지 從果向因]의 중생 ⇨ 보살 ⇨ 佛로의 수행 내지 불 ⇨ 보살 ⇨ 중생로의 교화로 나아가는[13] 중앙의 위치이며, 동방의 '마', 내지 북방의 '메', 그리고 간방4우에 있어야할 '훔' 등의 방위상의 위치는 반드시 지켜져야 하는 것이 매우 중요한 요건이라고 할 수 있다. 그리고 「자기관음밀주관념설」의 문맥상으로만 보았을 때, '훔'에 대한 인후의 적용이 있을 뿐 '옴', '마', '니', '반', '메'에 대한 신체의 5臟에 대한 적용이 없으며, 동방 '마'자에 부동존을 적용시키고 있고 '훔'에는 대세지금강[14]이 적용되고 있음을 알 수 있다.

2. 자기관음밀주관념도의 원리

이상에서 본 바와 같이 『육자대명왕다라니경』에서는 육자관념법의 불가사의하고 큰 위력이 있는 진언 6자 음의 현묘한 제 공덕과 자기관음밀주관념설의 실질적인 수행도를 자기관념도라는 도상으로 나타내고 있는 것은 주지의 일이다. 즉 자기관념도의 구성상 필수적인 육자진언의 전체적

---

13) 染川英輔 外, 1989, 『曼茶羅圖典』, 東京: 大法輪閣, 246쪽 참조.
14) 이러한 『육자대명왕다라니경』의 자기관음밀주관념도에 대한 해설인 「자기관음밀주관념설」에서 언급되고 있는 '대세지금강'을 용성(백상규), 1937, 『六字靈感大明王經』, 三藏譯會, 8쪽에서는 '大勢至正士'와 '金剛正士'로 분리하여 해설하고 있다.

인 이해와 진언 6자 각각에 담겨있는 字義 및 그 공덕에 대한 요해는 자기관념도 도시 이전에 수행자가 이미 증득한 바를 적시한 것이기 때문이다. 이제부터 자기관념도의 양상을 파악하기 위해 아래의 표에서는 두 가지의 자기관념도에 대한 세 가지의 도상을 예로 들어보았다.

㉠『六字大明王陀羅尼經』	㉡『高王觀世音千手陀羅尼』 앞면	㉢『高王觀世音千手陀羅尼』 뒷면

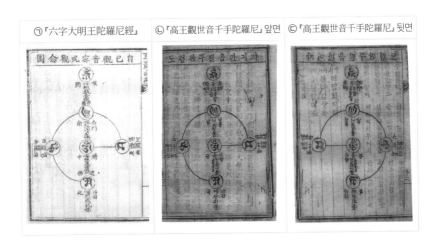

먼저 좌측의 『육자대명왕다라니경』에서는 한자로 '自己觀音密呪觀念圖'로 나타나고 있고, 중앙과 우측의 『고왕관세음천수다라니』에서는 언문으로 '쟈긔관음밀주관렴도'로 나타내고 있다. 이 도상의 명칭을 풀어 보면, '관음보살이 지닌 비밀진언의 공능과 공덕을 수행자 자신의 안으로 내면화한 도상'이라고 할 수 있다. 그리고 좌측의 ㉠은 앞면만 나타나고 있는데, 중앙에는 '唵想비로자나불 中 臍(옴으로 비로자나불을 떠올리고 중방의 배꼽에 위치시킨다.)', 동방에는 '嘛想아축불 東 腹左(마로 아축불을 떠올리고 동방 배의 좌측에 위치시킨다.)', 남방에는 '呢想보생불 南

命門(니로 보생불을 떠올리고 남방의 명치에 위치시킨다.)', 서방에는 '啞想아미타불 西 腹右(반으로 아미타불을 떠올리고 서방 배의 좌측에 위치시킨다.)', 북방에는 '𤚥想성취불 北 丹田(메로 성취불을 떠올리고 북방의 단전에 위치시킨다.)', 간방에는 '吽想집금강보살 間 喉(홈으로 집금강보살을 떠올리고 정방에 대한 간방마다 인후에 위치시킨다.)'라고 하고 있다. ㉡『고왕관세음천수다라니』에서는 중앙에는 '옴 비로챠나불을렴ᄒᆞ고 즁 빗꼽', 동방에는 '마 아축불 동 비좌편', 남방에는 '니 보싱불 남 명문', 서방에는 '반 아미타불 셔 비우편', 북방에는 '메 성취불 북 단젼', 간방에는 '홈 집금강보살 간 ᄉᆞ이 후 인후'라고 하고 있다.[15] 즉 ㉠과 ㉡은 한자와 언문으로 표기하고 있을 뿐 크게 다른 점은 없으며, ㉡은 ㉢과 같이 의도적으로 자기관념도의 뒷면을 노출시키고 있는 것으로 보인다.

만일 자기관념도가 現圖曼茶羅[16]의 일종이었다면 맨 우측의 도상이 되었을 것이며, 곧 이것이 內觀化하여 자기의 관념도로 나타난 것이 ㉠과 ㉡의 자기관념도인 것이다. 다시 말해서 ㉢을 이른바 관상도라고 한다면 ㉠과 ㉡은 결국 ㉢의 관념도가 되는 것이 타당할 것이다. 즉 동방과 서방의 위치가 서로 바뀜으로써 자기의 관념도가 되는 것이라고 할 수 있다. 이러한 자기관념도의 보다 자세한 해설을 위해 다음의 표에서 자기관념도를 앞면과 뒷면으로 재구성하여 나타내 보았다.

---

15) '홈집금강보살 간 ᄉᆞ이 후 인후', 즉 간방4우에 대한 해설은 '3. 자기관음밀주관념도의 현대적 전개'에서 다루기로 한다.

16) 현도만다라는 도상으로 나타낸 만다라, 空中에 나타난 만다라를 도상으로 묘사한 것으로도 이해할 수 있지만, 협의로는 806년 空海가 唐으로부터 전래한 것이다. 그 경우 현도만다라는 '드러나서 유포되는 도상의 만다라'라는 의미로 이해된다(染川英輔 外, 1989, 『曼茶羅圖典』, 東京: 大法輪閣, 22쪽).

[표 3. 자기관념도의 앞면과 뒷면 재구성]

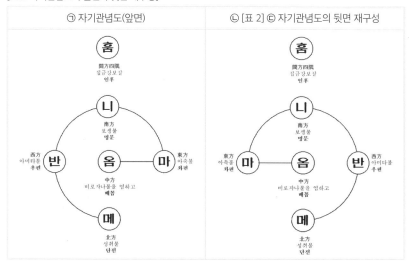

| ㉠ 자기관념도(앞면) | ㉡ [표 2] ㉢ 자기관념도의 뒷면 재구성 |

이 중에서 먼저 의도적으로 자기관념도의 뒷면을 노출시키고 있는 ㉡을 살펴보자. ㉠에 대한 뒷면을 나타내고 있는 우측의 ㉡은 음양오행[17]

---

17) 騶衍(BCE. 340-?)에 의해 음양이론과 오행설이 결합되었다. 단지 산의 북쪽과 남쪽이라는 단순한 개념으로서의 음양은 춘추시대(BCE. 771-453)에 이르러 어떤 대상에 대해서도 음양을 적용하기 시작하였다. BCE3세기에 접어들면서 천지만물의 생멸과 변화를 氣의 合散으로 인식하면서 음과 양의 서로 다른 기를 설정하고 천지자연의 운행을 바라보게 되었다. 5행은 수·화·목·금·토로서, BCE4세기초부터 그 개념이 나타나기 시작하여 물질의 기본재로서 상징화되었고, 이후 음양설과 결합하여 5가지의 에너지원으로 간주되었다. 추연은 음양의 기와 5행에서 발생하는 德의 消息이론으로 사물의 변화를 설명[五德終始說]하여 토-목-금-화-수의 相剋說에서 목-화-토-금-수의 相生說로 변화해 갔다. 진한대(BCE221-AD220)에는 사계절의 변화와 인간의 정사를 5행상생의 순환원리로 설명하여 4時와 12月의 자연현상에 5행을 적용하여 음양오행의 순환에 따른 균형과 조화를 설명하였다. 한 대(BCE202-AD220)에 이르러서는 음양오행이 유가와 도가 등 모든 사상의 공통적인 세계관으로 받아들여지게 되었다. 특히 음양오행설은 중국의학에서 절대적으로 받아들여졌는데, 인체의 조직은 자연계의 음양오행에 적용된다고 믿음으로써 봄의 木에 간장, 여름의 火에 심장, 4계절의 土에 비장, 가을의 金에 폐장, 겨울의 水에 신장을 적용시켰으며, 이러한 음양오행이 북송대(960-1127)의 성리학에서 커다란 변화를 가져왔다. 즉 周敦頤(1017-1073)는 음양오행에 太極을 관련지어 설명하였다. 태극이 음양을 낳고 음양이 5행을 낳음으로써 5행은 5氣 이며 5행은 하나의 음양이고 음양은 하나의 태극이라고 하여 음양 속에 태극이 있고 5행 속에 태극과 음양이 존재한다는 것이다. 따라서 음양과 5행이 결합하여 일

의 방향성에 맞게 구성된 것으로서, ㉠의 좌측이 서방인 것에 대해 ㉡은 도상의 좌측이 동방을 나타낸다. 먼저 몸의 중심이라고 할 수 있는 배꼽에 포치한 '옴'과 비로자나불을 염함으로써 중방으로부터 말미암은 5불의 공덕상은 배의 좌편 마(동방)-명문에 위치하는 니(남방)-배의 우측 반(서방)-단전에 위치하는 메(북방)의 시계방향으로 움직인다. 여기서 용성(백상규)스님의 『六字靈感大明王經』(1937)에서 나타내고 있는 진언 6자에 대한 분석을 살펴보면,

> '옴'자는 본성(本性)을 표시한 것이니 이 성품이 불생불멸(不生不滅)하야 법계(法界) 허공(虛空) 세계(世界) 유정동물(有情動物) 무정초목(無情草木) 등에 본성품(本性品)이니 이것을 중방비로법신각(中方毘盧法身覺)이라 한다
>
> '마'자는 본비로법신(本毘盧法身) 성품인 대용(大用)을 표시한것이니 항상 대용(大用)이 현전(現前)하여도 대체(大體)를 매(昧)치아니한고로 동방부동존각(東方不動尊覺)이라하며
>
> '니'자는 남(南)은 춘(春)하(夏) 사시에 있어 만물(萬物)이 생장(生長)하는 것이니 중도(中道)를 표시(表示)한것이라 좌(左) 우(右)에 떨어지지 않고 정면(正面)으로 행(行)하는것이니 남방보생각(南方寶生覺)이시며
>
> '반'자는 서(西)는 만물(萬物)이 성실(成實)하며 숙살(肅殺)하는고로 대체(大體)를 표시한것이니 대체(大體)는 생사(生死)가 없어 수명(壽命)이 무궁하고 과(果)가 성실(成實)한것이오 숙살은 대용을 즉절(直截)한것이니 대용이 직절한곳에 원응의(圓應意)를 불매(不昧)한고로 평등자비(平等慈悲)를 행(行)하나니 서방무량수각(西方無量壽覺)이시니라

체만유가 형성된다는 것이다(다음백과, http://100.daum.net/encyclopedia/view/b17a2512a; 낭월·박주현, 1997, 『陰陽五行』, 동학사 참조).

'메'는 북방(北方)은 만물이 본원(本源)에 도라가는것을 표시(表示)한것이니, 법(法) 보(報) 화(化) 삼신(三身)이 곳 하나이라 하나도없이 다 공(空)하야 실(實)이 없는것이니 다 공(空)한곳에 공(空)치 아니한것을 행하는고로 북방(北方) 불공성취각(不空成就覺)이시니라
'훔'자는 무상대각(無上大覺)의 과위(果位)를 성취(成就)하매 인위(因位)를 매(昧)하지 아니한고로 대세지정사(大勢至正士)와 금강정사(金剛正士)이니라[18]

이러한 진언 6자에 대한 분석을 위의 ⓒ도상에 대입시켜 시계방향으로 진행해보면, '옴'자는 일체만유의 본성으로서 불생불멸의 相을 가진 중앙의 비로자나 법신의 존격을, '마'자는 비로자나 법신의 성품이 활발하게 작용하기 시작하는 봄의 기운을 가진 동방 부동존의 존격을, '니'자는 봄과 여름 사이 비로자나 법신의 활동상이 가장 활발하여 어느 쪽에도 치우치지 않는 중도이면서 북쪽을 등지고 서있는 정면인 남방 보생불의 존격을, '반'자는 만물이 열매를 맺고 쌀쌀한 기운으로 초목이 말라 죽는 양상에서 평등자비를 행하는 서방 무량수존의 존격을, '메'자는 만물이 본원으로 돌아가 3보가 하나이고 이 또한 공이면서 불공이기 때문에 북방 불공성취불의 존격을 적용하고 있다. 마지막으로 '훔'자는 이러한 4자로 인하여 무상의 깨달음을 성취하였더라도 이에 메이지 않고 현실에서 지혜로서 중생을 구제하고 퇴전하지 않고 불법을 수호하는 금강역사와 같은 대세지정사와 금강정사의 존격을 적용하였던 것이다. 따라서 사계절의 운행과 기운 등을 자기관념도에 적용한 것은 분명해보이며, 위와

---

18) 용성(백상규), 1937, 『六字靈感大明王經』, 三藏譯會, 7-8쪽.

같은 방위상의 적용은 이후 후천8괘와 10천간, 그리고 12지지 등이 결합하여 24방위로 나아가는데, 이러한 경향은 삼국시대로부터 기층화되어 전해져온 민족정신문화의 단편이라고 해도 좋을 것이다.[19]

---

19) 24방위는 8괘 중 艮·巽·坤·乾 4괘와 10天干과 12地支(중앙의 戊·己 제외)의 합으로 구성된다. "이러한 8괘와 10천간 12지지가 합쳐진 도상은 조선 중기 이후 풍수사상과 음양오행설의 유행으로 이해할 수 있다(김지연, 2009, 「조선왕릉 12지신상의 圖像 원류와 전개과정」, 『문화재』 42, 국립문화재연구소, 217쪽)." 이러한 음양오행과 이에 따른 풍수사상 등은 이미 통일신라 전후에 중국으로부터 전해져 온 것이 5대산신앙과 관련된 상원사 적멸보궁의 입지에서 비롯된 것이라는 연구가 있는 등 삼국시대에 이미 전해져 널리 유행하였던 사상이라고 할 수 있다. 따라서 이러한 24방위의 수용은 이미 삼국시대로부터 조선시대에 이르기까지 폭넓게 적용되었던 것으로 볼 수 있다.

Ⅲ. 자기관음밀주관념도의 현대적 전개

자기관념도는 이처럼 『육자대명왕다라니경』과 『고왕관세음천수다라니』에서 진언 6자의 음을 발성하면서 마음속에 진언 6자의 字義를 끊임없이 隨念하고 그 실상을 관조하여 거기에 자신을 일체화시킨 것이다. 즉 자기관념도는 표면상 문자반야로 도상을 나타내고 있지만 종국에는 관조반야를 통한 실상반야로 나아가는 과정상의 비언어적 기호체계인 것이다. 그렇기 때문에 자기관념도는 도상의 우측을 좌측으로 도시한 것이다. 쉽게 말해서 내가 부처님을 바라보는 것이 아니라 부처님인 나 자신이 중생을 바라보는 광경을 문자반야의 관점에서 그림으로 나타낸 것이며, 나 자신이 전식득지하는 단계를 나타낸 것이다. 이와 같은 자기관념도는 1957년 현재의 대한불교 진각종에서 계승하게 되는데, 회당대종사께서 대각에 이른 수행방법인 육자진언 염송을 통한 실질적인 식의 변화를 보여주는 도상이 곧 자기관념도였던 것이다. 이에 대한 초기의 명칭은 '자기관음관념도'였으며, 이후 '육자관념도'로 변하게 된다.

1. 진각종 육자관념도의 양상

대한불교진각종은 창교 이래 10여 년 동안(1947~1960)은 교전이 따로 없었으며 본존판과 육자다라니 염송정진과 종조의 법설이 가르침의 전부였다. 종단의 성립과 교세의 발전함에 따라 밀교로서의 교리체계 형성이 필요하였지만 그렇다고 해서 전혀 없었던 것은 아니다. 요컨대 육자다라니로서 금강계 5불을 상징하고 관념하는 법은 이미 있었던 것이다.[20] 이러한 육자다라니를 매개로 관념하는 법, 즉 육자진언의 범자 6자를 '內觀化한 觀法'[21]을 도상으로 나타낸 것이 육자관념도이다. 곧 이 도상은 비로자나불을 중심으로 하는 우주법계만다라로서, 우주법계는 삼라만상이며, 작게는 우리들 몸이다. 비로자나불의 법계의 몸과 중생들의 육신이 동일하다는 것이다. 따라서 중생들의 몸의 5장6부를 육자진언에 배대하여 설하고 있는 것이다.[22] 이러한 육자관념도는 『법만다라와 예참문』(1957)에서부터 시작된다.

다음의 표에서는 『법만다라와 예참문』의 목차 다음 쪽에 나타나고 있는 도상과 도상 주변에서 언급되고 있는 교학적인 부분을 정리 및 해설하였다.

[표 4. 『법만다라와 예참문』의 Ⓐ자기관음 관념도]

자기관음 관념도	간방사우의 상세
육자대명왕진언 옴마니 반메훔	1옴(배꼽)
옴은 중앙 비로자나불 법계체성지	2마⑲3니-동남: 方便
마는 좌편 동방아축불 대원경지	3니⑭4반-남서: 願
니는 명문 남방보생불 평등성지	4반㉖5메-서북: 力
반은 우편 서방아미타불 묘관찰지	5메㉑2마-북동: 智
메는 단전 북방불공성취불 성소작지	6훔(인후)
훔은 간방사바라밀 집금강보살 일체성현	
을 생성양육하는 佛母	

20) 강복수(운범) 엮음, 2007, 『진각밀교의 정도는 실행론에 있다』(2007.6.20., 실행론 연구자료), 10쪽 참고.

21) 강복수(운범) 엮음, 2007, 앞의 책, 12쪽

22) 혜정(최종웅), 2009, 「육자진언 신앙의 유래」, 『회당학보』 14, 회당학회, 27쪽 참조.

이 책에서는 육자관념도를 '자기관음 관념도'로 호칭하고 있으며, 이 도상은 앞서 살펴본 자기관념도의 육자진언에 금강계 37존의 배열을 시도한 것이다.[23] 먼저 도상의 '옴'에는 배꼽을, '마'에는 좌편이라고 하는 몸의 위치만 나타나고 있고, '니'에는 명문을, '반'에는 우편이라고 하는 몸의 위치만 나타나고 있으며, '메'에는 단전을, 마지막 '훔'에는 인후를 포치시키고 있다. 따라서 이때까지는 몸의 좌편 '마'와 우편 '반'에는 포치되는 5장이 정해지지 않았거나 누락되었을 것으로 여겨진다. 그리고 '훔'은 간방사바라밀 집금강보살 일체성현을 생성양육하는 佛母'라고 함으로써 '훔'을 앞의 4자, 즉 '마'·'니'·'반'·'메'가 正方에 대하는 間方에 위치시켜서 4바라밀, 즉 방편바라밀, 원바라밀, 역바라밀, 지바라밀의 공덕을 연결시키고 있다. 따라서 이를 간방4우에 대입시키면 위 표의 동남 ㉎방에 방편바라밀, 남서 ㉎방에 원바라밀, 서북 ㉎방에 역바라밀, 북동 ㉎방에 지바라밀이 위치함을 알 수 있다. 즉 '훔'은 '니'의 원 바깥쪽 인후라는 표의 최상위에 위치하고 있으나 그 활동상이 미치는 방위는 간방4우인 것이다.[24]

다음으로는 『총지법장』(1958.04.20.) 80쪽에 나타나고 있는 '자기관음 관념도'를 살펴본다.

---

23) 강복수(운범) 엮음, 2007, 앞의 책, 16쪽

24) 강복수(운범) 엮음, 2007, 앞의 책, 16쪽에서는 "'훔'자에 5불 이외의 32존을 묶어서 교리상의 근거없이 집금강보살에 적용을 시도하고 있다."라고 하고 있으나. 4불의 제 활동상이라고 할 수 있는 금강제보살의 다른 명칭인 집금강보살의 '훔'자에 대한 적용은 타당한 것으로 보인다. 따라서 5불은 각각에 위치한 補處菩薩들의 특성을 공양 받고 설법을 통하여 지혜를 원만히 성취한 執金剛菩薩의 淸淨本心에서 펼쳐지는 만다라 세계인 것이다[지정(고봉성), 2015, 「六字眞言과 眞覺密敎의 三密修行에 對한 考察」, 『회당학보』 15, 회당학회, 50쪽]. 후술된 『六字大明王陀羅尼經』(1908)에서도 '훔'자에 집금강보살을 대입시키고 있다.

[표 5, 『총지법장』의 ⑧자기관음 관념도]

		(사람 몸에)	간방사우
	자기관음 관념도 자기 관음 관념도 옴 비로자나불 법계체성지 마 아축불 대원경지 니 보생불 평등성지 반 아미타불 묘관찰지 메 불공성취불 성소작지 훔 집금강보살 성현의 佛母	배꼽(1옴, 비장)-중앙 좌편(2마, 간장)-동방 명문(3니, 심장)-남방 우편(4반, 폐장)-서방 단전(5메, 신장)-북방 인후(6훔, 사우)-간방 사우 (동서남북)	1옴(배꼽) 2마㊖3니-동남 3니㊖4반-남서 4반㊖5메-서북 5메㊑2마-북동 6훔(인후)

이 도상에서는 앞의 Ⓐ자기관음 관념도에서 나타나지 않았던 '마'자와 '반'자에 각각 간장과 신장을 적용함으로써 이때부터 진언 6자에 대한 5장의 포치가 완비되었다고 할 수 있다. 또한 사상적으로 Ⓐ에서 언급되었던 4바라밀에 대한 내용은 빠지고 Ⓐ에서 5륜 안에 위치하였던 '마'와 '반'이 원의 바깥에서 표기하고 있으며, 집금강보살을 일컫는 '일체성현을 생성양육하는 佛母'가 '성현의 佛母'로 축약되었다. 그리고 '10. 자기관음 본심 진언을 관하여 念하는 말씀'이 이어지는데,

이 진언은 관음보살 미묘하신 심인이니, … 그러하되 진언을 염하는데, 또한 비밀한 요결이 있으니, 첫째 배꼽에, '옴'자를 관하며 소리하여, 이에서 내 몸에 비로자나불을 부름이요. 둘째 동으로, '마'자를 관하며 소리하여, 이에서 내 몸에 부동존을 부름이요, 셋째 남으로, '니'자를 관하며 소리하여, 내 몸에 보생불을 부름이요. 넷째 서편으로, '반'자를 관하며 소리하여, 이에서 내 몸에 무량수불을 부름이요. 다섯째 북으로, '메'자를 관하며 소리하여, 이에서 내 몸에 불공성취불을 부름이요. 여섯째 다시 위로 인후에 와서, '훔'자를 관하며 소리하여, 이에서 내 몸에 대세지 금강을 부름이니,

오래하면 오방기운이 내 원기로 돌아와, 곧 생각하고 의론하지 못할 공덕을 성취하여, 원만하게 통함을 증득하리라.[25]

라고 하였다. 여기서 진언 6자에 대한 비밀스러운 요결로서 '옴'자는 비로자나불을, '마'자는 부동존을, '니'자는 보생불을, '반'자는 무량수불을, '메'자는 불공성취불을 관하면서 소리하는데, 마지막 '훔'자에 대세지 금강을 적용하고 있는 것을 볼 수 있다. 이러한 '훔'자에 대한 대세지 금강의 적용은 이처럼 『총지법장』(1958)에서만 나타나고 있는데, 여타의 본에서 나타나고 있는 금강계 32존의 집합이라고 할 수 있는 집금강보살 내지 금강제보살은 도상에 표기하고, 대신 육자진언의 공덕을 자세하게 해설하는 부분에 가서는 이른바 관음신앙의 한 단면이라고 할 수 있는 대세지 금강을 의도적으로 거명하고 있는 것으로 보인다.

다음으로 『대한비밀불교진각종지』(1958.11.17)의 37쪽에서 시작되는 '본교 수행 실천의 요목-1. 육자진언의 배열' 부분을 살펴보면, '금강계 만다라 삼칠칠존의 相에 배열하면 옴은 비로자나불 마는 아축불 니는 보생불 반은 아미타불 메는 불공성취불 훔은 금강제보살이 되며 삼밀의 用에 배열하면 신밀에는 대일여래 지권인으로서 옴자를 中臍에 관하여 자신의 중앙 비로자나불을 관하며, 마자를 좌편(肝)으로 관하여 자신의 좌편 동방 아축불을 관하며, 니자를 命門(心)으로 관하여 자신의 명문 남방 보생불을 관하며, 반자를 우편(肺)으로 관하여 자신의 우편 서방 아미타

---

25) 회당(손규상)·원정(손대련), 1958, 『총지법장』, 심인불교금강회, 81-84쪽. 이 부분은 『六字大明王陀羅尼經』(1908) 「자기관음밀주관념설」의 내용과 거의 같다. 다만 진언 6자 중 앞의 5자에 대한 5장신체의 적용은 『六字大明王陀羅尼經』에는 보이지 않는다. '훔'자 만이 인후에 적용되고 있다.

불을 관하며, 메자를 단전(腎)으로 관하여 자신의 단전 북방 불공성취불을 관하며, 훔자를 인후로 관하여 자신의 인후 금강제보살을 관한다.'[26]라고 하고 있다.

이를 요약하고 구밀과 의밀로서의 6자에 대한 공덕을 추가해보면 다음의 표와 같다.[27]

[표 6. 『대한비밀불교진각종지』 ⓒ자기관음 관음도]

6자	6대(체)	37존(상)	신밀(용)	구밀(용)	의밀(용)	
옴	지	비로자나불	중앙/臍		보시	
마	수	아축불	동방/좌편/肝		지계	
니	화	보생불	남방/命門	항상 이 6자 本心眞言을 금강계 四種念誦으로 지송함	인욕	이 6자가 육도만행에 근본이 됨을 관하고 자신의 법신과 법계의 법신이 不二卽一의 理를 체득
반	풍	아미타불	서방/우편/肺		정진	
메	공	불공성취불	북방/丹田		선정	
훔	식	금강제보살	(×)/咽喉		반야	

이처럼 『대한비밀불교진각종지』 39쪽 삼밀의 용에 대한 마지막 해설에 이어서 '(다음의 ⓒ자기 관음 관음도와 같다)'라는 언급만 있을 뿐 도상은 나타나고 있지 않다.[28] 여기서는 '훔'자에 대한 37존(상)의 적용인

---

26) 회당(손규상)·원정(손대련), 1958, 『대한비밀불교진각종지』, 심인불교금강회, 33쪽.

27) 회당(손규상)·원정(손대련), 1958, 『대한비밀불교진각종지』, 심인불교금강회, 37-39쪽 요약.

28) 비록 『대한비밀불교진각종지』에는 자기 관음 관념도가 나타나고 있지 않지만, 그 기본적인 도상의 형태는 『법만다라와 예참문』의 자기 관음 관념도와 같을 것으로 생각된다.

금강제보살이 앞『법만다라와 예참문』의 집금강보살과는 다르게 나타나고 있고, '훔'에 대한 신밀(용)의 방위가 이 책에서는 언급되고 있지 않다. 그리고 구밀(용)에서 언급되고 있는 '4종염송'[29]에 대한 언급과 의밀(용)에 대한 적용이『법만다라와 예참문』에는 언급되고 있지 않거나 다르게 적용시키고 있다. 끝으로 '본교에서는 이와 같은 4종염송으로 도량에서 삼밀선정 할 때나 가정 및 사회에서 활동할 때나 행주좌와 어묵 동정에 항상 선정을 하게 된다.'[30]라고 하고 있다.

다음의 육자진언 공덕에서는 육자진언을 염송하면 곧 대일여래께서 비밀한 가운데 법을 설하여 한량없는 미묘한 뜻을 자증케 한다. '옴'자 뜻은 本然覺性 正法身을 표시한 것이요 또 항사 묘의를 생하는 뜻이니 범부는 능히 측량할 자가 없으며, '마니'라는 뜻은 眞空 妙智가 뚜렷이 밝아 本源覺性에 합한 뜻이며 또 여의주와 같아서 자체가 명정하고 항사공덕이 원만하여 원대로 되지 아니함이 없는 뜻이며, '반메'의 뜻은 大光明藏 圓覺이라는 것이니 지혜로서 혹 업장을 끊고 대원각을 성취하는 뜻이며 또 대원이 만족하여 관음진언의 영감이 불가사의라 묘연화가 원만 구족함과 같으며, '훔'자의 뜻은 종종 묘의를 출생하는 것이며 모든 부처와 모든 호법성신대중이 옹호하고 재앙을 소멸하여 종종 惡魔邪神을 항복받는 뜻이라.[31]고 하였다.

---

29) 4종염송이란 音聲念誦, 金剛念誦, 三摩地念誦, 眞實念誦를 말한다. 음성염송은 소리를 내어서 장단을 분명하게 하며 자기와 다른 이가 다 듣도록 하는 것, 금강염송은 입술을 움직이지 않고 음성도 내지 않으며 혀만 움직여서 염송하는 것, 삼마지염송은 心念誦으로서 입과 혀를 움직이지 않고 마음에서 염송하는 것, 진실염송은 蓮華念誦으로서 입을 움직이고 소리를 내는 것인데 다만 자기의 귀에만 들리게 하고 다른 이에게는 들리지 않게 하는 것.

30) 회당(손규상)·원정(손대련), 1958, 앞의 책, 41쪽.

31) 회당(손규상)·원정(손대련), 1958, 앞의 책, 41-43쪽.

다음으로『진각교전』(1960)과『실행론(교전편)』(2003)에서는 '육자
관념도'라는 도상의 명칭이 나타나기 시작하는데, 이때부터 육자관념도
의 명칭이 현재에까지 이르게 된 것이다. 이는 아마도 현교에서의 관음신
앙에 대한 거리감의 유지 내지 체계적인 밀교로서의 교리체계 형성의 필
요성에 대한 요구와 그 체계형성의 일단락을 의미하는 것으로 보아도 무
방할 것이다.

[표 7.『진각교전』과『실행론(교전편)』의 ⒟⒠육자관념도]

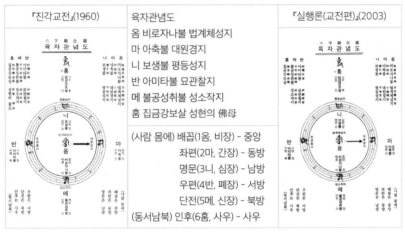

『진각교전』(1960)	육자관념도 옴 비로자나불 법계체성지 마 아축불 대원경지 니 보생불 평등성지 반 아미타불 묘관찰지 메 불공성취불 성소작지 훔 집금강보살 성현의 佛母	『실행론(교전편)』(2003)
	(사람 몸에) 배꼽(1옴, 비장) - 중앙 　　　　　좌편(2마, 간장) - 동방 　　　　　명문(3니, 심장) - 남방 　　　　　우편(4반, 폐장) - 서방 　　　　　단전(5메, 신장) - 북방 (동서남북) 인후(6훔, 사우) - 사우	

이상의 두 문헌 중『실행론』은 2003년판과 2011년판이 현재 전해
지고 있다. 이 중에서 육자관념도가 나타나고 있는 문헌은 2003년판뿐이
다. 따라서 필자는 2003년판을 예로 들었으며, 2011년판『실행론』에서는
육자관념도를 포함하는 「다라니」편이 많이 축소된 느낌을 주고 있다. 이
와 같은 위 표의 두 육자관념도 중 좌측의 도상은 전술하였듯이 대한불
교진각종 창교 이래 밀교로서의 교리체계 형성이 일단락된 10여 년 동안
(1947-1960)의 마지막 해이다. 맨 처음의 Ⓐ·Ⓑ·Ⓒ'자기관음 관념도'가

1960에 와서는 현재의 명칭인 ⓓ'육자관념도'로 정해지기 때문이다. 이들과 『실행론(교전편)』(2003)의 ⓔ'육자관념도'를 서로 비교하여 보면 '훔'자의 사상적 적용에 약간의 차이점을 드러내고 있다. 비록 '일체성현을 생성양육하는 佛母' 내지 '성현의 佛母[32]'라는 비교적 간단한 구절이 삭제되었지만, 집금강보살(Vajrapaṇi) 내지 금강살타(Vajrasattva)[33]의 불모적 역할은 간과되어서는 안 될 것으로 보인다. 다음의 표에서는 이러한 '훔'에 적용된 제반의 사항을 나타내었다.

---

32) 여기서 말하는 불모는 금강계만다라 성신회의 4바라밀보살[三十七尊中有四佛母 所謂金剛波羅蜜菩薩 寶波羅蜜菩薩 法波羅蜜菩薩 羯磨波羅蜜菩薩是也空海撰, 『金剛般若波羅蜜經開題』(T. 2201, 1a28-29)]을 일컫거나, 法護譯, 『佛説大悲空智金剛大教王儀軌經』(T. 892, 588a24-b1) 금강장보살(Vajragarbha)이 부처님께 어떤 연유로 32종의 血脈(deha)이 생겨난 것인지에 대한 물음에 대해 "復次金剛藏菩薩白佛言 世尊此何因縁有如是相 佛告金剛藏菩薩 謂欲成熟三有 遠離一切能取所取 以諸方便了別性相 爲持戒者分別解説 諸佛賢聖智慧方便 三身三業及伊鑁摩野(E-vam-ma-yā) 謂伊者佛眼母菩薩(locanādevī) 鑁者摩摩枳菩薩(māmakī) 摩者白衣菩薩(paṇḍarrādevī) 野者多羅菩薩(tārīnī)"이라는 답을 하고 있다. 여기서 이들을 이른바 4불모라고 칭한다. 이 경전과 관련이 있는 『금강살타성취법』(델게版, 1814, 203a7-b2)에서는 '이타를 위한 제존의 生起'가 5불과 4불모인 불안모, 마마끼, 백의모, 다라 등이 중생들의 住處를 정화하고 분노존들을 삼매를 통해 마왕을 물리치는 광경이 나오고 있다. 이러한 32존의 생기에서 이러한 4불모는 동남-남서-서북-북동의 간방에 머물고 있다[정성준, 1999, 「秘密集會딴뜨라(Guhyasamaja-Tantra)의 修行體系 研究」, 박사학위논문, 동국대학교대학원, 90-95쪽 및 179-184쪽 참고].

33) 금강신은 持金剛, 또는 집금강執金剛이라고도 한다. 인도 고대 종교의 하늘신인 인드라(Indra)에서 유래한 민간신이었지만, 불교에 수용된 후 불법을 수호하는 신이 되었다. 불교경전에서는 帝釋天이나 金剛力士로 전화되었으며, 이때는 神格의 지위로 간주된다. 『화엄경』에서는 金剛手보살과 같이 높은 보살의 깨달음을 얻은 존격이지만, 밀교시대에는 금강살타로 상승되었다. 금강살타는 비로자나여래의 자내증(自内證: 스스로의 마음으로 진리를 깨달음)을 체득한 붓다의 존격으로 추앙받지만, 여전히 대승 보살의 보현행원과 같은 이타적 실천자의 모습을 간직하기에 금강살타로 불리운다[『다음백과』, '집금강보살'(http://100.daum.net/encyclopedia/view/14XXE0079305)].

[표 8. 육자관념도 '훔'자]

	'훔'의 방위	'훔'의 보살[34]	'훔'의 사상(공덕)
Ⓐ자기관음 관념도	간방	집금강보살	사바라밀(방편, 원, 역, 지)[35]
			- 일체성현을 생성양육하는 佛母
Ⓑ자기관음 관념도	간방4우	집금강보살	지혜바라밀[36], 옴/보시, 마/지계, 니/인욕, 반/정진, 메/선정
			- 성현의 佛母
Ⓒ자기관음 관념도	없음	금강제보살	반야바라밀[37], 옴/보시, 마/지계, 니/인욕, 반/정진, 메/선정
			- 없음(도상을 확인할 수 없어 확실치 않음)
Ⓓ육자 관념도	간방4우	집금강보살	없음, 옴/단시, 마/지계, 니/인욕, 반/정진, 메/선정, 훔/지혜
			- 성현의 佛母
Ⓔ육자 관념도	간방4우	집금강보살	없음, 옴/단시, 마/지계, 니/인욕, 반/정진, 메/선정, 훔/지혜
			- 없음

위 표에서 보는 바와 같이, '훔'의 방위에 대한 정의는 Ⓒ를 제외하고는 간방4우에 일치하고 있고, 이에 대한 집금강보살 및 금강제보살 또

---

34) 작자 미상, 1908, 『六字大明王陀羅尼經』, 8-11쪽에 걸쳐서 나타나고 있는 실담범자 6자에 대한 보살은 金剛杵菩薩을 적용하고 있다. 그리고 이러한 집금강보살 내지 금강제보살이라는 이른바 보살의 명호는 육자관념도에 나타내고 있는 명호와 뒤편 혹은 앞쪽의 공덕을 설명하는 부분과 같지 않은 경우가 있다. 가령 『총지법장』의 Ⓑ자기관음 관념도 내에는 집금강보살로 표기되고 있으나 '육바라밀을 성취하는 법(74쪽)'에서는 금강제보살로 나타나고 있다. 따라서 이러한 명호의 구별은 실익이 없다고 볼 수 있다.

35) 이러한 4바라밀의 적용은 그 어떤 문헌에도 적용된 예를 볼 수 없다.

36) 작자 미상, 1908, 『六字大明王陀羅尼經』, 8-11쪽에 걸쳐서 나타나고 있는 실담범자 6자에 대한 사상적 적용에서 보면 이들 6자에 대한 6바라밀의 적용이 일치하고 있다.

37) 앞과 동일.

한 이설이 없는 것을 알 수 있다. 하지만 '훔'의 공덕에 대해서는 약간의 차이를 보이고 있다. Ⓐ에서는 '훔'을 4바라밀에 적용시키고 있지만 Ⓑ와 Ⓒ에서는 지혜 또는 반야바라밀에 적용함으로써 진언 6자 중에서 앞의 5자는 자연스럽게 5바라밀로 적용되는 것이다. 이러한 '훔'의 사상적 적용은 Ⓐ와 Ⓒ 도상에서만 나타나는 듯하고 이후부터는 육자관념도와는 별개의 공덕을 해설하는 부분에서 등장하고 있다. 또한 Ⓐ·Ⓑ·Ⓓ에서 보이는 '훔'의 부가설명, 즉 '일체성현을 생성양육하는 *佛母*' 내지 '성현의 *佛母*'는 현재의 육자관념도에는 삭제된 내용임을 알 수 있다. 따라서 Ⓐ와 Ⓑ, 그리고 Ⓒ의 '자기관음 관념도'는 현재의 육자관념도가 정립되기 전의 과도기적인 양상을 나타내고 있었음을 알 수 있다.

2. 진각종 육자관념도의 원리

이처럼 육자관념도는 우주자연 진리를 표현하였고, 법계 진리를 표현하였으며, 불보살의 세계를 표현하였고, 중생의 일체 삶을 표현한 육자진언 수행최고의 관상도이다.[38] 따라서 육안으로 보았을 때는 법신 비로자나불의 體·相·用을 文字般若의 입장에서 구성해 놓은 것이 곧 육자관념도인 것이다. 즉 Ⓐ·Ⓑ·Ⓒ의 자기관음 관념도는 자기관념도의 육자진언에 금강계 37존의 배열을 시도한 것으로서 이들이 기반이 되어 Ⓓ와 Ⓔ의 완성된 육자관념도가 성립된 것이다. 다음의 표에서는 이러한 완성된 육자관념도에 기본적으로 구성되어 있는 요소와 그 공덕을 나타내었다.

---

38) 혜정(최종웅), 2010, 「네팔의 밀교와 육자진언」, 『회당학보』 15, 회당학회, 27쪽.

[표 9. 육자관념도의 구성 및 공덕]

진언 6자	5방과 간방	5장과 인후	몸의 위치	공덕 『실행론(2003)』	五智의 적용
①옴	중앙	비장	배꼽	단시바라밀	법계체성지
②마	동방	간장	좌편	지계바라밀	대원경지
③니	남방	심장	명문	인욕바라밀	평등성지
④반	서방	폐장	우편	정진바라밀	묘관찰지
⑤메	북방	신장	단전	선정바라밀	성소작지
⑥훔	간방(동남)	인후 - (巽)	좌편·명문 위	지혜바라밀	
⑥훔	간방(남서)	인후 - ◉	명문·우편 위	지혜바라밀	
⑥훔	간방(서북)	인후 - ◉	우편·단전 위	지혜바라밀	
⑥훔	간방(북동)	인후 - ◉	단전·배꼽 위	지혜바라밀	

　　이를 같은 5륜의 동심원 내에서 끊임없이 輪轉되고 있는 진언 6자를 동남방의 ◉, 서북방의 ◉, 북동방의 ◉으로 배치하는 것이 '훔'의 진정한 위치라고 할 수 있다. 따라서 '①옴⇒②마⇒⑥훔⇒③니⇒⑥훔⇒④반⇒⑥훔⇒⑤메⇒⑥훔'으로의 방향성을 지니고 있다고 할 수 있다. 하지만 이러한 진언 6자의 방향성은 반드시 차제적인 것은 아니다. 반드시 ①옴과 ②마를 거치고 ⑥훔을 거쳐야만 ③니로 가는 것이 아니라 ①옴 내지 ②마에 대한 깨달음에 이르렀다면 ③니로 나아갈 필요도 없이 ⑥훔의 요소를 증득한다는 것이다. 이것은 대승보살의 10지, 화엄42자모다라니를 적용한 보살의 42계위의 원리와도 다르지 않은 것이다. 따라서 간방4우에 위치하고 있는 '훔'에 대한 진언 6자 중 앞의 마·니·반·메에 대한 實相

般若 지혜의 증득은 반드시 차제적인 것이 아니라 4자 각각에 이미 그 第一義를 구족하고 있으므로, 만일 동방의 '마'에 대한 실상반야를 증득하였다면 곧바로 집금강보살[금강살타]의 방편행으로서 자비행을 펼쳐나갈 수 있는 것이다.[39]

　　이러한 육자관념도의 구성 및 공덕에서 ⑥'훔'에 대한 방위의 이치를 알아보기 위해, 먼저 육자관념도의 가독성을 높일 수 있도록 이를 앞면에서 본 도상과 뒷면에서 본 도상을 다음과 같이 배대하여 보았다. 이 작업은 육자관념도 안에 포함되어 있는 사상 내지 철학적 요소를 분석하기 위한 준비 작업이라고 할 수 있다.

---

39) 유식의 八識說, 즉 護法造 玄奘譯, 『成唯識論』(T. 1585, 56b2-3)에서는 "有漏의 제8식·제7식·제6식·전5식에 상응하는 心品을 전환하여 순서대로 증득한다."라고 하고 있다. 다시 말해서 8식을 전환하여 네 가지 지혜[四智]를 얻으라고 말하는 것이다. 이처럼 유식에서의 8식은 개개의 식이 서로의 의지처로서 相依的 관계에 있다고 할 수 있다. 또한 각각의 식에는 어떠한 우열도 없으며, 다만 최상의 깨달음으로 가기 위한 지혜를 얻기 위해서는 제8식부터 순서대로 증득하라고 할 뿐이다. 따라서 유식의 심식설에서는 전5식 내지 제8식 모두가 서로에게 영향을 주고받으며 각각의 역할을 한다. 그리고 최고의 깨달음으로 가기 위해서는 이와 같은 식을 모두 떠나고 지혜로 나아가라고 한다(강대현, 2010, 「Ken Wilber의 佛敎心識說 해설에 대한 批評的 一考」, 『회당학보』 15, 회당학회, 594-595쪽 참조). 나아가 법계체성지는 主客相通, 心色不二 등 주객일체의 연기성을 기반으로 한 법계 전체에 대한 밀교의 轉識得智를 말한다.

[표 10. 육자관념도의 앞면과 뒷면]

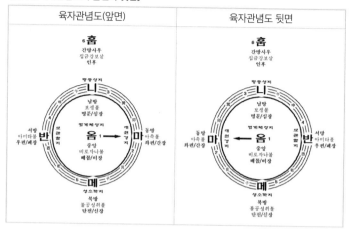

육자관념도(앞면)	육자관념도 뒷면

결론적으로 육자관념도는 5불을 상징하는 5륜을 금강계만다라에서처럼 각각 다른 원으로 나타내지 않고 크기를 달리하는 5개의 원을 중앙으로부터 바깥쪽으로 구성하여 최내원의 비로자나불의 체·상·용이 상호공양 관계를 유지하는 4불과 서로 다르지 않음을 보여주고 있다고 할 수 있다. 여기에 인도 내지 중국으로부터 전래되어 온 天圓[하늘은 둥글다.]의 動的인 활동을 나타내는 4괘, 그리고 地方[땅은 네모나다.]의 굳건한 토대를 나타내는 4지지가 5륜 안에 불가분리의 관계로 위치하고 있고, 이러한 현실에서 집금강보살로 통칭되는 금강계 32존은 천원과 지방의 요소를 함께하면서 4괘의 방위에 위치하고 있는 것이다.

다시 말하면, 5불인 비로자나불·아축불·보생불·아미타불·불공성취불은 금강계만다라 성신회[또는 갈마회]의 위치를 한 원으로 통합한 5륜의 동심원에 함께 나타나고 있으며, 이 동심원은 곧 5불의 활동상이 주축이 되고 여기에 주역의 洛書, 즉 문왕(후천)8괘 중 巽·坤·乾·艮의 4괘와

12지지의 子·卯·午·酉의 4지지가 간방4우 내지 5불과 함께 있는 것이다. 여기서 간방4우에 있는 집금강보살은 표기상 5륜의 바깥에 위치시키고 있지만 실상은 손·곤·건·간의 4괘의 위치에 함께 하면서 비로자나불과 상호공양을 주고받는 4불의 지혜와 자비의 활동상을 나타내고 있는 것이다.

이제 이러한 육자관념도 5륜 위에 위치하고 있는, 정방인 동·남·서·북에는 마·니·반·메와 간방4우에 위치해야 하는 손·곤·건·간을 살펴보기 위해 문왕8괘와 12지지[40]의 방위와 관련된 동적 및 정적인 원리를 살펴보기로 한다.

[표 11. 문왕팔괘 및 12지지의 방위와 원리 및 24방위의 구성]

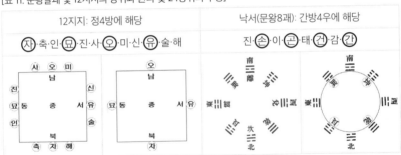

---

40) 염부제 바깥의 남방 大海 가운데에 유리산이 있다. 이 산의 굴에 각각 毒蛇·말[馬]·羊이 머무르면서 聲聞慈[慈三昧]에 들었다. 서방의 대해 가운데 파리산 굴에는 원숭이[獼猴]·닭[雞]·개[犬]가 각기 성문자에 들었다. 북방의 대해 가운데 은산의 굴에는 돼지[猪]·쥐[鼠]·소[牛]가 주하면서 성문자에 들었다. 동방의 대해 가운데 금산의 굴에는 師子·토끼[兎]·龍이 주하면서 성문자에 들었다(曇無讖譯, 『大方等大集經』(T. 397, 167b26-168a5), "善男子 閻浮提外 南方海中有琉璃山 … 有一毒蛇在中而住 … 中有一馬修聲聞慈 … 中有一羊修聲聞慈 … 善男子 閻浮提外西方海中有頗梨山 … 有一獼猴修聲聞慈 … 中有一雞修聲聞慈 … 中有一犬修聲聞慈 … 善男子 閻浮提外北方海中有一銀山 … 中有一猪修聲聞慈 … 中有一鼠修聲聞慈 … 中有一牛修聲聞慈 … 善男子 閻浮提外東方海中有一金山 … 有一師子修聲聞慈 … 中有一兎修聲聞慈 … 中有一龍修聲聞慈 山有水神名曰水天 有羅刹女名修慚愧 各有五百眷屬圍遶 是二女人常共供養如是三獸).")

『비밀교집』 열금강왕여래지방도의 24방위		정4방과 간방4우
	1방+2방: 하도의 生數와 成數 3방: 문왕8괘 4방: 24방위 外四方: 東震-南離-西兌-北坎	卯-巽-午-坤-酉-乾- 子-艮

　　위 표에서는 먼저 지방을 나타내는 12지지의 4지지가 정4방에 위치하고 있는 모습과 간방4우에 위치하는 낙서의 4괘가 어울려 총 24방위를 나타내고 있는 『비밀교집』 열금강왕여래지방도[41] 그리고 마지막으로 육자관념도의 정4방과 간방4우가 나타날 수 있는 열금강여래지방도의 4방만을 따로 도시하였다. 요컨대 열금강여래지방도의 24방위가 기본이 되어 그 위에 5륜을 나타내고 있다고 할 수 있다. 여기에서는 그 방향성이 동-남-서-북으로의 활동성을 근본으로 하고 있다. 게다가 이러한 방향성은 앞의 육자관념도 뒷면과 그 방향이 정확하게 일치한다. 즉 재구성한 육자관념도 뒷면 도상의 좌측에서부터 시계방향으로 회전하면서 목-화-(토)-금-수로 운행하는 음양5행의 원리를 반영하고 있는데, 『비밀교집』의 열금강왕여래지방도에 이와 같은 주역의 河圖[음, 시간, 地勢, 五行, 表, 體]와 낙서[양, 공간, 氣候, 四象, 裏, 用]인 후천8괘를 중앙으로부터 바깥쪽으로 배치함으로써 천원에 대한 지방을 드러내고 있는 것이다.

　　따라서 육자관념도에는 이러한 『비밀교집』의 열금강왕여래지방도

---

41)　홍윤식(2008, 『만다라』, 대원사)은 『조상경』의 '8엽대홍련도'를 태장 만다라적 의미를 갖는 연화계 계통의 그림으로 보았고(47쪽), '열금강왕여래지방도'는 금강계 만다라적 의미를 갖는 것으로 보았다(108쪽).

에서 적용되고 있는 24방위 중에서 천원과 지방의 8방위를 취하여 그 방위와 동적인 원리를 재구성한 육자관념도 뒷면에 적용시키고 이것을 다시 앞면과 같이 관념도로서 나타내었다고 할 수 있다. 그러므로 진각종의 육자관념도는 천원과 지방의 이치는 물론 밀교행자를 모두 포함하고 있는, 다시 말해서 비로자나불 등 5불과 天·人·地 三才가 그 안에서 상의상관, 불가분리의 관계를 지속하고 있는 것이다.

IV. 나가는 글

『실행론(교전편)』(2003)에서는 "유교는 일상생활 모든 일에 주로 易理를 택하여 조화를 쓰게 되니 의타력이요, 불교는 구경에 自性이 청정하여 일체 事理에 自心이 통탈하게 되니 이것이 곧 자주력이 된다."[42]라고 하였고, 『실행론』(2011)에서는 "불교가 조선 오백년 동안에는 통솔적 일원주의인 유교정치의 통치 하에서 산간벽지로 유폐되었다. 특히 宣祖 이후로는 승과제도도 폐지되는 등 압박이 더욱 심화되어 남아있던 선교양종마저도 점점 쇠퇴하게 되었다."[43]라고 하였다. 이처럼 불교의 우수성은 삼척동자도 아는 일이지만, 조선시대의 불교적 상황은 말로 표현할 수 없을 정도의 열악한 상황이었음을 잊어서는 안 될 것이다.[44]

이러한 불교적 상황이 광복 이후에까지 지속되어 오던 중에도 회당 대종사께서는 ①재가 중심의 불교(산중, 은둔불교에 대해), ②실천 위주의 불교(형식적 의례 중심의 불교에 대해), ③깨달음 중심의 불교(형식적 계율 중심의 불교에 대해), ④無相眞理 중심의 불교(불상 중심의 장엄불교에 대해), ⑤현세정화의 불교(내세극락, 현세기복불교에 대해), ⑥時時

---

42) 강복수(운범) 엮음, 2003, 『실행론(교전편)』, 대한불교진각종해인행, 33쪽.

43) 대한불교진각종 교법결집회의, 2011, 『실행론』, 대한불교진각종 도서출판 해인행, 5쪽.

44) 불교적 입장에서 喪服制라 함은 가당치도 않는 非佛事 또는 反佛事라고 할 수 있으나, 조선조라는 유교중심국가에서 종교적 위상을 그나마 유지하기 위하여 유교적인 상복제를 어쩔 수 없이 수용하였으며, 이른바 五服制로 불교의식집, 즉 『석문상의초』, 『석문가례초』, 『승가예의문』, 『범음산보집』, 그리고 『다비작법』에서 五服圖로 나타나고 있다. 이러한 상복제를 말하는 불교의례에서의 오복도는 오래전부터 전해 내려온 정신문화의 주축이었던 세력이 사회적인 천시와 멸시의 대상이 되어버린 그 위상을 지키기 위한 현실적인 방편의 일환이었음을 엿볼 수 있을 것이다.

佛供 處處佛供의 불교(사찰 안의 불교에 대해)를 지향하는 진각종을 개종하게 되었다.[45] 이 중에서 실천 위주의 불교 내지 깨달음 중심의 불교적 일환이었다고 생각되는 육자진언 염송은 대각교 운동의 용성스님과 수법이 공통된 것이다. 하지만 용성스님이 육자진언에 대한 이론적인 해설을 하였다면, 회당 대종사께서는 자기관념도를 발전시켜 자기관음관념도로 나아갔고 결국은 육자관념도를 정착시켜 현재에 이르게 된 것이다.

이상에서 본 육자관념도가 내포하고 있는 여러 가지 요소는 다음과 같은 원리에 의해 5륜 안에 결합되어 있다고 할 수 있다. 이를 다음과 같이 정리할 수 있다.

[표 12. 자기관념도와 육자관념도]

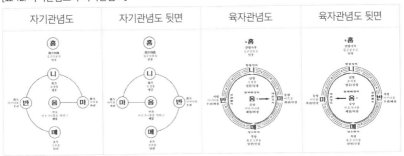

첫째, 육안으로 보았을 때, 5불과 1보살 각각의 원으로 구성되어 있던 6개의 원이 5불은 크기를 달리 하는 일체형의 5륜으로 도시하고 1보살은 원을 해제하였다. 따라서 5불은 서로에게 상호공양하는 양상이 비로자나불의 일체공덕에서 연유함을 말해주고 있고, 이러한 5불로 말미암은

---

45) 무외(선상균), 2001, 「회당사상의 사상적 배경」, 『회당사상 연구논선』 Ⅰ, 위덕대학교 밀교문화연구원, 85쪽.

집금강보살의 중생을 향한 방편행은 이들 5불의 활동과 동떨어지지 않는 간방4우에 위치하고 있음을 보여주고 있다.

둘째, 전체적인 육자관념도의 근본에는, 자기관념도에는 나타나지 않았던, 후천8괘의 4괘와 12지지의 4지지를 부가하여 전자는 5불 각각의 많은 활동상을 나타내고 후자는 비로자나불의 덕상이 4불에 굳건하게 있음을 나타냄으로써, 이러한 천원과 지방의 원리가 5불의 상호공양적 이치와 결합하여 천·인·지 삼재가 활동하고 있는 현세를 잘 나타내고 있다고 할 수 있다.

셋째, 『비밀교집』의 열금강왕여래지방도에서와 같이 지방의 요소인 자·묘·오·유의 4지지는 원래 정방형의 땅[도형]에서 정4방의 위치에 자리하고 있어서 이와 관련된 이치를 나타내지만, 육자관념도에서는 천원의 5륜 안에 통섭함으로써 천원과 지방, 즉 이들이 眞俗相對[46]함을 표현하고 있다고 할 수 있다.

넷째, 또한 정4방의 위치에는 4지지와 진언 4자는 동방·묘·'마', 남방·오·'니', 서방·유·'반', 북방·자·'메'자가 자리하고, 간방4우의 위치에는 동남방·손, 남서방·곤, 서북방·건, 북동방·간이 위치하여 모두 8방의 자리를 차지하고 있음으로써, 24방위의 현실적 이치를 모두 충족하고 있다고 할 수 있다.

다섯째, 이러한 자기관념도와 육자관념도 각각의 도상을 앞면이 아닌 뒷면에서 보는 시각이 관상도로서의 만다라 형상이며, 이를 내면화한 관법이 곧 '옴'으로부터 시작되는 육자관념도인 것이다.

---

46) 法藏撰, 『入楞伽心玄義』(T. 1790, 428c15-18), "凡聖區分以約俗諦 心體平等染淨相盡 一味無二名爲眞諦 此中眞俗相對有其五義 一相違義 二相害義 三相順義 四相成義 五無礙義."

여섯째, 이른바 현교에서의 4지에 阿摩羅識(amala-vijñana)을 輾轉한 법계체성지를 부가한 5지의 적용은 자기관념도와 육자관념도 간의 가장 큰 차이점이라고 할 수 있다. 금강계 智法身인 비로자나불의 방편구경의 덕상으로 인하여 금강계만다라의 향상문 내지 향하문의 수행과정의 적용이 가능해졌기 때문이다.

일곱째, 따라서 자기관념도는 5불 각각의 활동상이 단절되는 듯 도시되고 있지만, 육자관념도의 상호공양상은 서로가 상의상관하고 있음을 보여주고 있다. 특히 육자관념도에는 천원과 지방의 이치를 함께 나타냄으로써 당시의 불교적 상황이었던 다원적인 민족문화의 융합상을 보여주고 있다고 할 수 있다.

참고문헌

회당(손규상)·원정(손대련), 1957, 『법만다라와 예참문』, 심인불교금강회해인행.

회당(손규상)·원정(손대련), 1958, 『총지법장』, 심인불교금강회.

회당(손규상)·원정(손대련), 1958, 『대한비밀불교진각종지』, 심인불교금강회.

진각성존 회당 대종사, 1960, 『진각교전』, 대한불교진각종 해인행.

강복수(운범) 엮음, 2003, 『실행론(교전편)』, 대한불교진각종해인행.

강복수(운범) 엮음, 2007, 『진각밀교의 정도는 실행론에 있다』(2007.6.20., 실행론연
　　　구자료).

대한불교진각종 교법결집회의, 2011, 『실행론』, 대한불교진각종 도서출판 해인행.

작자 미상, 1908, 『高王觀世音千手陀羅尼』.

박선묵 增輯·이석규 參閱, 1908, 『六字大明王陀羅尼經』.

작자 미상, 1908, 『六字大明王陀羅尼經』.

용성(백상규), 1937, 『六字靈感大明王經』, 三藏譯會.

『秘密敎集』 全(규장각소장, 一簑古 294.31-B51).

『開刊秘密敎』(동국대 중앙도서관 소장, D212·19-몽64ㅁ).

吞虛 懸吐譯解, 2010, 『周易禪解』 전3권, 敎林.

강대현, 2017, 『실담자기역해』, 올리브그린.

홍윤식, 2008, 『만다라』, 대원사.

강복수(운범), 1999, 「悔堂 大宗師에 대한 회고-진각종의 초기교화이념-」, 『밀교학
　　　보』 창간호.

경정(김무생), 1986, 「六字眞言 信仰의 史的 展開와 그 特質」(불교문화연구소 편,
　　　『한국밀교사상연구』, 동국대학교 출판부).

경정(김무생), 1999, 「六字眞言의 象徵意味」, 『밀교학보』 창간호.

허일범(귀정), 2015, 「육자대명왕진언의 의미와 역할」, 『회당학보』 20, 회당학회.

혜정(최종웅), 2009, 「육자진언 신앙의 유래」, 『회당학보』 14, 회당학회.

혜정(최종웅), 2010, 「네팔의 밀교와 육자진언」, 『회당학보』 15, 회당학회.

지정(고봉성), 2015, 「六字眞言과 眞覺密敎의 三密修行에 對한 考察」, 『회당학보』 15, 회당학회.

무외(선상균), 2001, 「회당사상의 사상적 배경」, 『회당사상 연구논선』 I, 위덕대학 교 밀교문화연구원.

강대현, 2010, 「Ken Wilber의 佛敎心識說 해설에 대한 批評的 一考」, 『회당학보』 15, 회당학회.

정성준, 1999, 「秘密集會딴뜨라(Guhyasamaja-Tantra)의 修行體系 硏究」, 박사학 위논문, 동국대학교대학원.

김지연, 2009, 「조선왕릉 12지신상의 圖像 원류와 전개과정」, 『문화재』 42, 국립문 화재연구소.

량익룡, 1961, 「철원군 내문리 고려 돌상자 무덤에 대하여」, 『문화유산』 5, 조선과학 원 고고학 및 민속학연구소 편집, 과학원출판사 발행(2005년 한국학자료원 에서 『문화유산』 1-7권으로 편집 발행).

대한불교진각종 한국밀교문화총람사업단 진각밀교팀

팀장 혜담정사
책임연구원 김치온

진각밀교 교리와 신행 연구(下) 필진

고봉성(지정) 불승심인당 주교
구동현(보성) 시경심인당 주교·위덕대 교수
정동현(선운) 실상심인당 주교
김치온 진각대 교수
강대현 위덕대 연구교수

한국밀교문화총서 23
진각밀교의 교리와 신행 연구(下)

1판 1쇄 | 2019년 8월 23일
펴낸이 | 대한불교진각종 밀교문화총람사업단
지은이 | 고봉성(지정) 구동현(보성) 정동현(선운) 김치온 강대현
펴낸곳 | 도서출판진각종해인행
　　　　출판신고번호 제 307-2001-000026호
　　　　서울특별시 성북구 화랑로13길 17
　　　　대표전화 02-913-0751

Copyright ⓒ 대한불교진각종 밀교문화총람사업단

ISBN 978-89-89228-55-4 94220
세트 ISBN 978-89-89228-38-4 94220

값 12,000